U0548604

当代中学生好理念、好心态、好习惯漫谈

花样年华

阳光心态

美好前程

吴苑 编著

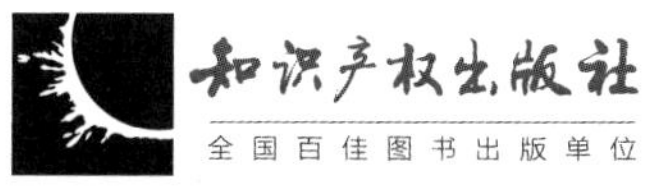

图书在版编目（CIP）数据

当代中学生好理念、好心态、好习惯漫谈：花样年华　阳光心态　美好前程/吴苑编著．—北京：知识产权出版社，2017.12

ISBN 978-7-5130-5281-8

Ⅰ.①当…　Ⅱ.①吴…　Ⅲ.①中学生—自我教育　Ⅳ.①G635.5

中国版本图书馆 CIP 数据核字（2017）第 284083 号

责任编辑：雷春丽　　**责任出版：**卢运霞

封面设计：SUN 工作室　韩建文

当代中学生好理念、好心态、好习惯漫谈

——花样年华　阳光心态　美好前程

吴　苑　编著

出版发行：知识产权出版社有限责任公司　　网　　址：http：//www.ipph.cn

社　　址：北京市海淀区气象路 50 号院　　邮　　编：100081

责编电话：010-82000860 转 8004　　责编邮箱：leichunli@cnipr.com

发行电话：010-82000860 转 8101/8102　　发行传真：010-82000893/82005070/82000270

印　　刷：北京科信印刷有限公司　　经　　销：各大网上书店、新华书店及相关专业书店

开　　本：720mm×1000mm　1/16　　印　　张：18.75

版　　次：2017 年 12 月第 1 版　　印　　次：2017 年 12 月第 1 次印刷

字　　数：285 千字　　定　　价：68.00 元

ISBN 978-7-5130-5281-8

序言
PREFACE

中共中央《关于培育和践行社会主义核心价值观的意见》要求，践行社会主义核心价值观，倡导富强、民主、文明、和谐；倡导自由、平等、公正、法治；倡导爱国、敬业、诚信、友善。社会主义核心价值观与中国特色社会主义发展要求相契合，与中华优秀传统文化和人类文明优秀成果相承接。富强、民主、文明、和谐是国家层面的价值目标；自由、平等、公正、法治是社会层面的价值取向；爱国、敬业、诚信、友善是公民个人层面的价值准则。社会主义核心价值观是社会主义核心价值体系的内核，体现社会主义核心价值体系的根本性质和基本特征，反映社会主义核心价值体系的丰富内涵和实践要求，是社会主义核心价值体系的高度凝练和集中表达。当代中学生是祖国的未来与民族的希望，当然也应当牢固树立社会主义核心价值观，树立科学理念，责无旁贷，身体力行。

习近平总书记在《从小积极培育和践行社会主义核心价值观——在北京市海淀区民族小学主持召开座谈会时的讲话》中指出，富强、民主、文明、和谐，自由、平等、公正、法治，爱国、敬业、诚信、友善的社会主义核心价值观，体现了古圣先贤的思想，体现了仁人志士的夙愿，体现了革命先烈的理想，也寄托着各族人民对美好生活的向往。只要是中国人，就应该自觉培育和践行社会主义核心价值观。因此，中学生朋友要自觉学习培养践行社会主义核心价值观，树立科学理念、培养积极心态、养成良好习惯。

培育和弘扬社会主义核心价值观是“凝魂聚气、强基固本”的基础工程，是继承和发扬中华优秀传统文化和传统美德，广泛开展社会主义核心价

值观宣传教育，积极引导人们讲道德、尊道德、守道德，追求高尚的道德理想，不断夯实中国特色社会主义的思想道德基础。要从学生抓起、从学校抓起，做到进教材、进课堂、进头脑。润物细无声，运用各类文化形式，生动具体地表现社会主义核心价值观，用高质量高水平的作品形象地告诉人们什么是真善美，什么是假恶丑，什么是值得肯定和赞扬的，什么是必须反对和否定的。培育和践行社会主义核心价值观，要融入国民教育全过程；培育和践行社会主义核心价值观要从小抓起、从学校抓起。以培育社会主义核心价值观为指导，当代中学生树立科学理念、积极心态、良好习惯，对自身成长成才至关重要。

《国家中长期教育改革和发展规划纲要（2010～2020年）》要求："加强社会主义荣辱观教育，培养学生团结互助、诚实守信、遵纪守法、艰苦奋斗的良好品质。加强公民意识教育，树立社会主义民主法治、自由平等、公平正义理念，培养社会主义合格公民。加强中华民族优秀文化传统教育和革命传统教育。"《国家教育事业发展"十三五"规则》要求，提升学生思想道德水平，着力加强爱国主义教育，培育社会主义核心价值观。我国《义务教育法》第3条规定：义务教育必须贯彻国家的教育方针，实施素质教育，提高教育质量，使适龄儿童、少年在品德、智力、体质等方面全面发展，为培养有理想、有道德、有文化、有纪律的社会主义建设者和接班人奠定基础。我国《未成年人保护法》第4条规定，国家、社会、学校和家庭对未成年人进行理想教育、道德教育、文化教育、纪律和法制教育，进行爱国主义、集体主义和国际主义、共产主义的教育，提倡爱祖国、爱人民、爱劳动、爱科学、爱社会主义的公德。我国教育法律、法规、政策均要求培育学生科学的理念、积极的心态、良好的习惯，培养德智体美劳全面发展的社会主义事业接班人。

理念是行动的先导。为贯彻社会主义核心价值观，当代中学生首先应当明确树立一些什么样的理念。这些理念包括爱国主义、崇尚公德、真爱博爱、诚实守信、竞争身上、刻苦钻研、团结合作、竞争双赢、善待批评、积极乐观、与人为善、遵纪守法等科学价值理念。本书结合自身学习生活体会，对如何正确树立先进理念观念提出一些思考与建议。期待当代中学生在学习、生活、实践中能够逐步树立起先进观念，养成健康心态，培养良好习惯，收获丰硕成果，健康成长成才。

心态是人们对外界环境与事物作出反应与应对的心理趋向。2014 年 5 月 30 日，习近平总书记在北京市海淀区民族小学主持召开座谈会时的讲话中深刻指出，任何一个思想观念，要在全社会树立起来并长期发挥作用，就要从少年儿童抓起。正是这种心理趋向对人的思维、语言、决策和行为产生了支配性的作用，从而对一个人的生活环境产生了根本性的影响。从根本上说，将这种心理趋向往积极的方面作出调整和改变，就能改变人一生的命运。态度决定成败。成功人士都拥有积极的心态，树立了正确的人生态度。良好的态度支配与决定了人们的人生道路，始终用积极的思考、乐观的精神和丰富的经验控制自己的人生。不成功人士往往则受过去的种种失败与疑虑所引导和支配，没有树立积极心态，人生态度消极，往往空虚、猥琐、悲观失望、消极颓废，因而最终走向了失败与遭遇挫折。因此，当代中学生要有一个正确的心态。心态决定一切，有什么样的态度，就有什么样的人生。哲学家说过，世界如一面镜子：皱眉视之，世界也皱眉看你；笑着对待生活，生活也笑着看你。中学生在学习、实践、生活中应当树立正确心态，克服不良心态，养成积极健康的心理状态，才能学有所成，才能更好地实现人生理想与伟大抱负。

中学生朋友要培养良好的习惯。习惯是在长时期里逐渐养成的相对固定的行为和倾向。家长、老师经常给中学生朋友强调养成良好学习、生活、实践习惯的重要性。好习惯助力实现人生理想；坏习惯阻碍人生发展。好的习惯将使人一生受用，坏的习惯将使人一生受损。俄罗斯著名的教育家乌申斯基说过："好习惯是人在神经系统中存放的资本，这个资本会不断增长，一个人毕生都可以享用它的利息；而坏的习惯是道德上无法偿清的债务，这种债务能以不断增长的利息折磨人，使他最好的创举失败，并把他引到道德破产的地步。"中学生朋友要成长成才，要实现人生理想与抱负，实现人生价值，为祖国与民族复兴，就必须改掉一些坏的习惯，培养好的习惯。为此，本书对中学生如何培养良好的学习生活习惯进行了分析和解读，提出了一些行之有效的科学方法与路径。

本书观点科学，内容详实，充满正能量，具有科学性、针对性与可行性。

既可作为中学生成长成才的指南，也可以成为家长、教师了解青少年心理发展规律与行为表现并进行针对性教育引导的重要参考。本书是一本理论与实践结合，科学性与可读性兼备，紧接地气，贴近实际的好书。本书就如何做好科学观念培育，树立健康心态，养成良好习惯提出科学策略。推荐中学生朋友认真阅读与体会，促进自己更加的健康成长。鉴于这是一本优秀的指南性心理与习惯培养知识读物，特在此谨向中学生朋友、各位家长朋友、教育工作者推荐阅读。

是为序。

吴宏伟

中国人民大学教授、博士生导师

中国商业法研究会副会长

2017 年 8 月

目录 CONTENTS

附　录

导 论

本书重点剖析当代中学生的科学理念、积极心态、正确习惯等关键问题，期望能为当代中学生朋友在观念形成、心理调适、习惯养成等方面，提供科学方法和有益建议。全书由三篇组成。第一篇理念篇：中学生应当树立的十二种科学理念。第二篇心态篇：中学生应当培养的十八种积极心态。第三篇践行篇：中学生应当培养的十种良好习惯。

第一篇　理念篇：中学生应当树立的十二种科学理念

第一章：热爱祖国，矢志不移。一是每一位当代中学生要做真正的爱国者；二是要热爱中国特色社会主义；三是要自觉参加爱国主义教育活动。爱国主义教育是广大青少年主题教育的重要环节。青少年是祖国的未来、民族的希望，爱国主义是当代中学生必须具有的理念与情操。爱国主义教育必须重视对青少年的教育。学校在提高青少年科学文化素质的同时，更应该让同学们了解和学习祖国的历史和灿烂文化，了解中国共产党的光辉历史与伟大成就，提高民族自尊心、自信心和自豪感，增强爱国意识，培育爱国情感，实践爱国行为。中学生朋友要增强政治鉴别力，自觉抵制西方腐朽思想的侵蚀。创新爱国主义教育方式，不仅要借助被实践证明确有成效的已有教育形式，更要与时俱进地充分利用新的形式，为弘扬以爱国主义为核心的民族精神创设新的教育载体。

第二章：择善而从，崇尚公德。当代中学生树立遵守社会公德的观念，有利于提高自身思想道德素质，养成文明的行为习惯，提升社会精神文明水平，对中学生朋友的学习、实践、生活都有重要的现实意义。坚持立德树人，把立德树人作为教育的根本任务，培养德、智、体、美、劳全面发展的社会

主义建设者和接班人；培育和践行社会主义核心价值观，不断提高学生思想水平、政治觉悟、道德品质、文化素养，让学生成为德才兼备、全面发展的人才。一是要树立遵守社会公德的观念，加强自身道德认知学习。二是要经常“内省”，做到“慎独”。三是要多做善事。四是要自觉同违反社会公德行为做斗争。当代中学生应当积极参加品德课、思想政治理论课，积极参加少先队和共青团组织教育活动。自觉践行社会主义核心价值观，开展自我教育。全面理解、正确对待重大理论和社会热点问题，增强是非辨别能力；把社会主义核心价值观内化于心、外化于行。

第三章：播种宽容，真爱博爱。爱是人们对事物的一种情感，人作为社会的人来讲，应该学会爱人、爱事业、爱自然。孔子说过，仁者爱人。一个人只有树立了爱的观念，心中充满了爱，整个世界才会变得一片阳光，才会走向真、善、美，远离假、丑、恶，才会生活得快乐幸福。中学生要逐步树立起爱的观念，富有爱心是中学生将来立足社会的一个重要的也是基本的思想基础和人格魅力。树立爱的观念要正确认识仁爱的意义；学会爱父母、爱家人、爱亲人；要学会爱自然、爱环境、爱地球。中学生爱一个人或物的时候，就一定要珍惜，不要去破坏、损伤、糟蹋。是否树立了爱的观念，也是一个世界观问题。只有树立了爱的观念，才能澄清错误认识，端正学习、实践、生活的态度，确立正确方向，树立信心，取得良好的学业成绩，为将来事业成功奠定坚实的基础。

第四章：履责践诺，诚实守信。一是讲诚信，深刻认识诚信的内涵与意义。党的十八大报告指出，要倡导诚信的社会主义核心价值观，深入开展道德领域突出问题专项教育和治理，加强政务诚信、商务诚信、社会诚信和司法公信建设。只有内“诚”外“信”，才能做到求真务实、脚踏实地、有始有终，才能激发自己巨大的热忱与潜能，受到人们的尊敬、支持和信任，从而取得事业的成功。中学生逐步树立起诚信的观念，对自己的学习、生活都有着十分重要的意义。二是树立诚信的观念，要从一点一滴做起。树立诚信观念是一个长期的任务，不可能一蹴而就。必须从小事做起，从一点一滴中去体现和积累。三是树立诚信观念，要从做人高度去认识。四是树立诚信观念，要从建立诚信社会的大局着眼。诚信社会的建立，需要全社会的力量，也包括中学生在内，做一个讲诚信的人，为建立诚信社会作出自己的贡献。五是在全社会要加强诚信宣传，努力养成诚信意识。要求中学生“诚实守信，言行一致，知错就改，有责任心”。不随意拿别人的东西，借东西及时归还，答应别人的事努力做到，做不到时表示歉意，考试不作弊，不说谎、不骗人，不弄虚作假。

第五章：创先争优，竞争向上。树立正确的竞争观念，无论在中学生学习阶段取得优异成绩，还是将来工作中创造出令人满意的成就，都是至关重要的。一是要树立竞争观念，全面认识竞争。竞争是社会发展的动力之一，是一个人成长进步所必须具备的思想意识，尤其在市场经济体制下，是人们必须树立的首要观念。大到一个国家、一个民族，小到一个企业、一个人都会参加竞争，都只能在竞争中才能求得发展。二是要确定合适的竞争对象，在竞争中共同进步。中学生在中考、高考竞争中，如果成绩优异，会脱颖而出；随着实力不断增强，再选择更强的竞争对手，使自己永远有前进的动力，不断取得新的进步。三是要善于同他人合作，增强竞争的实力。中学生朋友在学习、实践、生活上都需要合作。小组学习、小组讨论、小组任务、科研小组攻关等就是中学生竞争合作的良好方式。只有合作好了，才能取得更大的学业进步。四是竞争要遵循道德准则和法律规范。中学生之间的竞争也应当符合道德准则与法律规范，不能违反道德准则与法律规范。极少数中学生之所以走上歧途，就是实施了不合法竞争造成的。五是要树立竞争观念，正确面对挫折。树立竞争观念，参与竞争，必须做好受挫的心理准备，必须敢于面对挫折。

第六章：学业为重，刻苦学习。认识终身学习的重要性，养成勤奋学习的习惯；提高思想认识，增长才干，掌握技能，取得学业进步，实现人生理想与抱负，将来更好地服务于社会。一是树立刻苦学习的观念，要认识勤奋学习的意义。必须人人学习，民族、国家才能永葆生机和活力，才能走在时代前列，不断推进各项事业的发展。这里的人人就包括全体中学生在内。二是树立勤奋学习观念，要培养学习兴趣。青少年正处于学习的黄金时期，应该把学习作为首要任务，作为一种责任、一种精神追求、一种生活方式，树立梦想从学习开始、事业靠本领成就的观念，让勤奋学习成为青春远航的动

力，让增长本领成为青春搏击的能量。三是树立勤奋学习的观念，要有谦逊的态度。“谦虚使人进步，骄傲使人落后”。要树立勤奋学习的观念必须对人、对事有一个谦逊的态度，要正确认识自己的不足，敢于正视自己的不足，激发出学习主动性和积极性。四是树立勤奋学习的观念，还要克服懒惰的习惯。五是培养坚强意志品质，持之以恒刻苦学习。

第七章：以和为贵，化解矛盾。中学生在学习期间，经常会遇到一些矛盾。如果这些矛盾得不到及时化解，易于引发冲突，严重的会导致违法违纪行为的发生。及时地化解矛盾，消除冲突，是中学生必须正确面对的问题。一是要对矛盾有一个客观的认识。二是要注意从自身上寻找原因。分析矛盾产生的原因，大多数矛盾都是在矛盾发生时不能从自己身上找原因而造成的。不少人遇事强调客观理由，怨天尤人，就埋下了报复的种子，久而久之会引发更大的冲突。三是要有宽广的胸怀，学习宽容，宽以待人，严于律己。四是要学会冷静处理，妥善解决矛盾。五是要培养良好的情商，以情感人，以理服人。六是要学会心理换位，设身处地，消除误会与矛盾。

第八章：团结合作，实现共赢。当代中学生应该注意培养团结合作意识，明确与人为善的重要性。做到关爱他人，关心他人，帮助他人。要有意识地要求自己诚恳和善地与父母、老师、兄弟姐妹及同学合作，凡事先征求父母、老师的意见，当父母和老师、同学需要帮助时，应主动献上你的爱心；与同学交往应注意平易随和，多为别人着想，以提高对未来社会的适应能力。一是树立双赢的思想。二是让自己的“个性”服从集体的“共性”。三是学会感受合作中的快乐。合作的过程总是令人愉快的，尤其是当参与者都已经尽力而为时，从客观上说中学生都会有所收获。四是团结合作中欣赏别人。同学们需要从内心深处真正愿意接受别人，欣赏别人的长处，才能使合作有真正的动力和基础。

第九章：三省吾身，善待批评。正确对待批评，虚心接受批评，不仅是中学生朋友学习、实践、生活的需要，也是一个人成长的重要因素与基本要求。一是正确对待老师的批评，正确认识老师的职责。老师对学生进行管理、教育、批评是教师的职责，是教书育人的主要任务，是对国家、对人民、对学生负责的一种行为表现。二是把师长批评作为一种爱护，心存感激之情。

师长作为学校的管理者，对中学生的违规违纪行为进行批评教育是对中学生的一种爱护，这种批评不但可以使自己改正目前的错误，而且可以使中学生今后少犯或不犯类似错误。三是受到师长批评时，要善于从自身上找原因。这是认识和改正错误的最佳方法。四是当师长批评你不够准确或批评错了时，不要采取过激的顶撞行为。同学们受到师长批评时，能够解释的进行适当解释，一时解释不清的，过段时间再解释也未尝不可。

第十章：积极进取，乐观向上。心态是人们所讲的一种对人对事所处的态度、情绪。舒畅心态是指一种开朗愉快的心理状态。舒畅的心态可以使人保持旺盛的精力，做事有激情，也易于成功。一是要保持舒畅的心态，就要正视当前的困难，增强战胜困难的勇气。作为一名中学生，面临的困难有很多，要保持舒畅的心态，就要正确估量自己。既要看到不足之处，又要看到自己的长处。二是要保持舒畅的心态，就要牢记自己的过失，不忘别人的恩惠和好处，忘却自己对别人的帮助和扶持。凡是这样做了的，都能保持心态平衡，宁静致远；反之，会经常处于一种斤斤计较的情绪之中，影响身心健康，影响学习成绩。三是要保持舒畅的心态，就要经常做到知足。当然，知足并不是要你满足现状，不再进取，而是对自己要求更高，敢于攀登新的高峰的一种奋斗精神，其在奋斗中自然会有获得成功的舒畅心态，只是两者的角度不同罢了。

第十一章：和谐相处，与人为善。只要常怀友善之心，伸出友善之手，作出友善之举，就能营造良好的人际关系，为社会和谐增添正能量，也会提升自我，成就自我。一是要有与他人友善的愿望。同学们之间友善相处，相互促进，互帮互助，共同成长。二是要做到友善，必须看到他人的长处，要反省自己的短处。中学生朋友如果能记住这一点，在与老师、同学、朋友进行交往时，对于自己要时常反省，看看自己有什么对不住人、做得不好的地方，发现自己的不足与问题，从而对自己严格要求，弥补不足，发挥成绩。中学生朋友只要做到严以律己，宽以待人，就容易做到友善。三是要以微笑对待他人，从内心尊重每个人，平等地对待每个人。做个友善的人，要求同学们学会感恩和包容，牢记他人的帮助，宽容他人的错误；做个友善的人，要学会乐于助人，舍得付出。

第十二章：严守法律，遵规守纪。遵纪守法是现代社会公民的基本素质和义务，对青少年来说，也不例外。青少年必须知法、懂法，并以法律来约束自己，以守法作为自己的行为准则，并修炼成内心自觉的行为。一是必须学习法律知识。加强法律知识的学习是首要的，只有懂得法律知识，才能有效地避免违法。二是按法律的要求去做。遵纪守法是做好工作的基础，只有遵纪守法，积极向上，才会不断取得进步，才能得到社会的认可、尊重，才可能取得学业与未来事业上的成功。三是尽可能多地学习掌握法律知识。知法才能守法，知法才能更好地用法律保护自己与他人的合法权益。四是用好未成年人保护法等法律保护合法权益。五是严格遵守学校规章制度。一个学校只有纪律严明，才能保证教学工作正常进行，纪律是学校教育事业发展的基本前提。

第二篇　心态篇：中学生应当培养的十八种积极心态

第一章：戒除侥幸，刻苦努力。侥幸心理阻碍个人成长进步，影响个人身心发展，对个人学习、实践、生活都没有好处。中学生朋友自觉消除侥幸心理对促进自身健康成长非常必要。但现实中有的中学生认为自己做一些违反校规校纪的事，只要不被老师发现就没有问题。侥幸心理容易导致人丧失斗志，放弃努力，把自己的前途命运寄托于偶发事件和偶然的机遇上。有的同学总认为天上掉下的馅饼会砸到自己头上，主观认为不刻苦学习也能侥幸考上好大学。中学生朋友要对自己取得的成功有一个正确的认识，养成做事认真的习惯。中学生在学习、实践、生活中要自觉克服侥幸心理，勤奋学习，刻苦努力。只有脚踏实地努力才是实现人生理想的正确态度与途径。

第二章：戒除嫉妒，取人之长。嫉妒是人类最常见的情感之一，是因别人胜过自己而引起抵触的消极情绪体验。中学生嫉妒心理的主要表现有：看到别人进步了嫉妒；朋友受到了表扬嫉妒；同学在某项竞赛中获得了成功嫉妒；别人才能得到了充分发挥嫉妒；朋友在生活中获得了幸福嫉妒。中学生朋友要学会分析嫉妒心理的原因，认清嫉妒心理的危害；正确认识与评价自我，培养宽阔的胸怀；学会换位思考，学会自我心理调适；树立正确的竞争观念；加强情感交流；要把“努力改变自己”作为正确的指导思想。作为中学生，要加强道德修养，从“小我”中解放出来；拓宽视野，胸襟宽阔，正确看待他人的成功；学会自我调节与自我控制，当嫉妒心萌发时，通过自我暗示、自我疏导、转移目标等方式，把嫉妒化为前进的动力。

第三章：戒除猜疑，开阔心胸。猜疑是一种不符合事实的主观想象，是一种消极的自我暗示心理，表现为极度的神经过敏，遇事会疑神疑鬼。当代中学生正确认识猜疑心理并加以调节，对于自己的学习、生活乃至整个人生有着重要的意义。一是认清猜疑心理的危害；二是认清猜疑心理的原因；三是正确运用克服猜疑心理的科学方法。用理智力量来克制冲动情绪的发生，培养自信心，学会自我心理调节；及时有效沟通，优化个性品质；变消极暗示为积极暗示。同学之间要不相疑，就必须长相知，努力改变有碍于与人交流的癖性。在班集体中，与同学融洽相处，善交朋友，常与他人促膝谈心，沟通思想。

第四章：戒除报复，学会宽容。报复心理是一种不健康的心理状态，不仅会对报复对象造成这样或那样的危害和威胁，而且有害自己的心理健康，使人变得心胸狭窄、行为极端，严重者还要对自己的极端行为承担刑事的或民事的责任。正确认识报复心理并及时加以排解，对中学生的学习、生活、成长有着重要的意义。报复心理表现为偏执、急躁、多疑、自私自利。要克服报复心理，学会宽容，不计前嫌；珍惜友情，学会用动机和效果统一的观点去衡量人的行为，正确对待他人给你带来的挫折或不愉快，多考虑报复心理和报复行为的危害性，加强自身修养，培养开阔心胸，提高自制能力。增强自我克服能力和辨别能力，减少报复心理的产生基础。把别人对自己的攻击作为对自己的帮助。比海洋宽阔的是天空，比天空宽阔的是人的胸怀。多一点宽容，根除报复心理，中学生将为自己赢得更多的幸福。

第五章：戒除依赖，自强自立。依赖心理如果得不到及时纠正，发展下去，可能形成依赖型人格障碍。中学生要正确认识并克服依赖心理对学习、生活的重要意义。克服依赖心理，培养自强自立精神，要充分认识依赖心理的危害；要增强自信心；培养独立的人格；克服自卑心理；要培养自强不息

的奋斗精神。在新的历史条件下，继续弘扬中华民族自强不息、艰苦奋斗的精神，既是贯彻落实“四个全面”战略布局的内在要求，也是当代青少年成长成才的必由之路。实现“两个百年”奋斗目标，实现中华民族伟大复兴的中国梦，需要广大青少年锲而不舍、继续奋斗。自强不息、艰苦奋斗不是一句简单的口号，必须落实到每个人的行动上。广大青少年要牢记空谈误国、实干兴邦，从自身做起、从点滴做起，勤奋学习，自强自立，积极进取。

第六章：戒除逆反，理解他人。逆反心理是人对某类事物产生厌恶、反感情绪，因而作出的与该事物发展背道而驰的行动的一种心理状态。逆反心理是一种十分有害的情绪，轻者产生厌烦、消极、偏见、轻蔑情绪倾向，重者产生敌意、愤怒和对抗行为，如再缺乏理智，往往会造成很严重的后果。当代中学生中的逆反心理往往表现为对学习、实践、生活的一种消极的抵抗心理，这种心理一旦产生，就会形成一种固定的思维定式，对老师的管理教育特别是批评持否定态度，久而久之必然会导致矛盾激化。中学生朋友怎样才能预防逆反心理的产生和怎样疏解已产生的逆反心理情绪呢？一是面对现实，摆正位置，自觉服从老师的管理教育；二是努力学习，增强素质，不断提高自己的思想境界；三是相信老师，敞开心扉，以取得老师的全面了解，取得老师的指导与帮助。

第七章：戒除固执，从谏如流。固执，一般是指成见，不肯变通，对一旦形成的观点或行为方式顽固坚持，很难予以改变的心理特征。中学生要正确认识固执心理的危害并认真改正。固执心理产生的主要原因有：自尊心过强，为维护自己的所谓“面子”而固执；自以为是，墨守成规导致了固执；个人修养差，缺乏辩证思维必然陷入固执。既然固执的心理不利于学习、生活，不利于个人的身心发展，中学生在学习、生活中就要自觉克服固执心理。克服固执心理要做到以下几点：既要懂得自尊，也要知道并做到尊重真理，尊重他人。学会自省，培养良好的个性心理素质。世上最难的事莫过于战胜自己；养成善于接受新事物的习惯，善于听取师长与同学的正确建议，做到从谏如流，培养思维的灵活性、辩证性。在原则问题上不管怎样坚持都不会过分，更不会错，也不能认为是固执，只是有时要讲究些策略，采取些灵活的方法。中学生千万不要因为克服固执心理而变成一个不讲原则、不分是非的人。

第八章：戒除虚荣，宠辱不惊。虚荣心是自尊心的过分表现，是为了取得荣誉和引起普遍注意而表现出来的一种不正常的社会情感。虚荣心影响人的身心健康，对中学生学习、生活的影响也是显而易见的。克服虚荣心理，要充分认识虚荣心理的危害；克服虚荣心理，要树立正确的荣辱观，即对荣誉、地位、得失、面子要持有一种正确的认识和态度；克服虚荣心理，要把握攀比的尺度；克服虚荣心理，对不良的虚荣行为进行自我心理纠偏；学习良好的社会榜样。要区别好自尊心、上进心和虚荣心的本质区别，积极向上，不甘落后，力争上游是自尊、自强的表现，而不是一种虚荣，一定不要因为虚荣心理而走向问题的反面。尊重要靠努力获得，成功要靠奋斗得来。

第九章：戒除孤独，融入集体。孤独是自我感觉被别人所拒绝、所遗忘，心理上孤立无援的心理感受。孤僻性格所形成的孤独心理，进一步阻碍了中学生朋友与老师、同学的正常交往。具有这种个性缺陷的人猜疑心较强，容易神经过敏，强烈持久的孤独心理会使人产生挫折感、狂躁感，令人心灰意冷，严重的还会厌世轻生。中学生在学习、生活期间，由于环境的特殊，也容易产生孤独心理。毫无疑问，具有孤独心理的人，心中是苦闷的，人际关系是淡漠的，生活中是缺乏快乐的。因此，正确认识并及时排解孤独心理不仅对中学生的学习、生活有着重要的意义，对今后的人生之路也会产生积极影响。有孤独心理的当代中学生很难融入集体，很难与其他人配合好，长此下去，会令人心灰意冷，严重的会产生轻生厌世的心理。中学生朋友如何才能克服孤独心理呢？一是认清原因，优化性格，实现孤独心理的自我解脱。二是增进了解，善待挫折，用健康心态战胜孤独。三是加强人际交往，扩大交际范围，培养良好友谊。人是集体与社会的一员，集体与社会为人的发展创新条件与环境。中学生朋友要自觉融入集体，培养友谊，团结合作。

第十章：戒除愤怒，学会克制。愤怒是一种常见的消极情绪，是当人们对某种客观现实不满，或者个人的意愿不能满足时产生的一种身心紧张而不

愉快的情绪状态。中学生朋友正确认识愤怒心理产生的原因并及时加以疏导对个人健康成长十分必要。愤怒心理产生的原因主要有：自己的利益受到侵犯；认为自己被他人利用；因嫉妒他人取得了好的成绩而愤怒；因受到老师的批评或不公正对待而产生愤怒情绪；因他人的不幸遭遇而产生愤怒；对发怒认识上的误区和素质不高造成愤怒情绪的发生。如何克服愤怒情绪？一是要认清愤怒情绪的危害；二是遇事要沉着冷静；三是加强自身个性修养，培养健康性格，防怒于未然；四是适时转移怒气和转移注意力。

第十一章：戒除惰性，增强主动。惰性就是不喜欢、不愿付出体力或脑力去实践一项应该实践的工作。中学生惰性的存在严重影响到他思维的发展，知识的积累，优良品德的形成以及理想的实现。中学生惰性心理的表现：自觉性不高、言行不一致、依赖性强。惰性心理产生的原因主要有：消极因素作祟、自制力薄弱、学生自身素质影响。要克服中小学生惰性心理，就要提高中学生对主观能动作用的认识，使其树立远大的理想和志向，提高自信心，强化自我，克服依赖性，勇于面对前进过程中的困难和干扰，把自觉性落实到行动上。掌握好学生学习、生活规律和性格特征，对提高训练技能、遏制惰性心理也是非常有效的。根据生理节律，提高学习效率；根据目标要求，克服不良习惯；进行自我观察与自我强化训练；做到不找借口找方法，方法总比问题多。

第十二章：戒除悲观，珍爱生命。轻生的心理在极少数中学生身上存在着，如不引起重视，极易酿成自杀事故。自杀事故无论是对自己，还是对家庭，抑或是对学校、对社会都会带来很坏的影响，造成无法挽回的巨大损失。正确分析轻生心理产生的原因，并加以自我调节与综合防范是十分重要的。要戒除悲观心理，一是消除悲观心理，要充分和正确地认识生命存在的价值和意义；二是消除悲观心理，要经常盘点身边的“幸福”；三是消除悲观心理，要善于运用科学的方法。要采取行动，与乐观的人相处；回想过去的成功；怀有一颗感恩的心；改变周围的环境；打破旧有惯例；与动物和自然交流；积极动起来；从宏观角度想想；了解自己情绪周期。

第十三章：戒除自卑，乐观自信。自卑是人的一种不能自助和软弱的情绪，是一种自己轻视自己，认为自己不如别人的惭愧、羞怯、畏缩，甚至心灰意冷的复杂情感。自卑心理若得不到正确地认识和对待，不能正确加以解决，就可能对自己的学习、生活产生严重的不良后果。中学生正确认识自卑心理并做好自我心理调节，对个人健康成长具有十分重要的意义。自卑心理产生的原因主要有：自身的缺陷、自身性格方面的原因等。有效克服自卑心理，一是正确地认识自己的长处和短处；二是正确对待别人的评价；三是塑造一个新的自我意象；四是采取科学调适措施。为了消除其负面影响，必须采取积极的调适措施。具体方法有认知法、领悟法、积极暗示法、转移法、补偿法等。

第十四章：戒除自负，谦虚谨慎。自负心理是一种自高自大的认识体验，具有自负心理的人，不是想方设法地提高自己，而总是自我满足，自以为了不起，对他人取得的成绩却任意贬低、否定。当代中学生正确认识和克服自负心理有着重要的意义。自负心理的特征主要有：炫耀自己，否定别人；神经过敏，不理解他人；因循守旧，不容易接受新事物；顽固不化，拒不认错。要真正克服自傲心理，还必须重点从主观上解决问题，主要从以下几个方面着手：一是认识自负心理的危害；二是培养谦虚的品德；三是克服浮躁的毛病；四是培养内省的习惯；五是对自己有一个正确的认识和评价；六是树立集体观念；七是切实加强自身素质的修养。

第十五章：戒除灰心，直面挫折。挫折心理可称为需要得不到满足时的一种紧张情绪状态，这种紧张的情绪状态往往给人们带来失望、压抑、沮丧、苦闷，若不及时排解，会给同学们正常的生活学习带来很大影响。主客观矛盾是导致中学生挫折心理形成的直接原因；个性不完善是导致中学生挫折心理形成的重要原因。挫折是极易产生和出现的，但在挫折面前，同学们需要的是进取精神和不折不挠的毅力，同时更需要理智地分析问题的原因，提出解决问题的办法。一是认识到挫折对于人生的积极意义；二是树立正确的人生目标；三是遇到挫折要冷静分析；四是善于化压力为动力；五是培养辩证的挫折观；六是学会自我疏导；七是培养正视挫折的非凡勇气；八是掌握分散挫折压力的方法。无论何时何地，只要坚忍不拔，就能够带动周围的一切力量，把不可能变为可能。

第十六章：戒除抑郁，积极有为。一般来说，不愉快的事件导致人产生

抑郁情绪是正常的，是一种短暂的心理不良反应，是一种亚健康状态。较为强烈的抑郁情绪持续地存在，或间歇性地反复发生，发展结果有可能出现以心境低落和厌世心理为主要特征的精神障碍，成为一种心理疾病。其表现有心情抑郁，失去兴趣和快乐感，容易疲乏，注意力不集中，总想不高兴的事，思维和反应迟钝，自责自罪，严重时有自杀的想法和行为。抑郁心理产生的原因主要有长时期地遭受挫折与不幸、困难无法摆脱、个性所致的抑郁。一是科学运用认知法，矫正抑郁情绪；二是锻炼意志，学会自我凋节；三是学会达观，积极向上。许多事情只要能用乐观主义精神、用发展的观点来想一想，抑郁忧愁就会烟消云散了。

第十七章：戒除焦虑，脚踏实地。焦虑心理一般指将出现不良后果或模糊性威胁的一种自我感受为不愉快的情绪，其特点是紧张、不安、担心、忧虑、烦恼和惧怕。中学生的焦虑心理反应一般发生在青春期内，女生多于男生，常见为生活焦虑和学习焦虑。焦虑是应激状态下的人的一种最常见的情绪反应，有时表现为预测发生不良后果的防预反应。一般而言，轻度焦虑不仅对人无害，反而可激发人的斗志，唤起警觉，提高工效。强烈而持续的焦虑则对人十分有害，可能严重影响学习、生活，损害身心健康。克服焦虑心理，可以运用注意力转移法，控制焦虑情绪，从而获得战胜焦虑的信心。强化是对自己的建设性行为进行自我鼓励。自我强化主要从自我建设性暗示入手。

第十八章：戒除网瘾，科学用网。“网瘾”即“互联网成瘾综合征”，其基本症状是上网时间失控，欲罢不能，可以不吃饭、不睡觉，但是不能不上网。有这种症状的中学生即使意识到问题的严重性，也无法自控。通常表现为情绪低落、头昏眼花、双手颤抖、疲乏无力、食欲不振等。中学生上网，一旦成瘾，较难戒除。中学生上网成瘾，可以说已经是一个社会问题，家长和学校非常关注。现在是高科技时代，互联网已经走进家庭，利用互联网娱乐、学习、获取信息，已经是现代中学生必须掌握的一项技能。中学生要科学使用网络，自觉戒除网瘾，正确使用网络，提高信息素养，关注学习生活，把主要精力用于学习、锻炼、实践中来。中学生自觉培养较强的信息技术能力，拥有较高的信息素养，能从网络中发现更多积极的因素，提高自身思想道德文化素质。要整合各方面教育资源，发挥优势，形成合力，对网络行为进行正确引导、教育和规范，创设必要条件，中学生朋友才能健康成长。

第三篇　践行篇：中学生应当培养的十种良好习惯

第一章：热爱劳动，勇于实践。中学生自然应当培养爱劳动的习惯，热爱劳动，精益求精。要培养热爱劳动的习惯，最主要、最根本的是充分认识积极参加劳动的意义，并积极参加志愿者活动等社会实践活动。劳动教育是中学生成长过程中的重要教育内容，热爱劳动才能得到人格尊严与尊重，热爱劳动可以学到实用技能，增强就业能力。同学们一定要养成热爱劳动、自食其力、自我奋斗的良好习惯与精神。一是要培养热爱劳动的习惯，还必须有吃苦耐劳的精神；二是要热爱劳动要积极参加社会实践，提升实践能力；三是要培养劳动技能，增强多元化劳动能力。为了祖国在激烈的世界经济竞争大潮中永远立于不败之地，为了青少年一代更加幸福的生活，学校、家庭、社会在对青少年做好文化教育的同时，更要做好劳动教育，培养良好的劳动习惯，同时也培养自理、自立能力。

第二章：讲究卫生，健康生活。当代中学生不讲卫生的现象还比较常见，这无论是对自己还是对他人都是很不利的。同学们养成讲究卫生的习惯，无论是对自己和他人的身体健康，对提高自身的素质，还是对健康安全都有重要的意义。讲究卫生有利于自身的身体健康，讲究卫生有利于他人的身体健康，讲究卫生是一个人提高素质的基本要求之一，卫生习惯可以改变人的行为。培养讲究卫生的习惯要从小事做起，清理卫生就是时刻保持卫生清洁的状态，人人养成良好的卫生习惯，要全面讲究个人卫生。培养讲究卫生的习惯，同不讲卫生行为做斗争。良好的卫生习惯是人成长，实现可持续发展的基础，是学校教育的重要组成部分，也是全面素质教育的需要。卫生习惯养成是一场持久战，每一个小细节都决定着战争的成败。只要中学生朋友坚定不移，执着努力，相信校园会更加美丽清洁。

第三章：修身洁行，文明礼貌。文明礼貌是做人的最起码标准，是有修养的外在表现，更是建立良好的人际关系的基础。当代中学生在学习、实践、生活中也要讲究文明礼貌。养成讲文明礼貌的习惯，对同学们学习、实践、

生活都十分重要。讲究文明礼貌的习惯是中学生的基本要求，中学生要充分认识不讲究文明礼貌的危害。加强自身道德修养，提高自身文明素质。要培养讲究文明礼貌的习惯，就必须同不讲文明礼貌的行为做斗争。要培养讲究文明礼貌的习惯，一定要时刻怀抱一颗感恩的心。中学生应该做一个堂堂正正的人，一个懂文明、有礼貌的谦谦君子，德、智、体、美、劳全面发展。文明礼貌，从我做起，从每一件小事做起，让文明礼仪之花在校园处处盛开。经过全体师生共同努力，营造出一个更加文明美好的校园。

第四章：珍爱时间，把握机遇。当代中学生如果在学习期间不珍惜时间，不养成珍惜时间的好习惯，将来美好的理想无法实现，也可能一事无成，而成终生之恨。中学生朋友一定要养成珍爱时间，把握学习机会，有效利用时间，全面提升自己的知识与能力素养。一是充分认识时间对于生命的意义。二是克服办事拖拉的毛病。三是要制订科学的计划。四是分清轻重缓急。五是做到不要浪费他人的时间。六是不断提高效率。时间对每个人都是平等的，中学生朋友要从现在起，珍惜时间，努力学习，积极进取，努力实现人生美好理想。

第五章：生活朴素，勤俭节约。《中学生日常行为规范守则》要求中学生做到生活节俭，不互相攀比，不乱花钱。由此看来，培养节俭的习惯是非常重要的，对学生个人成长与社会发展均具有重要意义。一是认识到勤俭节约的重要意义。二是认识到浪费的危害。三是树立节俭为荣的思想。四是珍惜劳动的成果。五是确立正当的生活需求。六是自觉做到勤俭节约。从我做起，从现在做起，从身边做起，牢固树立节约意识，从节约一度电、一滴水、一张纸、一粒粮入手，把节约落到实处，从小养成勤俭、节俭的习惯。七是同各种浪费的现象做斗争。中学生生活在一个共同的环境中，一个节俭的生活环境需要中学生的共同努力来营造。中学生要努力树立社会主义荣辱观，弘扬勤俭节约之风，人人争做勤俭节约小先锋。让“节约光荣，浪费可耻”的理念在校园蔚然成风，让勤俭节约传统美德在中华大地世代相传下去。

第六章：敢于担当，履行责任。中学生把担当责任培养成一种习惯，不仅可以很好地完成学习、实践任务，促进个人成长发展，而且可以更好地完善建设家庭、建设家园、建设国家的任务。一是明确自己的责任。二是认清推卸责任的危害。三是不要许诺自己办不到的事情。当代中学生要努力增强社会责任感。牢固树立社会公德、职业道德、家庭美德，努力培养高尚品格和担当精神。自觉以国家富强、人民幸福为己任，树立自觉投身于中国特色社会主义伟大实践的宏伟事业中。当代中学生应当加强自己对国家的责任感，坚定自己报效社会的决心。

第七章：严格自律，克己自制。自制力是能够控制自己、支配自己并自觉调节自己行为的能力。它表现为既善于促使自己去完成应当完成的任务，又善于抑制自己的不良行为。中学生虽然自制力有了较大的发展，但是他们的心理尚未完全成熟，尚处在发育阶段。在自我意志方面，存在盲目成熟感，在情感方面，好冲动、易转移、自制力差，往往管不住自己。因此，中学生朋友一定要努力养成自制的良好习惯，严格自律，促进自身健康成长与成才。一是做到思想上的自制。二是做到行为上的自制。三是学会克制不良情绪。四是培养意志独立性品质。

第八章：杜绝非议，光明磊落。有些人走上歧途就是因为背后议论他人是非，造成误会，导致矛盾激化。在学校学习、实践、生活期间也经常有这样的中学生，当面不说，背后乱说，结果引发了矛盾，破坏了和谐的学习、实践、生活环境，使不少人的学习、实践、生活受到不良影响。因此，当代中学生人际交往要做到光明磊落，开诚布公，杜绝背后议论他人是非，这样对自己的学习、实践、生活是有很大好处的。一是杜绝背后议论他人是非；二是认识在背后议论别人是非的危害；三是加强个人道德修养；四是敢于同在背后挑拨是非的人做斗争；五是对待同学朋友要开诚布公。在与同学的交往中，中学生只有开诚布公才能知道他人的志向、脾气和生活环境。在共同的活动中，学生最能彼此知道对方的长处与不足。为了达成目标，中学生应学会商量、等待和忍耐，学会退让和妥协，学会忠诚和守信，学会宽容和信任，学会说明和劝告，学会倾听和接纳，学会坚持和拒绝。

第九章：立说立行，讲求效率。拖拉的主要特征是可以完成的事而不及时完成，今天推明天，明天推后天。拖拉性格在中学生里并不少见，是不少中学生的通病，不能把握时间，争取主动，因此，往往失去机遇，失去成功

的机会。导致拖拉的原因，一是试图逃避困难的事。不是根据事情的轻重缓急，而是拣容易的事干，以躲避费时费力的工作；二是目标不明确，手头事情多，于是东做做，西动动，似乎很忙，到头来一些重要的事未完成；三是惰性作用。当代中学生克服做事拖拉的习惯，一是要认识做事拖拉的危害；二是要善于把大块的任务分割成小块；三是要克服懒惰的恶习；四是要善于运用克服拖拉习惯的动力；五是要做到“今日事今日毕”。中学生遇到问题要马上着手解决。告诉自己：不要花费时间去发愁，因为发愁不能解决问题，只会不断地增加忧虑。遇到问题时最好能集中力量行动，在干劲最足的时候寻找解决问题的办法。

第十章：注重细节，精益求精。当代中学生要培养注重细节的习惯，在学习、实践、生活中要重视小事，关注细节，把小事做细、做透，细中见精，小中见大。中学生培养注重细节、精益求精的习惯非常重要。一是要注意生活中的细节。讲究文明礼貌，尊重师长，团结同学，遇事相互谦让，与人为善，说话和气，不出风头，不挑拨是非，不背后议论人，不斤斤计较，积极做好事，不做坏事，勿以善小而不为，勿以恶小而为之。二是要注意学习中的细节。自觉去学，时时注意，处处留心，目标明确，方法对头；要勤奋，舍得下力气、下功夫，刻苦钻研，务求甚解，不能遇到困难就打退堂鼓。要细致，一方面对所学的东西要做到全面透彻地了解，使其变成自己的东西；另一方面注重时代的变化和知识的更新，注重学习新知识，勇于和善于探索新领域。三是要注重劳动中的细节。中学生参加家务劳动或志愿服务中能否注重细节，可以说是能否完成好任务的关键方面。“天下难事，必作于易；天下大事，必作于细”。习近平总书记要求，道不可坐论，德不能空谈。于实处用力，从知行合一上下功夫，核心价值观才能内化为人们的精神追求，外化为人们的自觉行动。

撰写这本小册子的初衷，是结合自身学习成长体会，领会家长、老师、长辈教导，并参考学习大量国内外科学文献，深入分析当代中学生存在的一些不良观念、心态与习惯，提出如何树立科学理念，保持正确心态，培养良好习惯。期待中学生朋友读后能够知道学习、实践、生活的标准是什么，成长成才之路应该怎样走，防止偏离学习、实践、生活的正确航向。笔者从一名中学生的视角去剖析心理、观念、习惯等问题，期望能为当代中学生朋友在智力训练、学习心理、应试心理、自我意识、性格情绪、意志品质、人际关系等方面提供参考方法和有益建议。本书既可作为中学生成长成才的科学指南，也可以作为家长、教师了解青少年心理发展规律，做好观念培育，促进良好习惯养成的科学知识读物。诚望各位读者提出批评、意见和建议，笔者不胜感谢！

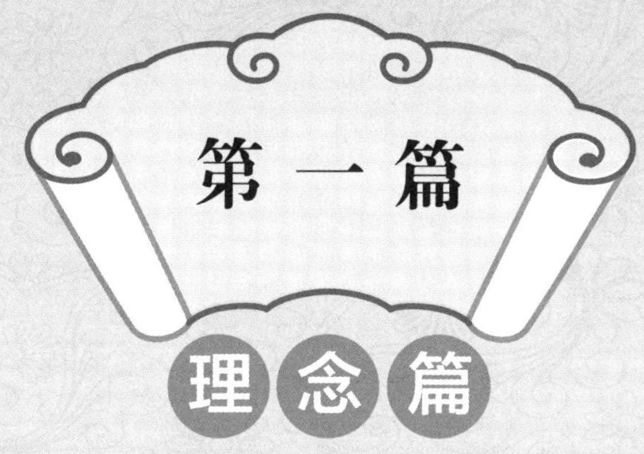

第一篇

理念篇

中学生应当树立的十二种科学理念

要改变命运
先改变理念
理念决定成败
理念影响人生
科学理念，指引前程
为成长导航
为成才助力
先进的理念
内化于心
外化于行
指引人生方向
助推学业进步
点亮人生理想
促进目标实现
实现伟大抱负

第一章

热爱祖国 矢志不移

“爱国”即热爱祖国，语出《战国策·西周策》“周君岂能无爱国哉”。爱国是指个人或集体对祖国的一种最深厚的情感。爱国主义是人们忠诚、热爱、报效祖国的一种集情感、思想、意志和行动为一体的社会意识形态，是在人类社会历史进程中形成、发展、巩固起来的一种凝聚国家和民族、推动历史发展的强大精神力量，也是调节个人、民族、国家关系的基本道德、政治、法律和人生价值规范。[①] 爱国反映一个国家的公民与养育自己的祖国之间的亲密关系。爱国既是人的自然情感，也是宪法要求公民对祖国应尽的责任和义务。祖国对每个人来说都是生养、哺育自己的家园，人们世代生活于祖国母亲的怀抱，与祖国有天然的血脉联系。每位公民都应当牢固树立热爱祖国、建设祖国和保卫祖国的爱国主义情怀。[②] 列宁说：“爱国主义是由于千百年来固定下来的对自己的祖国的一种最深厚的感情。”爱国主义是人们对“祖国”的热爱。爱国感情集中地表现为民族自尊心、民族自信心和民族自豪感，是人们对祖国依存关系的情感反映。一般而言，祖国这一概念至少包含着三层意思：一定区域内的土地、山河等自然风貌和矿产、森林、物产等自然资源所构成的国土；由共同的经济生活、语言文化、社会心理、历史传统等纵横交织的社会关系紧密联成一体的人民或国民；为了维护社会共同的秩序、安全、主权和稳定而建立起来的国家。祖国既然是由国土、国民和国

---

① 何海翔、赵瑜编著：《什么是社会主义核心价值观》，中华工商联合出版社2014年版，第31页。

② 刘先春主编：《大学生社会主义核心价值观学习读本（试用）》，兰州大学出版社2014年版，第111页。

家组成的社会共同体，那么爱国土、爱人民、爱国家就必然地成为爱国主义的最基本内容。[①] 爱国主义同样是中学生朋友必须树立的社会主义核心价值观，中学生朋友要认识到爱国主义的内涵与意义，自觉培养深厚的爱国情怀，从思想上、行动上热爱祖国，刻苦学习，增长本领，将来更好报效祖国，为祖国发展、民族复兴而努力奋斗。

一、每一位当代中学生要做真正的爱国者

爱国主义是对包括中学生在内全体公民的一项基本要求与基本义务。弘扬爱国主义就要热爱祖国的国土、人民、国家，并付诸实际爱国行动。爱国主义主要表现为齐心协力创造灿烂的中华文明，捍卫国家主权和民族尊严；反对民族分裂，维护国家统一和民族团结以及顺应历史潮流，改革弊政，励精图治，治国安邦，施利于民。坚决与危害祖国的行为做斗争，坚决反对、打击危害国家统一、分裂祖国主权和领土完整、泄露国家机密、危害国家安全或者损害国家荣誉和利益、扰乱公众秩序、煽动民族仇恨与民族歧视、破坏民族团结等违法犯罪行为。[②] 中华民族历史上无数爱国志士的事迹值得中学生朋友好好学习。2012 年感动中国人物朱光亚的爱国主义事迹值得大家学习。纵览全局，心系祖国，中国核事业的领航人，保卫的是家，捍卫的是尊严，显示的是中华民族的铮铮傲骨！肃然起敬，卓越功勋，他代表的群英，使我们的民族——自强、自信、自力、自尊！他一生就做了一件事，却是新中国血脉中激烈奔涌的最雄壮力量。细推物理须行乐，何用浮名绊此身。遥远苍穹，他是最亮的星。2011 年 2 月 26 日，“两弹一星”元勋、著名核物理学家朱光亚因病辞世。巨星陨落，德艺留芳，以他名字命名的“朱光亚星”在苍穹中绽放恒久的光芒，激励科学道路上的后人。从 20 世纪 50 年代末开始，朱光亚为中国核事业奉献了大半辈子，直至 2005 年退休。“祖国的父老们对我们寄存了无限的希望，我们还有什么犹豫呢?”——听到新中国成立

---

① 中学生读书网编辑部：“爱国主义的理性思考”，http://www.fox2008.cn/ebook/21szjy/TS013004/0001_ts013004.htm，2017 年 6 月 5 日访问。

② 何海翔、赵瑜编著：《什么是社会主义核心价值观》，中华工商联合出版社 2014 年版，第 52 ~ 53 页。

的消息后，还在密执安大学读书的朱光亚组织起草了《给留美同学的一封公开信》，然后毅然选择回国，先进入北京大学教书，后转到核武器研究所。1964 年，我国自行研制的第一颗原子弹成功爆炸，朱光亚望着腾空跃起的蘑菇云，禁不住潸然泪下。筚路蓝缕，以启山林。当晚，作风严谨的他竟然喝得酩酊大醉。三年后，朱光亚与同事们又将中国带入了氢弹时代。重要的核试验，朱光亚几乎都会亲临现场指导，不解决问题不罢休。对待需要撰写或修改的文件，朱光亚力求深入浅出，字斟句酌，连一个外文字母、一个标点符号都保证准确无误。淡泊名利，身边人喜欢用这个词来评价朱光亚。1996 年，朱光亚获得一笔 100 万元港币的奖金，转身就捐给了中国工程科技奖励基金会；1997 年，又将积攒的 4 万余元稿费捐给了中国科学技术发展基金会。解放军出版社曾策划出一套国防科学家传记丛书，报请审批时，他毫不犹豫地划掉了自己的名字。①

爱国主义教育是广大青少年主题教育的重要环节。青少年是祖国的未来、民族的希望。爱国主义教育必须重视对青少年的教育。在提高青少年科学文化素质的同时，更应该让同学们了解和学习祖国的历史和灿烂文化，提高民族自尊心、自信心和自豪感，增强爱国意识。同时还要教育青少年增强政治鉴别力，自觉抵制西方腐朽思想的侵蚀。不仅要借助被实践证明了确有成效的已有教育形式，更要与时俱进地充分利用新的教育形式，为弘扬以爱国主义为核心的民族精神创设新的教育载体。要加强网络载体建设，加强课堂载体建设，加强活动载体建设。当代中学生要积极参加精神文明创建活动、校园文化活动、社会实践活动，爱国主义教育寓于丰富多彩的活动之中，寓教于乐、润物无声，更好地传承以爱国主义为核心的民族精神。②

《教育法》第 6 条第 2 款规定：国家在受教育者中进行爱国主义、集体主义、中国特色社会主义的教育，进行理想、道德、纪律、法治、国防和民族团结的教育。《国家中长期教育改革和发展规划纲要（2010 ~ 2020 年）》

---

① “2012 年感动中国十大人物事迹及颁奖词”，http：//www. lz13. cn/ganenlizhi/6219. html，2017 年 5 月 6 日访问。

② 《社会主义核心价值观学习读本》编写组编：《社会主义核心价值观学习读本》，新华出版社 2013 年版，第 182 页。

要求“加强以爱国主义为核心的民族精神和以改革创新为核心的时代精神教育”。当代中学生更应当自觉培养与树立爱国主义情操，树立爱国爱家情怀，立志为报效祖国而勤奋学习。要立即行动起来，从自己做起，从点滴小事做起，梦想只要经过奋斗，就可以变成现实。只要全国各族人民团结起来，最大限度地发扬爱国主义精神，发挥聪明才智和创造力，万众一心，艰苦奋斗，就一定能够在中国特色社会主义道路上不断夺取新的更大的胜利，就一定能够推动中华民族伟大复兴的中国梦早日实现。祖国强大，民族振兴，是每位中华儿女的期盼与愿望，也是每位中华儿女幸福生活与安居乐业的最大保障。

二、当代中学生要热爱中国特色社会主义

我国的根本政治道路是坚持与发展中国特色的社会主义。社会主义拯救了中国，中国特色社会主义发展了中国。正是坚持与发展的中国特色社会主义，祖国政治、经济、文化等事业才取得举世瞩目的伟大成绩。我国目前已成为世界第二经济体，而经济发展速度世界第一。

近代史上中华民族一度成为被列强任意欺凌践踏的半殖民地半封建社会，给祖国与人民造成深重的灾难。但是新中国成立以来经过几十年不懈努力，中国人民在中国共产党的领导下，高举爱国主义旗帜，以马克思主义为指导，实现了历史性飞跃，实现了民族独立和人民解放，建立了人民当家作主的新中国，确立了社会主义基本制度，发展了社会主义市场经济。实行改革开放，建设中国特色社会主义，逐步实现从温饱到小康的历史性跨越，正向全面建设小康社会而努力奋斗。如今祖国日新月异，经济发展，政治稳定，文化繁荣，社会和谐，人民生活显著改善。一个“国家富强、民族振兴、人民幸福”中国梦正在加快实现。每一位公民都要以更大的决心和干劲报效祖国。[①]当代中学生要响应习近平总书记号召，用中国梦筑牢广大青少年的共同思想基础，树立正确的世界观、人生观、价值观，永远热爱伟大的祖国，永远热爱伟大的人民，永远热爱伟大的中华民族，热爱中国特色社会主义。广大青

① 《社会主义核心价值观学习读本》编写组编：《社会主义核心价值观学习读本》，新华出版社2013年版，第182页。

少年要树立历史责任感，为实现中华民族伟大复兴的中国梦而努力学习，努力实践，发扬“党有号召、团有行动”的光荣传统，在党和国家工作大局中找准自身努力的切入点和结合点，广大青少年要自觉支持改革，自觉促进发展，自觉维护稳定。中学生朋友要学习了解中国特色社会主义建设的光辉历史与辉煌成就，勤奋学习，积极向上，热爱祖国，为中华之崛起而读书，提高修养，增长本领，为祖国繁荣富强积极贡献力量。

三、当代中学生要参加爱国主义教育活动

最近电影《战狼2》的播放，引起包括中学生朋友在内广大观众的热烈反响，祖国是公民的强大后盾，祖国是公民的精神依托。可见，爱国是一种信仰，是一种情怀，是个人情感中的上层建筑，是公民最宝贵的东西。爱国是每位国人骨子里深深藏着的那股对国家最质朴的忠诚。中华民族历史上涌现出的无数民族英雄和爱国仁人志士，在抵抗外来侵略、反抗专制统治、保护百姓生存和建设神州家园的社会活动中，表现出来的矢志不移、奋不顾身、尽心尽力、无怨无悔的大无畏英雄主义民族气概，正是爱国主义坚强意志的真实写照。爱国是将个人价值融于国家追求的自觉，是忠于国家、报效国家的豪迈。伟大的爱国者林则徐说过：“苟利国家生死以，岂因祸福避趋之。”伟大的民主先行者孙中山先生倡导：“救国图存，振兴中华”，这些都反映了伟大爱国者责任担当和爱国情怀，成为中国人民弥足珍贵的精神财富。① 周恩来总理少年时代发出“为中华之崛起而读书”的誓言，并终身献身于革命、献身于国家、献身于人民。

中学生要自觉培育崇高的爱国主义精神，严格遵守《中学生日常行为规范守则》，自觉“维护国家荣誉，尊敬国旗、国徽，会唱国歌，升降国旗、奏唱国歌时要肃立、脱帽、行注目礼，少先队员行队礼”。热爱中华民族优秀传统文化。中华民族优秀传统文化是一座丰富的思想文化宝库，既有渊深的文史哲学，又有灿烂的科技艺术，尤其值得珍视的是蕴含其中的“自强不息、厚德载物”的精神、“独立自主、奋发图强”的精神、“崇德向善、团结

① 陈东有主编：《航标话说社会主义核心价值观》，江西人民出版社2014年版，第105页。

友爱”的精神等重要精神，这些都是中华民族的根和魂。中华民族优秀传统文化是中国特色社会主义事业的文化根基和思想支撑，对于增强我们的道路自信、理论自信、制度自信，不断开创中国特色社会主义事业新局面具有重要意义。[①] 坚持爱国和爱党、爱社会主义相统一。积极参加爱国主义教育校外课堂，认真参加以爱国主义为主题内容的选修课和专题讲座，积极参加主题团日、班会等活动，在重要纪念日和传统节日开展爱国主义教育，积极参加国情教育、历史教育，特别是党史、国史、改革开放史、社会主义发展史教育，参加对国旗、国歌、国徽的礼仪教育。青少年学生要树立和坚持正确的国家观、民族观、宗教观、历史观、文化观，增强中华民族归属感、认同感、尊严感、荣誉感。[②]

“祖国在我心中”。每一个人只有对祖国的历史、现状、国际关系以及个人与祖国关系有了正确的认识，才能实现爱国主义精神的理性升华，才能够牢固树立爱国主义信念，产生积极的爱国行为。[③] 当代中学生作为新时代青少年，要牢固树立爱国主义精神，播种梦想、点燃梦想、实现梦想，是时代赋予当代青年的神圣使命；敢于有梦、勇于追梦、勤于圆梦，是历史赋予当代青年的责任担当。面对“两个百年”奋斗目标，面对“四个全面”战略布局，面对实现中华民族伟大复兴中国梦的美好前景，中学生朋友必须勇敢肩负起时代赋予的重任，志存高远，脚踏实地，提高修养，增长才干，学习本领，积极进取，努力在加快发展中国特色社会主义和实现中华民族伟大复兴中国梦的实践中放飞青春梦想，实现人生价值，展现人生抱负。

---

① 陈东有主编：《航标话说社会主义核心价值观》，江西人民出版社 2014 年版，第 107 页。

② 参见《国家教育事业发展“十三五”规划》。

③ 中学生读书网编辑部：“爱国觉悟是爱国主义的理性升华”，http://www.fox2008.cn/ebook/21szjy/TS013004/0004_ts013004.htm，2017 年 5 月 8 日访问。

第二章

择善而从　崇尚公德

道德是人们共同生活及其行为的准则和规范，是社会生活对人们行为规范的一种基本伦理要求。社会公德是人类在长期社会生活实践中逐渐积累起来的最简单、最基本的公共生活规则。社会公德反映了人类维持社会生活秩序的愿望和要求，是包括中学生朋友在内的全体社会成员在道德上的起码标准和一般要求。《国家中长期教育改革和发展规划纲要（2010～2020年）》要求："坚持德育为先。立德树人，把社会主义核心价值体系融入国民教育全过程。加强马克思主义中国化最新成果教育，引导学生形成正确的世界观、人生观、价值观；加强理想信念教育和道德教育，坚定学生对中国共产党领导、社会主义制度的信念和信心。"其中特别强调了要加强理想信念教育和道德教育。当代中学生树立遵守社会公德的观念，有利于提高素质，养成文明的行为习惯，促进社会精神文明建设，对个人的学习、实践、生活都有重要的意义。习近平总书记指出，一个人只有明大德、守公德、严私德，其才方能用得其所。实际上强调了德才兼备的基本育人要求。修德，既要立意高远，又要立足平实。现代教育要求"全人教育"，德育为先，中学生朋友要实现德、智、体、美、劳全面发展。中学生朋友要踏踏实实修好公德，提升道德修养水平，学会劳动、学会勤俭，学会感恩、学会助人，学会谦让、学会宽容，学会自省、学会自律；争做有道德、有理想、有纪律、有知识的四有新人。

一、加强自身道德认知学习

中学生朋友一定要认识到道德修养的极端重要性。《国家中长期教育改革和发展规划纲要（2010～2020年）》要求“把德育渗透于教育教学的各个环节，贯穿于学校教育、家庭教育和社会教育的各个方面。切实加强和改进未成年人思想道德建设和大学生思想政治教育工作。构建大中小学有效衔接的德育体系，创新德育形式，丰富德育内容，不断提高德育工作的吸引力和感染力，增强德育工作的针对性和实效性”。《国家教育事业发展“十三五”规划》要求，坚持立德树人，把立德树人作为教育的根本任务，培养德、智、体、美全面发展的社会主义建设者和接班人；培育和践行社会主义核心价值观，不断提高学生思想水平、政治觉悟、道德品质、文化素养，让学生成为德才兼备、全面发展的人才。

文明、理智、高尚总是同知识、文化相联系；不明事理、粗俗、野蛮总是和愚昧无知、不学无术有关联。古希腊思想家认为“知识即美德”。知识通过学习才能获得。当代中学生树立遵守社会公德的观念，首先要学习伦理道德知识。一个人只有明白了遵守社会公德的重要意义，知道了社会公德的内容，才能去自觉地遵守和履行。中华民族素有“礼仪之邦”的美誉。在公共道德方面，祖先留下了宝贵的精神财富，今天更应把其发扬光大。习近平总书记指出，人而无德，行之不远。没有良好的道德品质和思想修养，即使有丰富的知识、高深的学问，也难成大器。[①] 讲究文明礼貌，平等待人，以礼相处，这既是对他人人格的尊重，也是自尊自爱的一种表现。当别人需要帮助时，要尽心尽力；当别人帮助了自己时，要衷心感谢；当别人侵犯了自己的利益时，要宽容大度。诚实守信，言行一致。诚实，自古以来就被普遍公认为待人处世的一种美德。宋代大理学家朱熹曾说：“诚者，真实无妄之谓”，“凡事皆先乎诚”。做人要诚实，无论办什么事都要诚实守信为先，与人交往、做人、做事都要讲信用，守诺言，“言必信，行必果”。毫无疑问，

① 佚名：“习近平关于道德建设的经典语录（六）”，http://study.ccln.gov.cn/fenke/makesizhuyi/majdul/maztzyyl/242906.shtml，2017年4月5日访问。

如果同学们知识丰富了，懂得了中华文明历史上逐步积累约定俗成的社会公德的内容及其重要性，就必然对自己的言行起到领航的作用，对自己的一些不良习惯起到约束作用，成为遵守社会公德的模范。学习文化知识有助于中学生提高道德修养，使灵魂在学习中得到净化。读书的人掌握的知识多，看问题时有不同的视角，看问题就会全面些，遇到问题时，解决的方式、方法自然就多，处理问题就更加合情、合理、合法，因而也更符合社会公德的要求。

中学生朋友要认识到个人对组织和他人应尽的责任和义务，掌握道德的理论、原则、规范，提升道德认识。人们生活在社会之中，必然要遵守社会道德准则。当代中学生要模范遵守《中学生日常行为规范守则》，做到严于律己，遵守公德；遵守国家法律，不做法律禁止的事；遵守交通法规，不闯红灯，不违章骑车，过马路走人行横道，不跨越隔离栏；遵守公共秩序，乘公共交通工具主动购票，给老、幼、病、残、孕及师长让座，不争抢座位；爱护公用设施、文物古迹，爱护庄稼、花草、树木，爱护有益动物和生态环境；遵守网络道德和安全规定，不浏览、不制作、不传播不良信息，慎交网友，不进入营业性网吧；珍爱生命，不吸烟、不喝酒、不滥用药物、拒绝毒品。不参加各种名目的非法组织，不参加非法活动；公共场所不喧哗，瞻仰烈士陵园等相关场所保持肃穆；观看演出和比赛，不起哄滋扰，做文明观众；见义勇为，敢于斗争，对违反社会公德的行为要进行劝阻，发现违法犯罪行为及时报告。

二、经常“内省”，做到“慎独”

中华传统美德要求，修业必先修德。德育为先，立德树人。如何进行自我道德修养呢？内省与慎独是两个基本道德修养方法。《礼记·大学》中说：“君子先慎乎德。”墨子曰：“德为才之帅，才为德之资。”近代教育家蔡元培先生也说过：“若无德，则虽体魄智力发达，适足助其为恶。”“德”是每个人成长成才的前提和基础，一个人的“才”只有与“德”相匹配，以“德”为引领，才能真正成为国家和人民需要的栋梁之才。正像习近平总书记说的那样：“道德之于个人、之于社会，都具有基础性意义，做人做事第一位的

是崇德修身。”一个人只有明大德、守公德、严私德，其才方能用得其所。道德是社会关系的基石，是人际和谐的基础，要始终把弘扬中华民族传统美德、加强社会主义思想道德建设作为极为重要的战略任务来抓，为实现中华民族伟大复兴的中国梦提供强大精神力量和有力道德支撑。①

“内省”就是在自己的内心深处用道德标准检查反省，找出坏毛病、坏思想、坏念头，并加以改正和克制。道德与法律的区别在于道德更多的是自律，而法律更多的是他律，而自省就是自律的一种重要形式。无论是在学校学习，还是将来走向社会，参加工作，经常进行自省都非常的重要。有了坏的苗头，及时加以克服，做到未雨绸缪，及时改正错误，及时弥补不足，便可防微杜渐。这当然需要同学培养坚强的意志，也需要人生的智慧，意志不坚定的人在坏的思想、坏的念头面前成了俘虏，往往为了眼前的小利丧失了今后成功的机会。中学生朋友经常内省，才能总结优点，发现不足，改正错误，提高修养，不断取得新的进步与发展。

“慎独”就是人独处时谨慎不苟，遵守道德规则。见之于《礼记·中庸》“道也者，不可须臾离也，可离非道也。是故君子戒慎乎其所不睹，恐惧乎其所不闻。莫见乎隐，莫见乎微，故君子慎其独也”。“慎独”是很好的道德修养境界。这种道德修养方法和境界，强调在无人监督时不仅不能放松，而要更加注意检查自己的道德信念，非常的谨慎小心，强调在“隐”和“微”上下功夫。当人们闲居独处的时候，别人看不到、监督不到、约束不到，最易肆意妄为，不注意以道德规范来要求自己。其实内心深处的念头，是最隐蔽的不为人知的行为，细微的举动，最能显示一个人的灵魂。中学生朋友要坚持慎独，有人在场和无人在场一个样，不容许任何邪恶的念头萌发，都能做到严格自律，遵守好社会公德，遵守好学校规章纪律，使自己的道德品质纯洁高尚。“慎独”是一个很高的境界，要真正做到是很困难的，但这应是包括中学生朋友在内的每一位公民的努力方向。“慎独”之所以难，是因为有些事自己不说，别人难以知晓，自我要求容易下降。但是，有一点可以肯定，中学生朋友只要认真按“慎独”的要求去做了，无论有没有外在监督，

① 2013年9月习近平会见第四届全国道德模范及提名奖获得者时的讲话。

都能严格自律，始终如一地遵守好道德规范；这样中学生朋友就必然成为一个高尚的人、有道德的人、有修养的人。

三、培养乐于助人品质

乐于助人是一项优秀道德品质。这就需要同学们要从小事做起，从日常生活中做起，学会帮助他人，精心地坚持善行，精心地培养社会公德和品质的幼芽，使其不断积累和壮大。春秋战国时期著名文学家、思想家荀子在《劝学篇》中说："积土成山，风雨兴焉；积水成渊，蛟龙生焉；积善成德，而神明自得，圣心备焉。故不积跬步，无以至千里；不积小流，无以成江海。"高尚的道德品质，不是一夜之间能够养成的，需要一个长期的积累过程，只有不弃小善，才能积成大善；只有积善，才能有高尚的品德。"勿以善小而不为，勿以恶小而为之"。道德是一个很实在的观念，最终外化为一种道德行动。2010 年"感动中国"人物 80 后的女校长李灵颁奖辞："一切从零开始，从乡村开始，从识字和算术开始。别人离开的时候，她留下来；别人收获的时候，她还在耕作。她挑着孩子沉甸甸的梦想，她在春天播下希望的种子。她是 80 后。"2002 年，李灵从河南省淮阳师范学院毕业。她回家后看到农村有大量留守儿童辍学在家，便萌生了在家乡办学的念头。在父母和亲朋的支持下，她用家里 20 多万元的积蓄办起了周口淮阳许湾乡希望小学。在学校，她是校长兼思想品德老师。在她的辛勤操劳下，这个学校有了 7 个班，300 多名学生。由于所有学生学费全免，学校无力为学生购置教辅读物和课外书籍。7 年来，李灵为了办学已经欠了 8 万元的外债。为了自己学校的孩子能坐在宽敞的阅览室里看书阅读，李灵趁着放暑假，向父亲要了 200 元只身来到郑州。她买了一辆破旧三轮车，沿街收购各种书籍。烈日下，李灵骑着破三轮车穿街过巷，拿着秤一斤斤地回收旧书本。她用汗水载回了孩子们的"精神食粮"。她的事迹充分体现了乐于助人、勇于奉献的精神，使得同学们认真学习实践。

再学习下 2017 年感动中国人物支月英的先进事迹，她是江西省宜春市奉新县澡下镇白洋教学点教师。1980 年，江西省奉新县边远山村教师奇缺，时年只有 19 岁的南昌市进贤县姑娘支月英不顾家人反对，远离家乡，只身来到离家两百多公里，离乡镇45公里，海拔近千米且道路不通的泥洋小学，成了一名深山女教师。36年来支月英坚守在偏远的山村讲台，从“支姐姐”到“支妈妈”，教育了大山深处的两代人。她跋涉了许多山路，总是围绕着大山；吃了很多苦，但给孩子们的都是甜。坚守才有希望，这是她的信念。36年，绚烂了两代人的童年，花白了你的麻花辫。①

再学习下2017年感动中国人物郭小平的先进事迹。2004年，山西省临汾市第三人民医院院长郭小平看到艾滋病区的几个孩子到了上学年龄却没法上学，便和同事一起办起了“爱心小课堂”，在社会各界的帮助和支持下，2006年9月1日，临汾红丝带学校正式挂牌成立，2011年学校被列入正式国民教育序列。2014年，彭丽媛向红丝带学校写信，并在采访中说：“我希望这些受艾滋病影响的孩子们，都能有一个美好的未来。”②

再学习下2015年度感动中国人物朱敏才、孙丽娜先进事迹。朱敏才曾是一名外交官，妻子孙丽娜曾是一名高级教师，退休后两人没有选择安逸的日子，而是奔赴贵州偏远山区支教。9年来，他们的足迹遍布贵州的望谟县、兴义市的尖山苗寨、贵阳市的孟关等地。2010年夫妇二人扎根遵义县龙坪镇，继续他们的支教生涯。他们被中央电视台评为“最美乡村教师”。③

中学生要明白道德是有明确的客观标准的，做善事要做到利己又利他或先人后己是符合社会公德的。中学生朋友要自觉学习道德模范的精神，学习焦裕禄、雷锋、张海迪、孔繁森等道德模范，学习先进人物乐于助人，勇于奉献的宝贵品质与道德修养。

四、自觉同违反社会公德行为做斗争

良好的社会公德秩序需要每一位公民共同维护。一个良好的、积极向上的学习、实践、生活环境，有助于中学生形成遵守社会公德的观念。良好的、

---

① “2017年感动中国十大人物事迹及颁奖词”，http://yjbys.com/xuexi/guanhougan/1222100.html，2017年6月9日访问。

② “2017年感动中国十大人物事迹及颁奖词”，http://yjbys.com/xuexi/guanhougan/1222100.html，2017年6月9日访问。

③ “2015年感动中国十大人物颁奖词”，http://www.yjbys.com/news/362413.html，2017年6月9日访问。

积极向上的学习生活环境的营造，需要中学生朋友共同努力。一方面，中学生朋友自己要严格按照公共道德的标准要求自己、约束自己；另一方面，中学生要自觉地同违反公共道德的行为做斗争。绝大多数中学生经过学校、家庭教育，能较好地遵守公共道德，但也有极少数人不能自觉遵守公共道德，存在一些违反道德的行为。如破坏公共财物；浪费粮食；对人不礼貌，恶语伤人甚至动手打人；随地吐痰，乱扔垃圾。以上的表现都是不符合公共道德要求的行为。如果中学生携起手来，自觉同违犯社会公德的行为做斗争，不但有利于自己树立遵守社会公德的观念，而且还会带动他人也树立这种观念，共同营造一个遵守社会公德的良好环境。

五、恪守公民基本道德规范

“静以修身，俭以养德。”中华民族自古以来就非常重视良好的道德修养；培养人们高尚的道德修养是社会主义道德建设的重要任务，也是中学生进行道德修养的主要目的。高尚的道德修养，是社会主义建设的保障，树立正确的道德修养，是我们中学生成才的先决条件。中共中央印发的《公民道德建设实施纲要》，把公民基本道德规范集中概括为20个字：“爱国守法、明礼诚信、团结友善、勤俭自强、敬业奉献”，它既结合传统美德，又赋予了新的时代气息，是社会主义思想道德体系的核心内容之一。这20个字的道德规范标准明确，易学易记，不仅是社会公民，而且是在校中学生道德行为规范的准则。其中，爱国是一种崇高而神圣的感情，是每一个有祖国的人都应该具备的道德素养，也是中华民族之所以生生不息的生命之源、情感归宿和奋斗的动力；国家法令是每个公民所必须遵守的行为准则和规范。中国自古以来就有“礼仪之邦”的美誉，“礼”这一重要道德范畴已深深根植于我们中华民族的内心世界，早已成了中华民族最根本的文化基因；“诚信”反映着中华民族的道德品质和崇高追求，诚实守信是公民道德建设的重点，它是人们立身处世之本和事业成败的关键。团结，简单来说就是目标一致，和睦友好，它包括同学间的团结、家庭团结、邻里团结、民族团结等多方面，它意味着合作的力量；友善就是与人为善，善解人意，人在真诚地助人的同时，也是帮助自己。勤俭是中华民族的优良传统，在新的历史时期，勤俭不

仅意味着勤劳和俭朴，更体现在努力奋斗、合理消费、低碳环保的精神；自强意味着自尊、自信、自立、自胜。敬业就是专心致志于自己的事业，认真负责，精益求精；奉献是一种主动承担社会责任的行为，是崇高的精神境界，人生的价值就在于奉献。

当代中学生应当积极参加品德课、思想政治理论课，积极参加少先队和共青团组织教育活动。自觉践行社会主义核心价值观，开展自我教育，自觉进行道德修养，遵守基本道德准则。全面理解、正确对待重大理论和社会热点问题，增强是非辨别能力；把社会主义核心价值观内化于心、外化于行。[①]国无德不兴，人无德不立。讲文明、懂礼貌是中华民族的传统美德。中国特色社会主义也是物质文明和精神文明全面发展的社会主义。青少年是引风气之先的社会力量，一个民族的文明素养，很大程度上体现在青少年一代的道德水准和精神风貌上。为此，广大青少年一定要大力加强道德修养，注重道德实践，自觉弘扬爱国主义、集体主义、社会主义思想，积极倡导社会公德、职业道德、家庭美德和个人品德，带头倡导良好社会风气，以自己的实际行动促进社会道德进步。未成年人思想道德建设是一项系统工程。学校、家庭、社会是未成年人思想道德建设的三个关键环节，团队和社区是抓思想道德建设两个重要的方面，应相互衔接、相互贯通、相互补充，努力形成“三位一体”的教育网络，从整体上提高教育成效。[②]

总之，中学生朋友要加强道德修养，注重道德实践。“德者，本也。”中学生朋友要响应习近平总书记号召，认识到道德之于个人之于社会，都具有基础性意义，做人做事第一位是崇德修身。修德，既要立意高远，又要立足平时。要立志报效祖国、服务人民，这是大德，养大德者方可成大业。同时，还得从做好小事、管好小节开始，“见善则迁，有过则改”，踏踏实实修好公德、私德，学会劳动、学会勤俭，学会感恩、学会助人，学会谦让、学会宽容，学会自省、学会自律。

---

① 参见《国家教育事业发展“十三五”规划》。

② 杨娟：“论未成年人思想道德建设——以家庭、学校、社会为视角”，载《才智》2016 年第 11 期。

第三章

播种宽容　真爱博爱

爱是人们对人、对事物的一种情感，人作为社会的人来讲，应该学会爱家人、爱他人、爱自然。一个人只有树立了爱的观念，心中充满了爱，整个世界才会变得一片阳光，才会走向真、善、美，远离假、丑、恶，才会生活得很快乐、很幸福。只要人人献出一点爱，世界会变成美好未来。因此，中学生要逐步树立起爱的观念，富有爱心是中学生将来立足社会的一个重要的也是基本的思想基础和人格魅力。

一、正确认识仁爱的意义

只要人人都献出一点爱，这世界将变成美好的人间。孔子云："仁者，爱人。"人们是否树立了仁爱的观念，也是一个世界观与人生观问题。只有树立了仁爱的观念，才能形成和谐的人际关系，营造良好的学习生活环境；同时也能够帮助澄清错误认识，端正学习生活的态度，确立正确的学习生活方向，树立学习、生活信心，取得良好的学习生活成绩，不断取得新的进步。"爱心"是人间最美好的东西。要培养中学生对社会万事万物都具有一片真诚的"爱心"，社会就多了一片爱的天空，并且社会也会给予真诚的回报。中学生要自觉关爱社会，关爱他人，让"爱心"滋润人间每一个心灵。需要在师生之间、家长子女间建立一种儒家仁爱思想所倡导的融洽、和谐的友谊关系，这是新时代社会的需要。中学生朋友要自觉提升"德商"，不断提高道德思想水平，学会仁爱，对人、对事、对自然宽容、仁爱，自觉培养尊重、容忍、诚实、正直、负责、忠心、礼貌等美德。

2015 年感动中国人物江苏省江阴市市民张纪清，27 年署名“炎黄”捐款，建敬老院、希望小学。2014 年 11 月，在邮局突然晕倒的张纪清被送到医院。散落的汇款单暴露了他的秘密。人们发现，他就是江阴人寻找了 27 年的好心人“炎黄”。27 年间，无论是希望小学还是敬老院，或是地震灾区都曾收到过署名“炎黄”的捐款。27 年间，江阴人一直在寻找“炎黄”这位好心人，当地甚至还建设了一个“炎黄陈列馆”。[①]

2016 年感动中国人物吴锦泉的事迹影响深远，深刻体现了一位普通公民的大爱无疆。2010 年 8 月 9 日，吴锦泉收听广播时得知甘肃舟曲发生特大泥石流灾害，将磨刀挣来的硬币凑上 1000 元钱送给红十字会捐给灾区。2013 年 4 月 20 日，四川雅安发生 7.0 级地震，吴锦泉得知此消息后，将两年来走街串巷替人磨刀挣下的 1966.2 元辛苦钱，通过红十字会捐给灾区。自 2008 年汶川地震之后，累计捐款 37000 多元钱。吴锦泉，江苏省南通市港闸区五星村一名普通村民，如今年过八旬，仅靠磨刀为生，生活并不富裕，老两口还住在三间破旧的瓦房里，但他关心社会，为村里修桥补路，去福利院看望孤儿，将自己的辛苦钱毫无保留地捐献出来。窄条凳，自行车，弓腰扛背，沐雨栉风。身边的人们追逐很多，可你的目标只有一个。刀剪越磨越亮，照见皱纹，照见你的梦。吆喝渐行渐远，一摞一摞硬币，带着汗水，沉甸甸称量出高尚。[②]

2013 年感动中国人物张丽莉老师的事迹与精神值得大家好好学习。她是黑龙江省佳木斯市第十九中学初三（三）班班主任。2012 年 5 月 8 日，放学时分，张丽莉在路旁疏导学生。一辆停在路旁的客车，因驾驶员误碰操纵杆失控，撞向学生，危急时刻，张丽莉向前一扑，将车前的学生用力推到一边，自己却被撞倒了。别哭，孩子，那是你们人生最美的一课。你们的老师，她失去了双腿，却给自己插上了翅膀；她大你们不多，却让我们学会了许多。都说人生没有彩排，可即便再面对那一刻，这也是她不变的选择。她播撒下

---

① “2015 年感动中国十大人物颁奖词”，http://www.yjbys.com/news/362413.html，2017 年 4 月 8 日访问。

② “2016 年感动中国十大人物名单及颁奖词（附人物事迹）”，http://gaokao.eol.cn/news/201602/t20160224_1368638.shtml，2017 年 4 月 10 日访问。

的大爱种子，必将被无数的奔跑接力，从黑土地传向四面八方。只有教师心中有爱，孩子的世界才会绽放光芒！危急时刻，她凭直觉挺身而出。那直觉的背后是最具魅力的纯正师德。[①] 中学生要以这些先进人物典型为榜样，学习先进人物大爱博爱的精神，培养仁爱精神，乐于助人，勇于奉献。

二、学会爱家人

家人是中学生朋友最亲近的，家人是中学生朋友成长成才的精神引路人与物质保障者。特别是父母对孩子的爱是伟大的、无私的。中学生朋友必须学会感恩，学会爱家人、爱父母。中华民族文化比较含蓄，爱朋友能说出口，爱父母、爱家人很少有人经常挂在嘴上。有的是真爱，只是不想表白；有的是爱父母不够多；有的是缺乏对父母的爱。作为当代中学生，首先要爱父母，因为是父母给予了生命，父母给予了最无私的呵护。只有父母的爱才是不图回报的，才是无条件的。这种爱是真爱、是挚爱。父母对孩子的爱是多么无私、多么真诚，但孩子对父母的爱就没有那么无私真诚了，至少是程度上没有那么深、那么广。父母的爱是无条件的，对孩子回报的奢望很少，听到孩子说句暖心的话也会高兴半天。实际上，许多人做不到这一点，相反有的同学不理解不爱自己的父母。首先要爱父母，因为爱父母既是中学生天经地义的义务，也是中学生的福分。不重视父母的爱，认为那是廉价的爱，一旦失去将后悔终生。其次要爱家人，所谓爱家人，就是要爱父母、爱爷爷奶奶、爱兄弟姐妹。家人给予的关怀与关爱，中学生朋友要懂得感恩，学会爱家人。充满友爱、温馨、和谐的家庭环境也是中学生朋友健康成长的重要保障。

2012 年感动中国人物孟佩杰恪守孝道、疼爱亲人的事迹值得同学们好好学习。孝顺，是中国人的传统美德。孟佩杰五岁那年，爸爸遭遇车祸身亡，妈妈将孟佩杰送给别人领养，不久也因病去世。在新的家庭，孟佩杰还是没能过上幸福的生活，养母刘芳英在三年后瘫痪在床，养父不堪生活压力，一走了之。绝望中，刘芳英企图自杀，但她放在枕头下的 40 多粒止痛片被孟佩

---

① “2013 年感动中国十大人物事迹及颁奖词”，http：//www. lz13. cn/ganenlizhi/10965. html，2017 年 4 月 25 日访问。

杰发现。“妈，你别死，妈妈不死就是我的天，你活着就是我的心劲，有妈就有家。”从此，母女二人相依为命，家中唯一的收入来源是刘芳英微薄的病退工资。当别人家的孩子享受宠爱时，八岁的孟佩杰已独自上街买菜，放学回家给养母做饭。个头没有灶台高，她就站在小板凳上炒菜，摔了无数次却从没喊过疼。在同学们的印象中，孟佩杰总是来去匆匆。她每天早上六点起床，替养母穿衣、刷牙洗脸、换尿布、喂早饭，然后一路小跑去上学。中午回家，给养母生火做饭、敷药按摩、换洗床单……有时来不及吃饭，拿个冷馍就赶去学校了。晚上又是一堆家务活，等服侍养母睡觉后，她才坐下来做功课，那时已经九点了。“女儿身上最大的特点是有孝心、爱心和耐心。”刘芳英说，如果有来生，她要好好补偿女儿。为配合医院的治疗，孟佩杰每天要帮养母做200个仰卧起坐、拉腿240次、捏腿30分钟。碰上刘芳英排便困难，孟佩杰就用手指一点点抠出来。2009年，孟佩杰考上了山西师范大学临汾学院。权衡之下，她决定带着养母去上大学，在学校附近租了间房子。大一那年暑假，孟佩杰顶着炎炎烈日上街发广告传单，拿到工资后的第一件事就是买养母最爱吃的红烧肉。“我只不过做了每个女儿都会做的事。”不少好心人提出过帮助，都被孟佩杰婉拒了，她坚持自己照顾养母。孟佩杰的毕业愿望是当一名小学老师，安安稳稳，与养母简单快乐地生活。孟佩杰付出的是孝心，赢得的是尊重，一个感动中国人的平凡女孩。小小的年岁，撑起几经风雨的家。她的存在，是养母生存的勇气，更激起了千万人心中的涟漪。在贫困中，她任劳任怨，乐观开朗，用青春的朝气驱赶种种不幸；在艰难里，她无怨无悔，坚守清贫，让传统的孝道充满每个细节。虽然艰辛填满四千多个日子，可她的笑容依然灿烂如花。①

2013年感动中国人物陈斌强孝敬爱戴母亲的事迹值得同学们好好学习。陈斌强9岁时父亲车祸去世，妈妈独自抚养三个孩子长大。2007年，妈妈得了老年痴呆症，丧失了日常生活能力。为了能每天亲自照顾母亲，他每天用一根布条把母亲绑在自己身上，骑着电动车行驶30公里去学校上班。一连五

---

① “2012年感动中国十大人物事迹及颁奖词”，http：//www.lz13.cn/ganenlizhi/6219.html，2017年5月5日访问。

年，风雨无阻带着妈妈上班。小时候，这根布带就是母爱，妈妈用它背着你。长大了，这布带是儿子的深情，你用它背着妈妈。有一天，妈妈的记忆走远了，但爱不会远走，它在儿女的臂膀上一代代传承。陈斌强自身的朴实行为给他的学生，也给整个社会上了极为生动的一课。他是一个真正有师德的好老师。陈斌强付出的孝心，不仅抚慰了母亲，也抚慰了每一位中国人的心，这种中华民族朴素而真挚的人性之美，就是社会的良药。①

三、学会爱他人

朋友之间、同学之间、师生之间等要相互帮助、相互支持、相互友爱。中学生朋友当然也要学会爱他人，关心他人，与人为善。只有人人献出自己的爱，世界才会变成美好的人间。社会需要爱，他人需要爱，人人需要爱。我为人人，人人为我。2013 年感动中国人物何玥同学爱的精神值得同学们学习。12 岁的小女孩坦然面对生死已属难能，在病痛中还不忘善济他人。这一场生命最后的告别，不知敲动了多少人的心灵，平凡善举，可以开启一个有爱的未来。2012 年 4 月，何玥即将小学毕业，却被查出患有高度恶性小脑胶质瘤，住院进行了第一次手术。9 月初，病情突然复发二次入院，肿瘤已扩散至脑部组织。当听说自己的生命只剩三个月时，她决定将自己的器官捐献给需要的人。2012 年 11 月 17 日，小何玥脑死亡，父亲根据她的遗愿将她的肾和肝捐给了三个人。② 正是花样年华，你却悄然离开。你捐出自己，如同花朵从枝头散落，留得满地清香。命运如此残酷，你却像天使一样飞翔。你来过，你不曾离开，你用平凡生命最后的闪光，把人间照亮。

2014 年感动中国人物刘盛兰，高龄孤寡“五保”老人拾荒助学子。残年风烛，发出微弱的光，苍老的手，在人间写下大爱。病弱的身躯，高贵的心灵，他在九旬的高龄俯视生命。一沓沓汇款单，是寄给我们的问卷，所有人都应该思考答案。刘盛兰，男，91 岁，山东省烟台市蚕庄镇柳杭村村民，

---

① “2013 年感动中国十大人物事迹及颁奖词”，http：//www.lz13.cn/ganenlizhi/10965.html，2017 年 5 月 10 日访问。

② “2013 年感动中国十大人物事迹及颁奖词”，http：//www.lz13.cn/ganenlizhi/10965.html，2017 年 5 月 10 日访问。

“五保”老人。刘盛兰是位普通村民，年轻时在外打工，后来在一家企业作保管员。73 岁的时候，老伴去世，他成了孤寡老人。为了让自己老了无力行动时，身边会有一个照顾他的人，他开始了助学。这是老人的初衷。但后来，他助学的规模远远超出了自己的想象。1998 年，刘盛兰在报纸上看到了一则救助报道，从那时起，73 岁的他就将自己微薄的工资捐出去。而受捐助的学生，也逐渐从周边几个地市“扩张”到全国各地。最多的时候，他同时资助着 50 多名学生。每天清早，刘盛兰起来弄点简单的饭菜，就骑着自行车走村串巷去了，直到捡回一大堆破烂。他 17 年几乎未尝肉味，没添过一件新衣，“吝啬”的连一个馒头都舍不得买，可捐资助学总计 7 万多元，资助了 100 多个学生。刘盛兰一直没进养老院，这样能拿到每年 4000 元的生活补贴。这些钱他全部捐给了贫困学生。刘盛兰唯一珍藏的是一个深蓝色布袋，里面装满了汇款单和回信。这么多年过去了，老人也不记得汇出去多少钱、收了多少封信。2013 年 8 月，因为肾病，刘盛兰住进医院，但他仍然惦记着捐资助学，担心汇款中断和没到位会断了孩子们的希望。得知老人住院，很多受资助的孩子回来看望他、照顾他。①

2016 年感动中国人物莫振高，他是学生口中的“莫爸爸”“校长爸爸”，是广西壮族自治区都安县高级中学的原校长。都安县是全国贫困县，这个大山里的瑶乡，有着众多因贫困上不起学的孩子。于是，莫振高将“让瑶乡儿女走向世界”作为自己的座右铭，任教三十多年来跑遍每一位贫困生的家，将了解的情况一一记录在册，并用自己微薄的工资资助了近 300 名学生，圆了他们的大学梦。然而，自己的工资毕竟只是杯水车薪。面对数量众多的贫困学生，这位从未向别人伸手的“莫爸爸”走上了“化缘”之路。他利用休息时间，来到全国各地的机关、企事业单位，做演讲、做动员，只为通过社会力量，帮助更多的瑶乡儿女走出大山。就这样，莫振高一共筹集了 3000 多万元善款，让 1.8 万名贫困学子圆了大学梦。因积劳成疾，莫振高于 2015 年 3 月 9 日突发心脏病去世。“莫爸爸”的“化缘”之路改变了数以万计贫困

① “2014 年感动中国十大人物事迹及颁奖词”，http://blog.sina.com.cn/s/blog_4c1dcefe0101j0nh.html，2017 年 6 月 9 日访问。

孩子的命运，现在他已桃李满天下，九泉之下也可含笑。千万里，他们从天南地北回来为你送行。你走了，你没有离开。教书、家访、化缘，埋头苦干，拼命硬干。你是不灭的蜡烛，是不倒的脊梁。那一夜，孩子们熄灭了校园所有的灯，你在天上熠熠闪亮。①

2017 年感动中国人物王锋，38 岁，河南省南阳市方城县广阳镇古城村人。2016 年 5 月 18 日凌晨，南阳市卧龙区西华村一栋民宅突发大火，浓烟迅速吞没了整栋楼房。租住在一楼的王锋发现火情后，义无反顾地三次冲入火场救人，20 多位邻居无一伤亡。第三次从火场出来时，王锋已快被烧成了“炭人”，浑身都是黑的，神智已不清醒。从住处到临近的张衡路口，五六十米的距离，一路上都留下了他血染的脚印。②

2017 年感动中国人物梁益建，医学博士，四川省成都市三医院骨科主任，他多年前学成回国，参与“驼背”手术 3000 多例，亲自主刀挽救上千个极重度脊柱畸形患者的生命，成为国内首屈一指的极重度脊柱畸形矫正专家，尽可能地为患者着想，是他的工作守则。到医院求治的病人，很多经济条件都不好。为了让患者尽快得到治疗，他处处为病人节省费用外，还常常为经济困难的患者捐钱，四处化缘。碰到有钱的朋友，他会直接开口寻求帮助，甚至尝试过在茶馆募捐。③

中学生朋友要以这些先进楷模为榜样，学习他们关爱他人、关爱集体的高尚品质。一个人应当有爱，要爱师长、朋友、同学、同事、同行业中的对手，还有认识或不认识的人。因为有爱的人才可爱，乐于帮助别人，总是用自己的愉快感染周围的人，很乐意用笑声为他人带来开怀，驱走烦恼和忧愁。同时也能从这些人中得到爱，得到温暖、智慧和人生的方向。中学生在一起学习、生活，不可能不出现一些摩擦、冲突，只要中学生都多一点爱，多从对方的角度想问题，矛盾也是很容易解决的。在树立爱他人的观念时，应该

---

① “2016 年感动中国十大人物名单及颁奖词（附人物事迹）”，http：//gaokao. eol. cn/news/201602/t20160224_ 1368638_ 2. shtml，2017 年 3 月 5 日访问。

② “2017 年感动中国十大人物事迹及颁奖词”，http：//yjbys. com/xuexi/guanhougan/1222100. html，2017 年 5 月 10 日访问。

③ “2017 年感动中国十大人物事迹及颁奖词”，http：//yjbys. com/xuexi/guanhougan/1222100. html，2017 年 5 月 10 日访问。

意识到，真正的爱应该是真诚的，不是为了某种目的迎合他人而呈现出的虚情假意，与溜须拍马的做法是截然不同的。爱是自然的情感流露，是不求回报的。如果在付出爱的同时，怀着让他人报恩的思想，那么这种爱就是一种负担。从一定意义上讲这不是真爱，在不对等的时候，自然会产生一些矛盾。

四、学会爱护自然

大自然是人类生存的共同家园，地球是人类安身立命的栖息之所。人与自然万物有着共同的来源和共同遵守的法则，自然万物的本性及其变化关系着人类的生存与发展。人与自然要和谐相处，人类要爱护自然、保护环境，实现人与自然的持续和谐发展。这就要求人的生活应当同自然的机制保持协调统一，要热爱自然。但是，随着全球工业化的推进，人类对自然环境的破坏越来越严重。随着人口的高速增长，大肆砍伐树木，地球上原有的森林面积锐减，过度的农牧业开发导致土壤肥力丧失，水土流失，沙漠化和盐碱化日趋严重。人类在不断损失耕地资源的同时，也使宝贵的淡水资源遭到了污染。人类自然生活和工业生产向大气排放的二氧化碳、氮氧化物、硫化物及其他化学成分，增加了大气中的粉尘量，破坏了地球的臭氧层，对人类健康造成了严重威胁。人类对动物的任意捉杀和宰杀，影响了生态平衡，破坏了自然环境，也会严重影响人类的健康。

实践证明，社会发展要以相适应的生态平衡关系为基础，而不能以破坏自然为代价，人类要想生活得美好，就必须树立爱自然的意识。人们如果不爱护自然，必然受到自然的报复。全球气温变暖、土地沙漠化、传染病流行、大气污染、水污染、土壤污染等，都是不爱护环境与不爱护自然的严重后果。因此，中学生朋友要树立生态文明意识，自觉爱护自然、保护自然，自觉与破坏环境、破坏自然的违法行为做斗争，共同建设人类美好家园，真正实现人与自然的可持续发展。

五、学会珍爱生命

每个人的生命只有一次，生命是最宝贵的东西。生命是一种伟大的存在。生命消失了，就像太阳陨落了，人们会失去欢乐，家庭会失去幸福。每一个

人都应该珍惜自己的生命。中学生朋友要发自内心地悦纳自己，坚守自己的精神，珍惜自己的生命，爱护自己的生命和身体。爱护自己的青春年华，不能随意挥霍、任意虚度；洁身自好，谨言慎行，遵规守纪，爱护自己的声誉，不能损人利己、坚持错误，不能破罐子破摔。须知，自己是社会的一分子，是家庭的一员，是学校的一员，是班级的一员。爱自己也是一项基本要求，珍爱生命是一项基本准则。对自己负责也是对他人负责、对家庭负责、对社会负责的一种表现。个别中学生因一些小挫折与小误会等走上不归之路，给个人、家庭、社会造成无法挽回的巨大损失，必须引以为戒。因此，中学生朋友要认识生命的宝贵与亲人关爱的重要，感觉活着就是一种被爱的幸福，乐观向上，积极进取，让爱去点化和滋润生命。

六、学会宽容谅解

和谐校园是一个民主法治、公平正义、诚信友爱、充满活力、安定有序、和谐发展的文明校园。显然，中学生朋友要共同构建和谐校园，树立宽容友爱的理念。复杂多变的信息社会，赋予了教育更多的开放性、多元性、发展性、民主性，使得宽容与包容显得非常重要。宽容就是相互理解，尊重差异；宽容就是顺其自然，因势利导；有宽容才能和谐，有宽容才能发展。中学生朋友要做到宽容为怀，包容为本，多一些允许，少一些不准；多提建议，少做要求；多点肯定，少点批评；多一点欣赏，少一点苛求；多一次商量，少一点独断；多一种办法，少一句指责；多一丝笑容，少一副冷面；多一点温和，少一点严厉。宽容是一种原则，也是一种方法；是一种心态，也是一份情感；是一种理念，也是一种行为。中学生朋友要学会宽容，用好宽容，让自己的心灵与宽容相融合，内化于心，外化为行；眼神闪动宽容，语言跳跃宽容，生命与宽容相伴。宽容和谐，和谐宽容。

有时宽容引起的道德震动，比惩罚更强烈。宽容仁爱是快乐之本。宽容谅解朋友无意的误解，能使友谊之树常青不倒；宽容谅解同学一时过失，能使同学之间更加和睦；宽容老师暂时的失察，能使师生关系协调一致；宽容亲人一时的过失，能使幸福之花长开不败。错是平凡的，宽容却是一种超凡，不经意间的宽容，能使社会少一点矛盾，多一点祥和。宽容是爱心的传送，

宽容是仁人的虔诚，宽容是智者的宁静，宽容犹如冬日的暖阳。谅解和宽容是中华民族的传统美德，中华民族讲究以和为贵，谅解和宽容就是谅解别人，宽容别人，“海纳百川，有容乃大”，可以说谅解和宽容是一种境界和涵养，是人与人之间关系的润滑剂。①

① 李萌：“确立先进理念，构建和谐校园”，载《陕西教育（教学版）》2008 年第 Z2 期。

第四章

履责践诺　诚实守信

古今中外的许多名人、伟人之所以受到尊重，在事业上有所发展，获得成功，探其原因，都具有诚实守信这一良好品德。守信是成功的不可或缺的重要条件。守信是中华民族的优秀文化传统之一。[①] 自古以来，中国人都十分注重讲信用、守信义。清代顾炎武曾赋诗言志：“生来一诺比黄金，哪肯风尘负此心。”表达了自己坚守信用的处世态度和内在品格。中国人历来把守信作为为人处世、治家治国的基本品质，言必信，行必果。[②] “诚”即诚实诚恳，主要指主体真诚的内在道德品质；“信”即信用信任。“诚”更多地指“内诚于心”，“信”则侧重于“外信于人”。“诚”与“信”组合就形成了一个内外兼备、具有丰富内涵的词汇，其基本含义是诚实无欺，讲求信用。千百年来，诚信被中华民族视为自身的行为规范和道德准则，在基本字义的基础上形成了其独具特色并具有丰富内涵的诚信观。“诚信”概念在中国历史的发展过程中也不断地变化着，但其基本内涵比较固定，即“诚实守信”。许慎在《说文解字》中说“诚，信也，从言成声”，“信，诚也，从人从言”，即“诚信是我国传统伦理的基本概念，也是修身处事治国的基本美德”。“诚实”要求人们不欺心、不欺人，言行一致，表里如一。“守信”要求人们履行对他人的承诺，说话算数，严格践约。中国文化特别重视“诚”字，中国文化对“诚”与“信”关系作了论证。譬如，《论语》中提道：

---

① 中学生读书网编辑部：“守信是成功的条件”，http://www.fox2008.cn/ebook/21szjy/TS013008/0016_ts013008.htm，2017年5月20日访问。

② 文谨编著：《一生三好全集、好心态、好习惯、好性格》，北方文艺出版社2007年版，第100页。

“诚，信也；信，诚也。”陆贽说：“人之所助在乎信，信所立由乎诚。循诚于中，然后律众无惑。存信于己，可以教人不欺。惟信与诚，有补无失。一不诚则心莫之保，一不信则言莫之行。”社会主义核心价值观要求诚实守信，公共道德规范要求诚实守信，中学生行为规范也要求诚实守信。因此，中学生朋友应当牢固树立诚实守信意识，做到言必行，行必果，履行责任，兑现承诺，诚信为本。

一、深刻认识诚信的内涵与意义

诚实守信，作为一种传统美德，深深地镌刻在中华民族五千年的文明史上。同时，诚信也是我国《合同法》的帝王原则。“一诺千金”“一言九鼎”“一言既出，驷马难追”，这些反映古人重诺言、重信用胜于一切的名言，千古流传，至今依然是我们为人处世的座右铭。然而，随着我国社会转型的加剧，社会生活中无信无义的事件屡屡发生，诚信作为社会问题被凸现出来。只有人人信守诺言，才是人际交往的准则，才是有序社会的支撑，生活才会诚挚和谐，人与人之间才能和睦相处。

古今中外绝大部分的主流文化都把“诚信”视为对当代文明人的基本要求。“诚信”是人的基本德行，主要表现在真实无欺、信守约定、践行承诺和讲究信誉等多个方面。“诚信不仅是对个人道德涵养的基本要求，更是社会主义市场经济健康发展的道德基石。倡导和培育诚信的核心价值观，既是党应对社会转型期出现的诚信缺失现象的重要举措，也是通过社会伦理规范对接主流价值体系以凝聚社会共识的一次尝试。”亚当·斯密指出：“与其说仁慈是社会存在的基础，还不如说信用、诚信、正义是这种基础，不义的行为的盛行，必然会摧毁这个社会的基础。仁慈犹如美化建筑物的装饰品，而不是支撑建筑物的地基，而信用、诚信、正义则犹如支撑整个大厦的重要支柱，如果这根支柱松动的话，那么，人类社会这个大厦就会顷刻之间土崩瓦解。”①

党的十八大报告指出，要倡导诚信的社会主义核心价值观，深入开展道

---

① 吴兆祥：“论诚实信用原则在民法中的功能及适用”，载《山东审判》2017 年第 2 期。

德领域突出问题专项教育和治理，加强政务诚信、商务诚信、社会诚信和司法公信建设。这是党中央从全面建成小康社会、实现中华民族伟大复兴梦想的高度，对社会公德、职业道德建设提出的基本要求。因为现代社会不仅是物质丰富的社会，更是诚信有序的社会。人民群众迫切希望生活在一个没有欺诈、不敢造假，可以坦诚相待而不用费心费力防范、猜忌和捉摸的社会环境。这就要求每个人都将诚信作为语言行动的基本规范，构建良好的社会信用体系。诚信是做人的基本原则，是成就事业的重要凭据，所谓“非诚不立，非信不行”“人而无信，不知其可也”。只有内“诚”外“信”，才能做到求真务实、脚踏实地、有始有终，才能激发自己巨大的热忱与潜能，受到人们的尊敬、支持和信任，从而取得事业的成功。①

诚实守信是中华文化传统千百年来对人们的基本道德要求和生活经验的总结，故有“人无信不立，业无信不兴”的古训。孟子说：“诚者，天之道也；思诚者，人之道也。”一个人如果不诚实守信，缺乏对自己行为的责任感，就会在社会上四处碰壁、孤邻寡朋，甚至无法安身立世、做人成事。个人以诚立身，就会做到公正无私、不偏不倚，讲究信用就能守法、守约、取信于人，就能妥善处理好人与人、人与社会的关系。“诚”于心中，“信”于心外。诚信，既来自个人修养、家庭教育，也来自社会规范。诚信，是一种品质，更是一种坚守。面对拜金主义、消费主义、功利主义、实用主义等风气的冲击和侵蚀，“假冒伪劣”等诚信失范的现象屡见不鲜。没有诚信，将一事无成；失去诚信，将摧毁整个社会根基。②

诚信在中国传统文化发端伊始就奉为中华民族最古老的美德之一。两千多年前，孔子就主张“言必信，行必果”。我国传统的诚信伦理是由“诚”和“信”两个基本概念构成的，真实无妄之谓“诚”，言而有实之谓“信”，“诚”为内修的结果，“信”为诚挚的表现，“诚”为“信”之本，“信”为“诚”之用，两者均肇源于先秦时期古代政治传统，内涵各有侧重但又彼此互通，后逐渐融合为一体，共同组成中国传统社会信用观的伦理基石。以

① 陈东有主编：《航标话说社会主义核心价值观》，江西人民出版社2014年版，第116页。

② 陈东有主编：《航标话说社会主义核心价值观》，江西人民出版社2014年版，第117页。

"礼仪之邦"著称的中国，不乏"一言九鼎""一诺千金""一言既出，驷马难追""精诚所至，金石为开""三杯吐然诺，五岳倒为轻"等成语名言，也不乏"重义轻利"脍炙人口的历史典故。① 诚实守信作为儒家文化一贯倡导的重要伦理，是中华民族的传统美德，尤其是随着社会主义市场经济的深入发展及我国对外开放的不断扩大，诚信作为社会主义核心价值观的重要内容和道德支撑变得更为重要。② 诚实问题历来都被看作做人之本、立业之基。"诚实"是对于自己言行与良心的一致；"守信"是对于承诺他人的事情说到做到。诚信不仅仅是和谐社会的道德支撑，也是维持社会主义市场秩序的保障。因此，需要从道德和法律的层面探讨"以诚实守信为荣，以见利忘义为耻"荣辱观的意义。③

"诚实守信"作为一项重要的道德标准，是中国传统伦理中基本的规范之一。所谓"诚"，主要是指真诚、诚实；所谓"信"，主要是指信任、信用和守信。"诚"与"信"有着密切的联系。诚是人内在的德行，信则是诚的外在表现。诚于中，必信于外。一个人只有诚"有于己"，方能信"见于物"；只有内心诚实，才会待人守信。所谓"诚信"，表述的是人们诚实无妄、信守诺言、言行一致的美德。在中国传统文化中，诚信首先是一个伦理范畴，是中国人引以为豪的道德品质。在绵延不绝的中华文明发展过程中，中华民族形成了重承诺、守信义、以诚立业、以信取人的道德传统，成为民族文化基因中不可缺少的重要一环。④ 诚信也即诚实守信。所谓诚实就是说老实话、办老实事、不弄虚作假、不隐瞒欺骗、不自欺欺人、表里如一。所谓"守信"就是"讲信用""守诺言""言而有信"。诚信是一切道德的基础和根本，是人之为人的最重要的品德，是一个社会赖以生存和发展的基础。只有讲诚信，才能建立正常的生活和经济秩序。人与人交往中只有诚实守信，

---

① 蒋红等编著：《24 字社会主义核心价值观大众读本》，云南大学出版社 2015 年版，第 95 页。

② 《社会主义核心价值观学习读本》编写组编：《社会主义核心价值观学习读本》，新华出版社 2013 年版，第 187 页

③ 何海翔、赵瑜编著：《什么是社会主义核心价值观》，中华工商联合出版社 2014 年版，第 62 页。

④ 《社会主义核心价值观学习读本》编写组编：《社会主义核心价值观学习读本》，新华出版社 2013 年版，第 187 页。

无欺无诈，才能互相信任，和谐共存。因此，中学生逐步树立起诚信的观念，对自己的学习、生活都有着十分重要的意义。

二、从一点一滴做起

诚信体现在小事之中，体现于一言一行之中，体现于日常生活之中。中学生讲究诚信，要从一点一滴做起，从平时做起，从现在做起。人们不能指望着社会没有信用，而市场有信用；人们也不能指望着个人没有信用，而社会有信用。在诚信建设上，强调的是从自我做起，从现在做起。在建设诚信的时候，一定是从个人做起，只有个人有了诚信，社会才能有诚信；社会有诚信，市场才可能有诚信；市场有了诚信，契约才可能有效。树立诚信观念，是一个长期的任务，不可能一蹴而就。中学生朋友讲诚信，必须从自己做起，从小事做起，从一点一滴中去体现和积累。但从现实情况来看，有的当代中学生学习、实践、生活中不讲诚信的问题和表现仍然不少，有的利用多种手段骗取他人的物品，有的造谣生事，借此打击别人，有的学习中投机取巧，考试作弊，更为恶劣的是有的对老师不讲诚信，当面一套，背后一套。因此，中学生朋友要认真遵守《中学生日常行为规范》，做到诚实守信，礼貌待人；平等待人，与人为善。尊重他人的人格、宗教信仰、民族风俗习惯。谦恭礼让，尊老爱幼，帮助残疾人。要尊重师长，见面行礼或主动问好，回答师长问话要起立，给老师提意见态度要诚恳。同学之间互相尊重、团结互助、理解宽容、真诚相待、正常交往。诚实守信，言行一致，答应他人的事要做到，做不到时表示歉意，借他人钱物要及时归还。不说谎，不骗人，不弄虚作假，知错就改。

美国学生一般当他到高中或到了大学低年级的时候，他就开始在银行开户，如果银行不允许的话，大学里一般都有一个信用合作社，建立自己的户头，就开始不断地借钱还钱。这样一个过程，从小他就开始累积一个东西。累积一个什么东西呢？“这个人是讲信用的”。在这个过程中，等你一毕业，你有很好的信用，你到任何一个公司去，公司会去查你的老底，看到你在金融、在银行借钱还钱从来没出过毛病，那你这个人是可信的。再比如说，你不准备到一个公司打工，愿意自己创立自己一份事业，需要资金，那好，这

个时候你去银行借钱。由于有你过去的基础，借钱并不困难。因此，信用诚信在西方发达国家它本身就是一个人安身立命的基础。曾经有这样一个故事：有一名中国留学生学的专业非常之好，成绩非常之突出，答辩非常之成功，获得博士学位之后，准备在美国进一步发展。于是他先到了一家“世界五百强”的公司去应聘，一切都顺利，但是最终回来的一封信，开头是“我们十分抱歉地通知您”，意思就是没有被录取。去中型公司结果一样，无论是他的科研成果，还是他的能力，都得到了就是给他考试的人的极高的评价。他又回家去等着，得来的一封信的开头还是“我们十分抱歉地通知您”，仍然没有被录取。到了小型公司那就更不用说了，非常如鱼得水地进行了面试，可令他万万没想到的是得到的信，开头仍然是“我们十分抱歉地通知您”。大中小型公司统统不予录取，为什么？就是曾经乘坐火车逃票，于是永远有了这么一笔偿不完的诚信账。由此可见，诚信对个人发展极为重要。

三、从做人高度去认识

共青团中央、国家发展和改革委员会、中国人民银行共同编制并印发的《青年信用体系建设规划（2016～2020年）》（以下简称《规划》）发布已有两个月，经过两个月的协调和推进工作，具体落实《规划》的《关于实施优秀青年志愿者守信联合激励加快推进青年信用体系建设的行动计划》（以下简称《行动计划》）。作为青少年的中学生当然也积极贯彻诚信规则，做诚实守信的共青团员。当今时代，一个人的事业已经从做一份工作，追求一个职业，发展到建立个人品牌。个人品牌就是个人在工作中显示出独特的价值，它像企业品牌、产品品牌一样，要有知名度，更重要的是要有诚信度。从一定意义上讲知名度是由诚信度决定的。无论是大人物还是普通百姓，都有建立个人品牌的问题。有个菜农自家的菜吃不完，于是租了个摊位来卖，由于他的菜是农家肥种的，新鲜又不缺斤短两，久而久之，回头客越来越多，菜的品种和数量慢慢显得供不应求，于是他又进了些其他的菜来卖，而每当顾客问起哪些是进的菜时，他都会直言相告，顾客便不买了。其他的菜贩都笑他傻。时间长了，人们因为喜欢他的诚实，除了买他自种的菜，连进的菜也买，周围的

菜贩只有羡慕的份了。他靠诚信建立了自己的品牌。当然品牌的树立不是一朝一夕的事情，它是一个慢慢培养和积累的过程。一旦形成了品牌后，再做其他事就会相对容易些，也可以说是对诚信的一种回报。“世界上最贵重的不是黄金，而是诚信。”2010 年的十大法治人物之一的江西省上饶县的郑宜栋老人，84 岁，1942 年因家庭遭遇飞来横祸而债台高筑。半个多世纪以来，老人节衣缩食，67 年里三度为父还债。67 年的时间偿还了父亲的债务，他用一生遵行了公序良俗。诚信，是构建法治中国的精神基石。其法治心愿：“希望我们的子子孙孙都做诚实守信的人。”由此可见，诚信是做人的最基本要求，是做人的基本准则。只有诚实守信，才能受人尊重，才能成长成才。

四、努力养成诚信意识

诚信意识需要持之以恒的培养，诚信意识是诚信行为的思想基础。任何道德意识的养成，除了靠法律和制度外，还需要社会舆论的大力宣传，多方面和多层次的道德教育，让社会上的守信者享受诚信带来的喜悦而获更多的效益。要积极营造青年诚信文化氛围，形成诚实守信的良好环境。在继承中国传统诚信观的基础上，借鉴西方“视职业为神圣”的法则，努力构建诚信从业、诚信交易和诚信工作的底线伦理，并逐渐使现代诚信观成为政府、企业、社会和个体的伦理准则与社会主义国家公民的自觉意识，从而为完善中国特色社会主义信用体系提供坚实的道德支撑，对不断积淀社会主义国家公民的诚信修养，增强信誉度和竞争能力发挥重要作用。当前我国社会各个领域存在的诚信缺失的现象仍十分严重，以致出现了某种程度的诚信危机。通过解读中国传统文化中的诚信观，积极地倡导和培育以“诚信”为基础的社会主义核心价值观，加强以“诚信”为主要内容的公民道德建设，努力形成我国公民个人层面的价值准则，使全面推动社会主义核心价值观建设，构建公民信奉的核心价值观，成为公民的立身之本、成事之基。[①] 在社会交往中，

---

① 刘先春主编：《大学生社会主义核心价值观学习读本（试用）》，兰州大学出版社 2014 年版，第 129 页。

如果真能主动帮助朋友办点事，这种精神当然是可贵的。但是，办事要量力而行，说话要注意掌握分寸。因为诺言的兑现与否不仅有个人努力的程度问题，还有一个客观条件的因素。在正常情况下有些是可以办到的事，后来由于客观条件起了变化，一时办不到，这种情况是有的，这就要求我们在朋友面前，不要轻率地许诺。有的事，明知办不到，就应向朋友说清楚，要相信朋友是通情达理的，是会原谅的，千万不要打肿脸充胖子。在朋友面前逞能，轻率许诺，不但得不到友谊和信任，反而会失去朋友。①

五、严格遵守诚信制度规范

诚信的本质是一种得到严格执行、得到制度保障的秩序。制度的保障是必要的，同时还得有一个强大的社会舆论的压力。大家现在看到了质量不合格的产品甚至都跑到电视台公布曝光。曝光之后怎么办？怎么经营？所以这种压力是非常重大的。企业越大，今天越不敢拿自己的信用去折腾。个人也是如此。如果中学生存在考试作弊等不诚信行为，必然受到相应惩戒。诚信不只在一行一业，而是全社会的。只有全社会形成并遵守诚信秩序，诚信才可能存在。因此，诚信建设必须在全社会开展。当然，具体操作上可以由一些重点领域如生产流通领域、服务行业、中介组织、行政部门等首先抓起。正如前面所提及的，诚信的本质是一种得到严格执行、得到制度保障的秩序。因此，开展诚信建设的关键和首要，就在于建立健全各行各业的各种制度，使各行各业都生存于有法可依与有章可循的环境下，才可能使任何行业的人，可以依赖明示的、有保障的制度，而不是没有约束的个人信誉来行事，从而在全社会构建制度性诚信。中学生朋友也应当争做遵守诚信制度规范的模范，诚实学习，诚实考试，诚实参加社会实践与志愿活动，严格遵守诚信规则，争当诚实守信的小标兵。

总之，诚信是人类社会共有的一项根本性道德原则和行为准则，是我国自古以来尊奉的道德原则和立身治国之本，也是当前我国社会政治、经济、文化、司法、教育等活动中的一条重要原则。《中学生日常行为规范》要求

---

① 文谨编著：《一生三好全集 好心态 好习惯 好性格》，北方文艺出版社2007年版，第101页。

中学生诚实守信，言行一致，知错就改，有责任心。中学生朋友要做到诚实守信，不说谎话，知错就改，不随意拿别人的东西，借东西及时归还，答应别人的事努力做到，做不到时表示歉意。考试不作弊；不骗人，不弄虚作假。每一位中学生朋友都应当树立诚信为本的观念，争做诚实守信的道德模范，为国家诚信事业建设作出积极贡献。

第五章

创优争先　竞争向上

竞争是指相互争胜，竞争的观念是指在人生的历程中，全身心投入的一种敢于争先的心理状态。人生幸福的多少、学业进步、事业成功的大小，与是否树立了竞争观念有很大的关系。竞争观念强的人，往往学习成绩优异，工作业绩突出，人生相对来讲比较幸福。竞争观念差的人，往往自甘落后，因而学习成绩低下，工作业绩平平，生活中遭遇的苦难也自然较多。中学生朋友树立正确的竞争观念，无论对个人在学习阶段取得优异成绩，还是在将来工作中创造出令人满意的成就，都具有重要的意义。

一、树立竞争观念，全面认识竞争意义

竞争是把双刃剑，正当的竞争有利促进进步，促进发展，提高技术，造福人民。不正当的竞争，损害公平竞争环境，破坏市场与人际关系，阻碍社会经济文化进步，阻碍个人的进步。竞争是无处不在的，从自然界到社会的各个角落、各个行业，都存在竞争。生存就要有竞争，要拥有一个美好的人生，要成为生活的强者，要想在人生中找到最佳的位置，就要学会竞争。竞争是社会发展的动力之一，是一个人成长进步所必须具备的观念。在市场经济体制下，是人们工作、学习、创业、做事必须树立的重要观念。大到一个国家，一个民族，小到一个企业、一个人都会参加竞争，都只能在竞争中才能求得发展。差别只在于竞争意识和能力的强弱和大小。个人、集体、单位、国家、民族发展都是靠竞争得来的。中学生学习生活中一定要树立竞争的观念，创先争优，竞争向上，树立竞争观念，找出差距，鼓起勇气，成为生活

的强者，实现理想抱负。社会充满竞争，你想在这个社会中站稳脚跟，求得生存，就必须有较强的竞争意识，包括有职业竞争的意识、交际竞争的意识、学习竞争的意识，以及生活各方面的竞争意识等等。比如，在生活上要克服依赖性，培养独立性，为培养竞争意识奠定基础；在平时的学习中，亦应参加一定的竞争活动，如争当学习标兵、争当“三好学生”、争取考上理想大学，为日后适应社会的强烈竞争做好准备。①

二、确定合适的竞争对象，在竞争中共同进步

平时所发生的竞争，基本上都是在同一个层面上发生的。竞争向上，要选择合适的竞争对象，树立合适的努力目标，以实现共同进步，相互促进的良好效果。如果相互利益无关，或者两者差距太大，一般情况下不会发生竞争。所以，不能随便选一个对象就去与之竞争。竞争犹如拳击运动，不是一个重量级别的，难以对抗。竞争对手的选择也是一门学问，竞争目标确定过低，竞争便没有了意义；竞争目标确定高了，高不可攀，无法实现，只能让自己产生气馁的情绪。中学生在学习过程中确定竞争对象时一般来讲他的实力要比自己高一些，不至于很高，这样才有竞争激情，才有积极性，才有成就感。确定适当的竞争目标有利于发挥竞争的积极作用。中学生在中考、高考竞争中，如果成绩优异，会脱颖而出；随着实力不断增强，再选择更强的竞争对手，使自己永远有前进的动力，不断取得新的进步。

三、善于同他人合作，增强竞争的实力

竞争总是与合作相伴而生。提倡竞争，也要强调合作。合作共赢是当代社会的一个基本规则。现在社会上竞争力很强的企业，都是在发展到一定规模时走联合的路子，跨地区、跨省、跨国的大型企业集团不断产生。因为集体比个人能更好地解决一些复杂问题，在同一行业中更具竞争实力。光靠一个人自己发展往往事与愿违。热心于让别人承担部分任务，做到优势互补，取长补短，共同为社会创造财富，才能真正获得成功。在中学生的学习中有

① 陈洪、吴运友主编：《中学生心理保健》，复旦大学出版社 1999 年版，第 11 页。

时会出现这种情况，但与他人配合时便失去了积极性，不想让别人取得和他同样大的成绩，甚至担心其他人超过自己。这是一种不正确的竞争意识，自恃能力强，信奉万事不求人的信条，结果影响自己的健康发展。这是一种封闭的、落后的思想意识，在实际生活中也是难以做到的。中学生朋友在学习、实践、生活都需要合作。小组学习、小组讨论、团队学习就是中学生竞争合作的良好方式。学习、生活、实践都需要合作，只有团结合作，才能取得更大的学业进步，才能更好地成长成才。

四、竞争要遵循道德准则和法律规范

竞争要遵守规则，要有序竞争，合法竞争。如果恶意竞争，采取不正当手段竞争，采取非法手段竞争，违反道德与法律，就会受到相应的惩罚。竞争要遵守道德规则。社会主义市场经济条件下的竞争，是人们利益一致的新型竞争，其目的是改进技术，改善管理，提高产品的数量和质量，鼓励先进，激励后进，调动人的各方面的积极性，以求获得共同进步。如果为了个人的利益，在竞争中不讲道德，不讲诚信，不惜损害他人的利益是为社会所不允许的，即使取胜于一时，最终是注定要失败的。中学生朋友在学校学习生活同样如此。中学生在学校树立竞争意识是好的，但必须讲道德、守规则。另外，竞争要守法。合法原则是指竞争的手段要合法。激烈竞争迫使个人和组织寻找各种有利的手段去取得优势的地位，这并不是指能够不择手段地进行不正当的竞争，并不表示竞争者就能够损害整体利益或其他竞争者的权益。那种用弄虚作假、投机取巧、互相打压、互相攻击等手段进行竞争的个人或组织，往往会因违法受到制裁和惩处。中学生之间的学业竞争也应当符合道德要求与法律规范，不能违反道德与法律规则。极少数中学生恶意报复成绩优秀的同学，属于恶意竞争、非法竞争，同时也触犯了道德与法律规则，受到相应的惩处。中学生朋友要吸取这些负面典型案例的教训。

五、树立竞争观念要正确面对挫折

竞争可以克服惰性，促进社会进步和发展。竞争让人们满怀希望，朝气蓬勃。竞争中有取胜的时候，也有“双赢”的时候，同时也有失败的时候。

有时候失败还会很惨重，血本无归的情况也并不少见。如果在竞争中受挫，可能导致人们意志消沉、精神变态，甚至出现走上歧途或自杀。因此，中学生朋友树立竞争观念，参与竞争，必须有受挫的心理准备，必须敢于面对挫折。学习竞争过程中，可能会遇到成绩下滑等挫折。但当中学生朋友遇到挫折时要冷静分析，从主观、客观、策略、目标、环境等方面找出受挫的原因，以便采取有效的补救措施。要学会自我调适，以尽快消除挫折在自己思想上的阴影。重新调整学习方法，制订学习计划，迎头赶上。要善于化压力为动力，变被动为主动，保持自信和乐观的情绪，做到屡败屡战，不气馁，不丧志，勇往直前。要善于把坏事变成好事，经过认真的总结与思考，使自己在挫折中变得聪明和成熟起来。失败乃成功之母，吸取教训，总结经验，就会从挫折中前进，从失败中成长，最终获得学业成功与事业成功。

六、处理好竞争与合作的辩证关系

竞争与合作是相辅相成的辩证关系。往往竞争中有合作，合作中有竞争。中学生树立竞争向上、创先争优观念的同时，也要树立合作共赢意识，处理好竞争与合作的关系。中学生朋友在学习生活中要做到相互督促、相互帮助、比学赶超、共同进步，体现出“人人为我，我为人人”的合作意识要求。只有合作好，才能实现共同目标。相互竞赛，相互超越，营造比学赶超的良好学习氛围，有利于大家共同进步。同学们在学习、实践、竞赛等活动中相互竞争，只有注意做到尊重他人、帮助他人、理解他人，才能最大限度地发挥团队合作的作用，共同达到学习目标。中学生要逐步养成不仅关心自己、竞争向上，而且尊重他人、关心小组其他成员的思想意识。通过集体完成作业、小组竞赛、团队比赛等集体活动，中学生能够提高参与集体活动、关心集体活动的思想意识。同学之间比学赶超，同时真心合作、互相帮助的共同努力下，才能取得集体目标，赢得集体荣誉，促进共同进步。中学生朋友要明确只有依靠集体力量才能取得成功、达到目标，要增强集体观念与合作意识。当然，中学生培养集体观念并不排斥培养学生的竞争意识。只有学生具备较深层次的集体主义观念，这种竞争成功的可能性才更大。在竞争与合作的良好氛围中，同学相互竞争、相互帮助、相互合作，比成绩进步幅度，比能力

提高程度，比文明素质进步，比实践动手能力，比志愿者公益贡献。每个中学生在合作的氛围中，做到竞争有对手，追赶有目标，始终处于竞争状态中，强化竞争意识。[①]

综上，中学生朋友只有树立了创先争优、竞争向上的观念，才能激发积极向上的激情与动力，才能在学习、生活、实践活动中不断取得进步，才能更好地实现人生理想与抱负，更好地成长成才，更好地实现人生价值，将来更好地为祖国、为社会贡献应有的力量与智慧。

① Sing：“在合作学习中培养学生集体观念和竞争意识”，http：//www.cn－teacher.com/runwen/xklw/zz/200703/146142.html，2017年6月5日访问。

第六章

学业为重　刻苦学习

“学如弓弩，才如箭镞”讲的就是做学问、学习的根基好比弓弩，才智好比箭头。只有靠扎实厚重的学问与知识来引导，才能使聪明才智发挥更大的作用。学习也是中学生朋友的主要任务之一。习近平总书记提出：青少年学生应该把学习作为首要任务，树立梦想从学习开始、事业靠本领成就的观念。学习是成长进步的阶梯，实践是提高本领的途径。青少年的素质和本领直接影响着实现中国梦的进程。青少年人正处于学习的黄金时期，应该把学习作为首要任务，作为一种责任、一种精神追求、一种生活方式，树立梦想从学习开始、事业靠本领成就的观念，让勤奋学习成为青春远航的动力，让增长本领成为青春搏击的能量。学习是人类认识自然和社会，不断完善和发展自我的必由之路。无论一个人、一个团体，还是一个民族、一个国家，只有不断学习，不断创新，才能获得新知识、新经验，跟上时代发展。终身学习，讲的是人一生都要学习。学习将伴随人的整个生活历程并影响人一生的发展。科技日新月异，知识更新很快，社会变革加速。只有不断学习，勇于创新，才能跟上时代的脚步，才能适应社会对人才的需要。现代社会是终身学习的社会。中学生朋友要认识学习的重要意义，树立刻苦学习的使命，牢记终身学习理念，养成勤奋学习的良好习惯，不断提高思想认识，增长个人才干，掌握实践技能，促进学业进步，为将来更好地服务于社会与实现人生价值打下坚实的知识与能力基础。

一、认识勤奋学习的意义

习近平总书记指出，要勤学，下得苦功夫，求得真学问。知识是树立核心价值观的重要基础。人生只有一次，应该好好珍惜。为学之要贵在勤奋、贵在钻研、贵在有恒。鲁迅先生说过：“哪里有天才，我是把别人喝咖啡的工夫都用在工作上的。”“熟能生巧，勤能补拙。”“宝剑锋从磨砺出，梅花香自苦寒来。”“书山有路勤为径，学海无涯苦作舟。”上述关于学习的格言均说明了勤奋学习、刻苦学习对人生的重要性。研究表明，人的智商相差并不很大，差别在于勤恳和应用。手越练越巧，脑越用越灵，知识越积累越深厚。手脑长期不用反而会退化。中学生朋友正处于学习知识的大好时光，必须刻苦学习，持之以恒，打好基础，才能实现美好理想与远大志向。

懒惰是一切祸害之源，而勤奋是点燃智慧的火把。一分耕耘，一分收获。一分付出，一分所得。一个人知识多少、成就大小，与勤奋程度成正比。中国近代大文豪鲁迅写作成就那么大，用他自己的话说就是“把别人喝咖啡的时间用在写作上罢了”。懒惰者永远不会使自己变得聪明起来。中国宋代一个叫陈正的人，少时反应迟钝，读书时每次只读50个字，一篇小短文要读几十遍才能记熟；但他勤学苦练，天长日久，知识与日俱增，终成博学之士，成就一番事业。中学生朋友更要养成热爱学习的习惯，勤奋学习、刻苦学习，持之以恒，长期坚持，就一定可以取得不菲的学习成绩，考上理想的大学，成为祖国的栋梁之才。

学习是中学生朋友从小到大的一项重要任务。中学生朋友从出生到长大无时不刻在学习。家长老师总是经常告诫大家要好好学习、刻苦学习、勤奋学习、天天学习。因为学习对一个人成长成才非常重要了。现代公民从小养成终身学习、刻苦学习、勤奋学习的观念是学习、实践、生活的基本要求。中学生在学校里学习、实践、生活的内容是多方面的，但最根本的任务就是学会科学知识、提高实践技能、培养良好道德观念。要达到这些学习目的，大家就要不断地学习，学习现代科学知识，学习做人的基本道德，养成良好习惯，学习先进的文化理念，学习诚实信用的做人准则，学习合作双赢的协作精神等，将来做一个有益于社会的人，成为祖国的栋梁之材。

养成勤奋学习的习惯是社会发展的要求。当今是知识经济与信息经济的时代，世界在飞速变化，新情况、新问题层出不穷，知识更新的速度大大加快，人们要适应不断发展变化的客观世界，就必须把学习作为一生的追求。中学生时代不刻苦学习，学习基础不扎实，就很难考上理想大学，未来步入社会就很难跟上时代前进的脚步，无法很好地适应时代对人才素质的基本要求。在世界政治格局多极化和经济全球化，科学技术日新月异，竞争日趋激烈的今天，学习的意义早已超出了个人发展的范围，关系着一个国家和民族乃至全人类的生存与发展、文明与进步。一方面，现代经济社会的发展越来越取决于科技进步和劳动者素质的提高；另一方面，世界范围的竞争越来越表现为人才和人力资源的竞争。我国已进入全面建设小康社会，加快社会主义现代化建设步伐的新的发展阶段，在有着十几亿人口的中国，仅有少数人学习，无论如何是不能适应形势要求的。必须人人学习，中华民族才能永葆生机和活力，才能走在时代前列，不断推进各项事业的发展。中学生朋友是祖国的未来，是民族的希望，更应当明确目标，勤奋学习、刻苦学习、积极进取，培育良好的道德品质，学习掌握科学文化知识，培养综合能力素质，掌握现代技术技能，为实现美好理想与人生抱负打下坚实的基础。

二、培养学习兴趣

兴趣是最好的老师，兴趣是学习的动力。习近平总书记指出，“学如弓弩，才如箭镞”，学问的根基好比弓弩，才能好比箭头，只要依靠厚实的见识来引导，就可以更好地发挥才能。青少年正处于学习的黄金时期，应该把学习作为首要任务，作为一种责任、一种精神追求、一种生活方式，树立梦想从学习开始、事业靠本领成就的观念，让勤奋学习成为青春远航的动力，让增长本领成为青春搏击的能量。兴趣是最好的老师，兴趣是学习的动力。中学生朋友要认识学习的重要意义，自觉培养浓厚的学习兴趣，充满激情地投入学习活动之中，漫游在知识的海洋之中。兴趣是一个人积极认识事物或爱好某种事物的意识倾向。部分中学生不喜欢学习的一个重要原因是没有学习的兴趣。有的中学生对学校安排的文化、道德学习持反感态度，这是不对的。中学生朋友要培养广泛的兴趣，同时发展个人特长。培养个人专业兴趣，

为大学选择专业打下基础。既要拥有厚实的基础知识，又能发展专业特长，培养专业兴趣。中学生朋友要学会自我激励，感受到学习的益处，产生学习的强烈愿望；并持之以恒，保持学习长效机制，使学习成为一种自愿自觉的日常行动。要切实明确学习目标，自觉培养学习热情，激发学习愿望，端正学习态度，掌握学习的方法，不断促进学业进步与提高。

三、养成谦逊的学习态度

“谦受益，满招损”。“谦虚使人进步，骄傲使人落后”。说的就是谦虚的意义。中学生朋友要树立勤奋学习的观念，必须树立谦逊谦虚的态度，既要正确评价自己取得的成绩，也要正确认识自己的不足，敢于正视自己的不足。只有树立谦虚谨慎的学习态度，才能激发出学习的主动性和积极性。中学生朋友看到其他同学的长处，要虚心地向他人学习，取人之长，补己之短，不断完善自己。中学生朋友只有树立了谦逊的态度，才能永不满足，不断进步。同学们谦虚谨慎，老师与其他同学才会更加乐意提供帮助与支持，使大家获得更多的学习机会，学习才能更出成效。中学生应当明白，一个人即使学问再大也是有限的，能力再强也有欠缺的地方。大思想家孔子说：“三人行，必有吾师。”正是因为孔子有这种谦虚好学的态度，才使他成为世界知名的思想家。可见每个人都要谦虚谨慎，虚怀若谷，才能不断进步。从企业的角度说，即使已经掌握了现代最先进的技术，但事物是向前发展的，如果满足现状，沾沾自喜，早晚还会被别的企业超越。中学生如果没有谦逊的态度，骄傲自大、故步自封、不思进取，同样也会被别人超越。因此，中学生要树立谦虚谨慎的学习态度，不能目空一切，骄傲自大。人外有人，山外有山；学习无止境；没有最好，只有更好。周恩来总理经常说：“活到老，学到老”，也是要求永不满足、永不停滞、持续学习；树立终身学习的观念，不断学习、不断进步。因此，中学生在学习与成长过程中一定要树立谦虚态度。

四、持之以恒刻苦学习

“书山有路勤为径，学海无涯苦作舟”。学习虽然有求知的乐趣，但无疑

是一项苦差事，需要付出很多的时间、心血与精力，需要放弃许多娱乐时间。多数中学生朋友都懂得学习的重要性，也渴望取得优异学习成绩，但有的同学吃苦精神不强，学习决心与意志不坚决，不能持之以恒，成绩不好，就灰心丧气，半途而废。这些问题都是懒惰的习惯在作怪，都是因为没有真正养成刻苦学习的习惯，没有培养持之以恒的学习意志和品质。中学生朋友在学习知识过程中产生惰性的原因很多，主要是学习畏难情绪。众所周知，知识体系庞大繁杂，有些同学基础不扎实，学习进度跟不上，从而开始产生消极情绪与放弃心理。有同学对学习缺乏信心，这在学习时遇到挫折以后会很明显。有同学感觉学习内容枯燥，有些对知识的探索过程是丰富多彩的，但是也有某些学习内容是比较枯燥的。有的同学感觉数学、物理、化学过于抽象，需要把知识与实际生活联系紧密，但是与中学生实际生活的联系并不多。有的同学基础知识准备得不足，太多地方看不懂的时候，学习就没有动力。中学生朋友要想有效克服学习惰性，必须锻炼自己的意志和品格，自觉养成刻苦学习的良好习惯。俗话说习惯成自然，习惯养成了，也就不觉得难了，也就能持之以恒。比如，每天早上都早起的人，早起对他来说就不觉得有多大困难；再比如当过兵的人，时间观念、纪律观念都很强。这些是良好习惯的作用。如果没有养成习惯的人做起来他就会感到困难。中学生朋友树立良好学习习惯同样重要。因此，中学生既要认识学习的重要意义，又要养成长期刻苦学习的习惯，下决心认真克服懒惰的习惯，养成刻苦学习的习惯。

一份付出，一份收获。中学生要想在学业与事业上有所成就，就必须作出艰苦的努力。中国古代就有“头悬梁，锥刺股 ”“凿壁借光”等勤奋学习的典故。要做到像苏联伟大作家高尔基说得“见到书就像饥饿的人扑到面包上一样”。要做到脑勤、手勤、眼勤，多看、多想、多做读书笔记，把学习当成每天必须完成的任务，当成必须坚持的习惯，用知识把自己武装起来，促进个人成长成才，将来成为一个对人民、对国家有用的人，成为祖国的栋梁之才，成为社会主义伟大事业的接班人。纵观那些学业上、事业上取得突出成绩的人，都是刻苦和努力的人。同学们还记得 2017 年感动中国人物科学家孙家栋的事迹，87 岁的他是中科院院士、探月工程总设计师，他是中国第一枚导弹、第一颗人造地球卫星、第一颗遥感探测卫星、第一颗返回式卫星

的技术负责人、总设计师，是中国通信卫星、气象卫星、资源探测卫星、北斗导航卫星等第二代应用卫星的工程总师，是中国探月工程总设计师，中国科学院院士，中国“两弹一星”功勋科学家。少年勤学，青年担纲，是国家的栋梁。导弹、卫星、嫦娥、北斗。满天星斗璀璨，写下你的传奇。年过古稀未伏枥，犹向苍穹寄深情。① 孙家栋先生正是凭着从童年、少年、青年、中年、老年持之以恒的刻苦学习，勤奋钻石，才在科学事业取得伟大成就，是青少年朋友学习楷模。

任何时候总是有很多人一直在勤奋刻苦的努力着，绝不会因为生活好了就不再辛勤付出。科学家钱伟长说：“我毫不隐讳地告诉青年朋友们，如果说我作出了一点成绩的话，那么这点成绩也确确实实是用艰苦学习、不懈的努力取得的。”“二十多年来，虽然经历了各种各样的磨难，但是我从来都没有放弃过努力。所以我自信：在专业上没掉队，去年一年我发表了15篇科学论文，还编写了120万字的讲义。”科学家钱学森教授说：“大学毕业后我没停止过学习，你们不相信我可以打个赌：我现在每天学习时间还比你们多，每天晚上八点开始，这是我的学习时间，不到凌晨两点我是不停止学习的。”正是因为有这样刻苦与努力地求学和探索，才成就了科学巨匠的事业，更推动了社会进步，推动了人类不断地向前发展。中学生朋友要以这些勤奋学习的伟人为榜样，勤奋学习、积极进取、持之以恒，争取在学习每一个阶段均取得优异成绩。

五、培养良好的意志品质

学习是长期艰苦的历程，必须培养坚强的意志品质；要不断克服困难，不断完成学习目标，不断取得学习进步。无论是修养道德品质还是掌握科学文化知识，必须克服内心和外部的种种障碍，而克服这些障碍就得靠意志、靠毅力。比如有的同学遇到做不出的作业就放弃了，看到难题就不做了，有时还不肯动脑筋思考就问家长和老师等。要知道，每道解不开的题

① “2017年感动中国十大人物事迹及颁奖词”，http：//yjbys. com/xuexi/guanhougan/1222100. html，2017年5月20日访问。

目都是“拦路虎”，同时又是通向学习进步的阶梯，而意志不坚强、毅力差的人就会被这只“拦路虎”吓退了，而有良好意志品质的人就迎难而上，这样的同学学习上肯定会进步，在学习法律知识上也是同样道理。千里之外，始于足下。从小事做起，持之以恒，是磨炼意志的好方法。许多在事业上有成就的人，都曾通过小事情磨炼自己的意志。2017 年感动中国人物李万君，中车长客股份公司高级技师。2016 年被授予“全国优秀共产党员”荣誉称号。为了在外国对我国高铁技术封锁面前实现“技术突围”，李万君凭着一股不服输的钻劲儿、韧劲儿，一次又一次地试验，取得了一批重要的核心试制数据，积极参与填补国内空白的几十种高速车、铁路客车、城铁车转向架焊接规范及操作方法，先后进行技术攻关 100 余项。[①] 正如著名文学家高尔基所说：“哪怕对自己一点小的克制，都会使人变得强而有力。”因此，要培养自己的意志品质，要从“小的克制”入手，适当地挑战一些困难和挫折。

在知识更新日趋加速的时代，人们要想跟上时代发展的步伐，就必须不断刻苦学习。中学生朋友要成长为国家栋梁之才，实现美好理想，也要养成坚强的意志品质，长期坚持刻苦学习。英国哲学家培根说过：“知识就是力量。”我国的先哲们也曾留下诸如“玉不琢，不成器；人不学，不知义”“非学无以广才，非志无以成学”“人有知学，则有力矣”等警句。所有这些都说明了学习知识、增长才干的重要性。青少年代表着民族的希望，代表着国家的未来。广大青少年只有努力从我国改革开放和社会主义现代化建设伟大实践中汲取智慧和力量，不断增强知识更新的紧迫感，如饥似渴地学习知识，掌握学问，增强素质，提升能力，才能成为勤于学习、勇于担当、甘于奉献的栋梁之材，才能完成时代赋予的历史重任。

总之，当代中学生要响应习近平总书记号召，认识到学习是成长进步的阶梯，实践是提高本领的途径。青少年正处于学习的黄金时期，应该把学习作为首要任务；要把学习作为一种责任、一种精神追求、一种生活方式，树

---

① “2017 年感动中国十大人物事迹及颁奖词”，http：//yjbys. com/xuexi/guanhougan/1222100. html，2017 年 5 月 20 日访问。

立梦想从学习开始、事业靠本领成就的观念，勤奋学习，扬帆远航，增长本领，成就梦想。中学生朋友要珍惜美好时光，砥砺品德，陶冶情操，刻苦学习，全面发展，掌握真才实学，成长成才，努力成为建设伟大祖国、建设美丽家乡的有用之才、栋梁之材，为社会主义伟大事业与中华民族伟大复兴作出应有贡献。

第七章

以和为贵　妥处矛盾

中学生在学习生活实践中势必经常遇到一些矛盾、误会和争执。有的是学生之间的矛盾，有的是师生之间的矛盾，有的是家长与孩子之间的矛盾，有的是朋友之间的矛盾。如果这些矛盾得不到及时化解，易于引发冲突，严重的会导致违法违纪等问题的发生，严重影响同学们的健康成长成才。只要正确认识矛盾产生的根源，客观分析矛盾产生的原因，注意预防，冷静对待，妥善处理，就能有效避免或化解矛盾，避免矛盾升级，防范矛盾影响中学生正常的学习生活。因此，分析矛盾产生的原因，及时地化解矛盾，消除冲突，是中学生必须正确面对的重要问题。

一、对矛盾要有一个客观的认识，了解矛盾产生的原因与规律

矛盾是客观事物和人类思维内部多个对立面之间的互相依赖又互相排斥的关系。这里所讲的矛盾是指当代中学生对人、对事的不同看法。由于受文化程度、家庭、爱好、宗教、职业、年龄、阅历等诸多因素的影响，对同一件事人们会有不同的看法、不同的处理方式，这就可能形成了矛盾。矛盾是无时不在，无处不在的，所以有矛盾既是正常的，又是不可回避的。中学生在日常学习、生活、实践中因一些琐事，学生之间产生一些误会与矛盾在所难免；学生与老师因理念、认识不同产生一些误解与争执也时有发生。存在矛盾并不可怕，只要正确认识矛盾，分析矛盾产生的原因，采取科学的方法妥善处理矛盾，不仅不会影响同学们团结与师生关系，反而能够培养同学们处理问题的能力，促进同学们更好地成长成才。

二、注意从自身寻找原因，主动分析过错或不当之处

矛盾的发生有其主观原因与客观原因。因此，分析矛盾产生的原因，大多都是在矛盾发生时不能多从自己身上找原因而造成的。不少人遇事强调客观理由，怨天尤人，就埋下了报复的种子，久而久之会引发更大的冲突。俗话说，一个巴掌拍不响。同学之间发生了矛盾，应多从自身上找原因，找到了原因，要勇于承认，给对方造成伤害的，真诚地赔礼道歉，尽早取得对方谅解，矛盾自然会得以化解。可许多同学丢不下这个面子，明知自己做得不对，依然强词夺理，一意孤行，小纠纷变成大矛盾，矛盾必然会激化。实际上，善于承认错误，是一个人有能力、有担当、有自信的表现，是情商高的表现，是心智成熟的表现，主动认错、主动道歉、主动和解，不仅不会丢掉面子，丧失威信，反而会得到老师与同学们的理解、赞成和尊重。如果经过沟通，证明发生矛盾的原因与过错确实不在自己时，不要得理不饶人，要宽宏大量，以和为贵，学会谅解，学会包容。“不战而屈人之兵”，岂不是更好！美国历史上著名的总统林肯，他执政时将政敌当作朋友，引起了部分官员的不满。一位官员不仅批评了他，而且指出应该“消灭敌人”。林肯有一句发人深省的警句：“当他们变成我的朋友时，难道我们不是在消灭我的敌人吗?”这句话富有哲理，是解决矛盾的钥匙。中学生朋友在处理日常误会与矛盾的时候，既要抱着化解矛盾的诚心与勇气，又要懂得消除冲突的适当方法和艺术。学生在老师错怪自己时应采取正确的态度，包括：先让自己冷静下来，采取沉默态度，但不要逆来顺受；向老师叙述真相，解释原因，消除误会也是正确的态度。中学生随着年龄的增长，与父母之间的矛盾也增多了。这个时期，中学生容易与父母发生看法上的不一致，从而导致矛盾、争吵，甚至出走。这是学生与家长之间不可逾越的“代沟”，这样的“代沟”我们也可以用心去把它填平。比如，许多父母对子女晚上出去总不放心；有的父母干脆一直等到子女回家。子女回家后还要盘问一番，唠叨几句。对此，有些子女觉得父母管得太宽，认为干涉了自己的自由。如果能理解到父母的一片爱心，再扪心自问：自己又有多少社会经验？也就能心平气和地对待父母了。所以，要别人理解，首先就要理解别人；其次，中学生要很好地分析

一下，如自己与父母的分歧是非原则性的，并且自己确实是对的，那么可以推心置腹地与父母交换看法，争取父母的理解，要相信“精诚所至，金石为开”。

三、有宽广的胸怀，用理智战胜冲动情感

化解矛盾需要宽广的胸怀，包容的态度。同学之间矛盾都是一些琐事造成的，有时是观点不同，有时是沟通不够，有时是小的误会。可能会行动不快与情绪不佳。一旦发生矛盾，一定要冷静处理，用理智战胜冲动情感。避免冲动，避免激化矛盾，更不能以牙还牙，打击报复。假如同学侵害了你的利益，伤害了你的情感，大家要学会以诚挚的心感动对方，以真诚让对方产生愧疚，这才是解决同学之间矛盾的正确方法。这样做不仅解决了矛盾，而且通过化解矛盾加深了同学友谊。中学生朋友要学会宽容，以诚相待人，宽以待人，严于律己。大家知道冲动是魔鬼，冲动往往使得事情变得更坏，更不可收拾，有时要造成不可挽回的损失。因此，同学们一定要学会用理智战胜情感的冲动。“退一步海阔天空，忍一时风平浪静”。同学之间发生了争执，不要一时昏了头脑，不吵个脸红脖子粗决不罢休，不争个高低不罢休。只要大家冷静下来，心平气和，理智沟通，矛盾自然得到有效化解。矛盾发展到僵持的时候，也可以通过正确的途径，寻求老师、家长、学校的帮助，老师居中说服调解，矛盾自然解决，使得矛盾的双方化干戈为玉帛。

四、学会冷静处理，避免矛盾激化

同学之间交往时，师生之间教学中，家长孩子相处中，由于观念不同、认识不同、缺乏沟通等，有时难免会产生这样或那样的小摩擦，小碰撞、小误会、小矛盾。同学之间、师生之间、家长孩子之间发生了一些矛盾，只要正确对待，冷静处理，并不可怕，都能够妥当化解。首先要冷静下来，进行冷处理，不要热加工，防止矛盾进一步激化，造成不可挽回的严重后果。实践中有的中学生因矛盾大打出手，造成人身伤害，走的是违法犯罪的道路，教训非常深刻，需要中学生朋友引以为戒。如果中学生朋友想一想矛盾发生的前因后果，看一看这里边有没有误会，可以找其他同学了解一下，或直接

找同学平心静气地谈谈，消除误会，解除疙瘩，化解矛盾。消除误会，化解矛盾，重归于好，是一件快乐的事。矛盾发展到一触即发的时候，矛盾的双方要保持克制，保持冷静，自我反思，加强沟通，想尽千方百计消除误会，化解矛盾。自我克制是一种自我控制和调控的心理行为，为一项优秀意志品质。遏制矛盾进一步深化的处理办法就是静下心来与对方交谈沟通，可能在你先心平气和之后对方也不好意思再争吵下去，也会转“仇敌”为好友。因此，当同学们发生矛盾时，双方要保持冷静。冷静是处理矛盾的最佳方式。冷静会使人们变得理智，冷静化解一切矛盾，成功解决矛盾，从矛盾之中解脱出来。要静下心来分析矛盾产生的原因与解决方法。只有搞清了错误在谁，误会因何而生，才能有针对性地化解矛盾。如果错在自己，要敢于承认，勇于道歉，取得对方的谅解。这样做不是“没面子”，而是在挣回面子。大家可以诚恳地说：“那件事错全在我，我真诚地向你道歉，假如你能接受我的道歉，我会很感激你的，我想我们会成为好朋友的。”如果错在对方，也没必要非要扭着劲等对方来道歉，你应该大度一点、宽容一些，主动谅解。同学之间与其每天这样别别扭扭地在一起学习生活，倒不如化解矛盾，每天开开心心、快快乐乐地在一起学习生活。相信精诚所至，金石为开，对方也会认识到自己的错误，只是都碍着面子，谁也不愿意第一个道歉罢了。[①]

五、培养良好的情商，以情感人

中学生朋友在处理人际关系与化解矛盾过程中，要自觉提高自己情商水平，提升自身处理情绪和处理人际关系的能力。情商水平的高低对一个人能否取得成功也有着重大的影响作用，有时其作用甚至要超过智力水平。情商水平对避免冲突、化解矛盾、营造和谐人际关系也非常关键。情商高低主要决定于情绪控制能力，能否保持良好自制力与调适力。主要体现在自我了解、自我控制、自我反省、自我激励几方面。良好的情商能帮助同学们更能广纳你所需要的任何信息、让同学们有勇气接纳不同的反对意见，化解矛盾与冲

① 吕仕海：“如何正确处理同学之间的矛盾”，http://blog.sina.com.cn/s/blog_498020220100cox6.html，2017年5月30日访问。

突、有信心鼓励并接受来自不同的竞争与压力；让大家接受并正视自己的弱点。同学们关键时候要勇于承担责任、自我批评，良好的情商能帮助大家胸有成竹、沉着冷静地应对快速变动、复杂的事态，能够更好地消除误会，化解矛盾。

六、学会心理换位，消除误会与矛盾

中学生在人际交流上具有这样一种心理特征：大家一方面渴望得到别人的理解，但同时又很少主动地去理解别人，在对待老师方面，这一心理特征表现得尤为突出。作为班主任，平时就应该指导学生学会理解他人，在处理师生关系问题上，则应该学会理解老师。其具体的做法是“心理换位”，把自己当作老师，学着用老师的观点去分析看待问题，从老师的工作性质、工作目标出发，来理解老师这样做的理由，这样许多矛盾便会被化解。人生在世，各种矛盾冲突也是难免的，涉及原则性的矛盾冲突，当然应该明辨是非。同学们在学习生活中同样面临着各种矛盾。在非原则性的矛盾冲突发生后，即便是有理，也不能得理不饶人。如果因为有理就去“据理力争”，不愿退让，其结果必然是让对方、更让周围其他人难以接受。解决矛盾冲突的过程应本着“有理也要有礼”的原则。若是在矛盾冲突中自己是无理的一方的话，那更应该主动认错。另一方面要引导双方心理换位，设身处地进行体验和思考，这样有助于理解对方，减少误会。同学们学会换位思考，设身处地，多为他人着想，就会认识自身欠缺与不足，主动与他人协作，在更高层次上恢复心理平衡。

中学生朋友要认识到，解决矛盾的方法还有许多，这需要大家在日常的学习和生活中去摸索和实践。愿同学们珍惜彼此之间的友谊，做到正确相处，和睦相处，让学习生活变得更加美好，发展友谊，共同成长。只要遇事多从自身找原因，就会少一些抱怨。而当大家付出时心理就永远不会失去平衡，就会快乐地生活在集体里。中学生朋友以和为贵，和谐相处，化解矛盾，大家的学习生活会更加愉快，学习环境就会更加和谐，个人会得到更好的成长，学习生活也会取得更大的成绩。

第八章

团结合作　实现共赢

团结互助是处理人际关系的一种道德准则。团结就是力量，团结创造成绩。人是社会关系的总和，人在各种社会活动中都有不同的社会角色。只有处理好人与人之间的关系，才能使社会安定有序。团结是指在人际关系处理中情感、意志和行动得到和谐一致的统一，包括与人相处时要设身处地地为他人着想，懂得顾全大局，和睦待人等。互助是指当别人有困难的时候要伸出援助之手，把帮助别人作为一件愉悦的事情来做，而不是要求有偿的回报。社会上某些人违背道德和良心，自私自利，为谋求自己的利益而去损害其他人利益的行为则是损人利己。损人利己的举止破坏组织团结，影响团队精神的发挥。未来社会的人际关系必将更为复杂，缺乏合作将必不受他人欢迎，不受欢迎必然处理不好人际关系，其结果将会影响到事业成功和生活的幸福。因此，作为当代中学生应该自觉培养团结合作意识，提高团队合作意识，明确与人为善的重要性，团结协作，实现共赢，做到爱他人、关心他人、帮助他人，共同进步。

一、树立双赢的思想

团结合作，实现双赢，是一种处理人际关系的方法，是做人做事的重要规则，更重要的还是一种高尚的品德。双赢的思想和观念又是一种良好的心态，一种做人的坦荡情怀。要做到双赢，就必须舍得放弃一些个人利益，有一种勇于自我牺牲的精神，处处只打自己的小算盘，一切以个人利益为中心，难以实现双赢。中学生朋友同样要树立双赢观念，要能够站在他人立场上考

虑问题，提出合理的别人能够接受的条件和措施。如果只是以邻为壑，丝毫不为他人考虑，肯定难有合作伙伴，至少没有长远的合作伙伴。大家要有一个宽广的胸怀和创造团结和谐环境的良好愿望。“百花盛开才是春”。一树不成林。一滴水只有融入大海才永不枯竭。从社会角度看，每个人的利益都能照顾到，才能相安无事，才能建立和谐的公共秩序。中学生树立了双赢的观念，就能够在一个秩序稳定、环境和谐的学习生活环境中相互帮助、相互激励，对大家都是有好处的，这无疑是一种 1 +1 大于 2 的良好的方法、科学的观念。美国钢铁大王安德鲁·卡耐基的成功之处，是善于发现别人积极的一面，他与任何一位合作者都能非常和谐地相处。安德鲁·卡耐基说过：“与人相处，就如同在泥里挖金子，你很明确，你现在挖的是金子，而不是泥。如果我与人合作时只是发现他们身上的缺点，那么我会被气死，且一无所有。相反，我知道每个人都有积极的一面，这是我要发现的，哪怕它像金子一样埋得很深，但只要努力，就一定会发现的。”①

大家还记得 2016 年感动中国人物张宝艳、秦艳友夫妇的事迹。他们作为走失孩子的父亲母亲，以大爱的精神，建立起宝贝回家网站，15 万名志愿者团结起来，为孩子失踪的父母而努力。1992 年，儿子的一次意外走失，让张宝艳、秦艳友夫妇体会到了走失孩子后的焦急，此后他们开始关注寻亲信息，并尝试为丢失孩子的父母提供帮助。2007 年，夫妇二人建起“宝贝回家寻子网”，帮助家长们寻找孩子。为了运营好网站，张宝艳辞去工作成了一名全职志愿者。2009 年，张宝艳提出的“关于建立打击拐卖儿童 DNA 数据库的建议”得到公安部采纳，DNA 数据库为侦破案件、帮被拐儿童准确找到亲人，提供了有力的技术支持。成立 8 年来，“宝贝回家寻子网”不断壮大，志愿者发展到 15 万多人，遍布全国各地，成为照亮宝贝回家路的一支中坚力量。目前，“宝贝回家寻子网”是唯一与公安部打拐办合作的全国性寻子网站，截至 2015 年 11 月，“宝贝回家寻子网”志愿者协会帮助超过 1200 个被拐及走失的孩子寻找到亲人。寻寻觅觅，凄凄惨惨戚戚。宝贝回家，路有多长？茫茫暗夜，你们用父母之爱，把灯火点亮。三千个日夜奔忙，一千个家

① 文谨编著：《一生三好全集：好心态、好习惯、好性格》，北方文艺出版社 2007 年版，第 2 页。

庭团聚。你们连缀起星星点点的爱，织起一张网。网住希望，网住善良。[①]张宝艳、秦艳友夫妇的事迹充分体现团结合作的巨大力量。中学生朋友也要认识到团结合作的重要意义。同学之间既有竞争也有合作，日常学习、生活中可能会发生一些冲突在所难免。但由于解决这些冲突的方法不同，会导致不同的结果，采取合作的态度还是对立的态度处理，结果会截然相反。因此，同学们在实际学习生活中要树立合作双赢思想，相互协作、相互促进，能够更好地完成各项学习任务。

二、学会在集体中共同进步

释迦牟尼问弟子："给你一滴水，怎样才能让它不干？"弟子们答不上来。佛祖说："溶入大海。"一滴水只有融入大海才能生存，进而才能有所作为，才能掀起滔天巨浪。同学们只有融入集体才能更好地成长进步。中学生在学习期间会融入班集体、团集体、年级集体、学校集体等多个集体。同学们生活在这些集体中要学会妥善处理个人与集体、个人与他人的利益关系。学校、班级、老师为中学生朋友创造了良好的学习生活环境，配备了优秀教师与辅导员，中学生要学会在班集体、学校大家庭中团结合作，共同成长。中学生朋友在与别人合作时，应该认识到整体"合力"最大化是最重要的，必须约束自己的行为，以求达到团队目标。如果只想着自己利益，不顾及他人利益，不顾及集体利益，不愿意尽自己那一份义务，那么就不会产生合作共赢的良好效果。既不利于个人成长，也有损失于集体利益。有的同学认识不到这一点，学习活动中采取不合作的态度，独来独往，我行我素，只考虑个人利益，不考虑他人利益，不关心集体利益。中学生要树立双赢的思想，重视合作，共同成长。中学生在学习生活中要特别重视合作，可以少一点摩擦，多一点润滑，重视合作会给中学生的学习、实践、生活带来欢乐，实现共同成长、共同进步。因此，中学生朋友要自觉融入集体生活，团结合作、关心集体、乐于助人，营造良好的人际关系与成长环境。

---

① "2016 年感动中国十大人物名单及颁奖词（附人物事迹）"，http：//gaokao. eol. cn/news/201602/t20160224_ 1368638_ 2. shtml，2017 年 4 月 20 日访问。

三、学会感受合作中的快乐

合作的过程总是令人愉快的，与同学合作完成一项学习与实践成果，同学们会感到成功的喜悦，感受到团结协作的力量，感受到团队对于个人的重要意义。以团结互助为荣，以损人利己为耻。同学们认识到，团结互助成为社会主义一种新型的人际关系，是集体主义原则的基本要求，体现集体利益、团队利益与个人利益的辩证关系，体会到团队建设与个人成长的辩证关系。成功需要“天时、地利、人和”，而“人和”就是指团队合作、人际和谐。中学生朋友无论是在学校学习阶段，还是将来走向工作岗位，都需要牢固树立团结合作观念，树立合作共赢意识，创建和谐的人际关系与成长成才环境。同学们要认识到，对一个国家来讲，团结一切可以团结的力量，齐心协力战胜各种困难，共同建设社会主义现代化强国；对一个企业来讲，企业员工间互帮互助，营造良好的团队工作氛围，有助于提升企业的凝聚力，是和谐社会建设的基础。对一个学校来讲，营造师生和谐、同学友爱、团结合作的良好氛围，是培养人才的重要条件。因此，中学生朋友们首先要树立“以团结互助为荣，以损人利己为耻”的荣辱观，时时牢记。努力树立正确荣辱观，主动帮助同学，团结友好，乐于助人。中学生朋友要珍惜集体荣誉，维护集体利益，弘扬正能量，敢于同损害集体利益与公共利益的行为做斗争；对于一些损人利己的行为要进行曝光，减少对他人、对国家、对社会的损害。

四、学会团结合作中相互欣赏取人之长

合作的意义在于扬长避短，发挥各自的长处，弥补各自的短处。同学们需要从内心深处真正愿意接受别人，欣赏别人的长处，才能使合作有真正的动力和基础。① 双赢就是通过合作、协调，使两者或多者都能赢得胜利，都能得到利益。有些同学认为只要完成了自己的学习任务就行了，至于他人如何不予关心，对集体荣誉也漠不关心。有的中学生自己学习不好不说，还把学习不好的原因怪罪于他人。个别的中学生自己学习成绩还可以，但唯恐他

---

① 殷海霞、程妙编著：《习惯影响孩子的一生》，中国长安出版社2008年版，第63页。

人超过自己，看到他人取得成绩时心里难受，想方设法限制他人取得更大的成绩，而在他人犯了错误时，幸灾乐祸，或落井下石；许多人不能在自己做好的同时又帮助别人。最大的敌人是自己，只有战胜了自我，才能取得成功。对于个别妒忌心理强的中学生来讲，互相拆台，报复他人，对自己更是有百害而无一利，损害他人利益、损害集体利益，到头来也只会害了自己，影响中学生个人的健康成长。如果每个人在完成好任务的同时，再关心帮助他人；他人取得了进步，反过来也会帮助你。因此，中学生朋友应当学会在团结合作中欣赏别人，见贤思齐，共同进步。中学生共同完成学习与实践任务，合理分工，合作双赢，提高效率，实现目标。助人自助，帮助他人也就是帮助自己；帮助集体就是帮助自己；关心社会就是关心自己。对于把自己学习不好的原因归罪于他人的中学生来讲，他人也会把出现问题的原因归罪于你，这实际上自己成了自己的敌人。

总之，中学生朋友有意识地要求自己诚恳和善地与父母、老师、兄弟姐妹、朋友、同学合作，共同进步，共同前进。多征求父母、老师的意见，当父母和老师、同学需要帮助时，应主动献上你的爱心；与同学交往应注意平易随和，亲和友善，多为别人着想，以提高对未来社会的适应能力。①

---

① 陈洪、吴运友主编：《中学生心理保健》，复旦大学出版社1999年版，第11页。

第九章

三省吾身　善待批评

中学生在学习生活中都难免出现一些偏差或者错误，诸如不讲究文明礼貌和卫生，以及不能用正确的方法处理与他人之间的摩擦和矛盾，没有养成良好的学习习惯，不善于处理人际关系。这些问题不解决，不仅影响个人的学习生活质量，也必然影响整个学习生活环境。多数中学生对老师的批评教育能够正确对待，认为老师的批评对自己是一种关心和爱护。但也有些同学不能正确认识批评，认为家长的批评是发泄不满，老师的批评是吹毛求疵，同学的批评是多管闲事。个别的同学甚至认为是家长、老师、同学故意与自己过不去，受到批评时不仅心中不服，口上不服，有的还会发生顶撞老师、报复同学的现象。由此可见，正确对待批评，虚心接受批评，是当代中学生成长成才的基本要求，中学生朋友都要学会正确对待批评，学会自我批评、自我反省、自我改正、自我完善。

一、正确对待老师的批评，正确认识老师的职责

根据我国《教育法》《教师法》的规定，教师对同学们进行管理、教育、批评，是职责所在，是教书育人的使命，是对国家、对人民、对同学们负责的一种行为。老师在一定程度上起着指路灯的作用。因此，老师与中学生的关系是和谐的师生关系，而不是一种对立的关系。中学生朋友要信任老师，多与老师谈心交流，有困难及时向老师求助。中学生朋友要认识到老师的教书育人职责所在，认识到学生的求知求学使命所在，正确对待批评、接受批评，促进个人健康成长，不断取得进步。作为中学生，其常犯的错误无非是

与同学之间闹摩擦，或者做作业不认真，或者上课不认真听讲，或者做与学习无关的事，或者在家因做错某些事遭到家人的批评等。中学生要正确对待老师与家长的批评，把批评当作矫正错误的警示，把批评当作个人学习生活进步的帮助与指导。师如父母，学生无论在家或在学校，若犯了错误，教师和家长都会尽最大努力帮助学生指出并改正错误，避免再犯，以求进步。教师和家长对学生的批评，都是为了学生的进步，尽管偶尔因方式可能不太恰当，但其出发点和最终目的都是善意的。中学生确实应虚心接受批评。①

二、把家长老师批评作为一种关心爱护，心存感激之情

师长作为学校的管理者，对中学生的违规违纪行为进行批评教育是对中学生的一种爱护，这种批评不但可以使自己改正目前的错误，而且还可以使中学生今后少犯或不犯类似错误。如果老师对你们的缺点错误采取不管不问、放任自流的态度，错误就会越来越大，最终受害的还是学生本人。中学生朋友就像早晨的太阳，就像一棵小树，在成长过程中，难免会长出一些歪枝斜杈；如果不及时地修剪，将其除掉，就不可能长成一棵参天大树，成为栋梁之材。批评使人进步。家长、老师批评指正是一件好事，有利于同学们健康成长成才。中学生朋友接受批评是一种明智，对老师的这种爱护应该心存感激，只有不懂事的人才会心存反感。中学生要做到善待批评。一个明智的学生会把批评当作前进路上的垫脚石，不明智的学生会把批评当作前进路上的拦路虎。批评使人进步，放纵害人一生。中学生朋友要把老师、家长、亲友的批评，当成前进的动力与成长的帮助，这对同学们健康成长与成才至关重要。

三、受到家长老师批评时，多从自身上找原因

受到家长老师批评，不应当只从客观条件上找借口，而是要认真分析错误产生的原因。只有认清了错误原因，找准问题根源，才能真正改正错误。

① 佚名：“学生应如何正确对待老师和家长的批评”，http：//tieba. baidu. com/p/306888666，2017 年 3 月 20 日访问。

有的中学生受到批评时首先想到的就是为自己的错误寻找种种借口，以为这样就可以减轻自己的责任。殊不知找借口洗刷自己的错误做法只能给自己的学习生活带来更大的损失。任何错误的发生都有主观和客观原因。“外因是条件，内因是根据”。中学生错误发生的主观原因起决定性作用。虽然同学们犯的错误有一定的客观原因，但更多地应从主观上找原因，只有这样才能认识错误，改正错误，吸取教训，健康成长。若自己遭到教师和家长的批评，学生要向自己多问几个“为什么”？是自己有错还是教师和家长有错？为什么要批评我？自己守纪了吗？经过一番反省，分析自己受到师长批评的内在原因，一般都会认识到自己所犯错误危害性，及时改正错误，避免造成不可挽回的后果。师长批评虽然可能是严厉的，但出发点是好的，是为了同学们健康成长成才。俗话说得好：严是爱，宽是害，不管不问坏得快。[①] 中学生朋友要明白师长严肃批评蕴藏着深深的爱，包含着对学生的关心关爱。

四、当家长老师批评错了时，要主动沟通解释

当然，家长、教师个别情况下也有可能因未查清真实原因而对学生批评，有可能批评错了。如果家长、老师确实批评错了，学生先要冷静思考，分析原因，然后再私下单独与教师交流。同学们受到师长批评时，能够解释的进行适当解释，一时解释不清的，过段时间再解释也未尝不可。有些问题，时间是最好的证明，时间一长，原因查明，自然就会水落石出。还有些问题，可能几位同学都有责任，批评你时切记不要把过错全推给别人，要勇于承担责任。人非圣贤，孰能无过？老师也是人，也有可能批评错了。当老师由于一时性急或难以一下子调查清楚而批评错了，冤枉了同学们也是难免的。同学们要保持理智，过段时间再向师长单独解释清楚。要避免与老师发生争执，发生顶撞，结果会造成很尴尬的局面，反而使问题不能很好地得到解决。

习近平总书记殷切指出，接受帮助，就是要听得进意见，受得了批评，在知错就改、越改越好的氛围中健康成长。一个人不可能十全十美，总是在

---

① 佚名：“学生应如何正确对待老师和家长的批评”，http：//tieba.baidu.com/p/306888666，2017年3月20日访问。

克服缺点、纠正错误的过程中不断进步，不断自我完善。正所谓“玉不琢，不成器；人不学，不知礼”。青少年正在形成世界观、人生观、价值观的过程中，需要得到帮助。不要埋怨父母说得多，不要埋怨老师管得严，不要埋怨同学管得宽。要虚心接受批评，从谏如流，闻过则改。同学们有些事没有做好不要紧，只要自己意识到问题，分析原因，愿意改正，就是进步。同学们自己没有意识到问题，父母、老师、同学帮助指出来了，及时改正就是进步。良药苦口利于病，忠言逆耳利于行。中学生朋友要养成严格要求自己、虚心接受批评、勇于改正错误的良好习惯。只要从小就沿着正确道路走，学到一点，就实践一点，努力做到最好，人生就会迎来一路阳光。[①]

---

① 习近平：“从小积极培育和践行社会主义核心价值观——在北京市海淀区民族小学主持召开座谈会时的讲话”，2014 年 5 月 30 日，http://www.dizigui.cn/xzx/40531.asp，2017 年 5 月 25 日访问。

第十章

积极进取 乐观向上

乐观心态是人们所讲的一种对人、对事所处的积极向上的态度情绪。中学生保持积极乐观心态是指保持一种开朗愉快的心理状态。积极乐观的心态可以使人保持旺盛的精力，做事有激情，也易于成功。悲观心态会使人萎靡不振，被动消极。因此，中学生要保持健康达观的阳光心态，积极进取，乐观向上，不断取得新的进步。

一、正视困难，增强勇气

作为一名中学生，学习生活中会面临一些困难。无论面临什么困难，都要保持舒畅的心态，要正确估量自己。既要看到不足之处，又要看到自己的长处。增强自信，努力进取。生活中有的人不能正确估量自己，要么目空一切、狂妄自大，要么自我贬低，妄自菲薄。正确的态度应该也必须是正确的分析自己的长处和短处，正视困难，增强勇气，想方设法去克服困难，解决问题。在中学阶段，同学们应当积极进取，充满热情，乐观向上，追求卓越。拥有乐观健康的心态，有利于同学们增强自信，建立和谐人际关系，不断克服困难，不断取得进步。中学生要成为在困难面前的勇者，不怕困难，迎接挑战。面对学习困难，坚持才能胜利。困难像弹簧，你弱它就强。克服困难，坚持到底，就是胜利。中国女排克服困难、勇于拼搏的精神值得大家学习；中国女排主教练郎平的精神值得大家学习。1984 年洛杉矶奥运会女排决赛，中美巅峰对决，身高 1 米 84 的中国女排主攻手郎平击溃了美国女排的防线，帮助中国女排登上了冠军的宝座，赛后诞生了一个流行词——“铁榔头”。

“铁榔头”郎平两次在中国女排最困难的时期，主动接下了中国女排主帅这个“星球上压力最大的职业”：第一次是1995年女排生死存亡之际，她毅然归国，担任女排主帅，累倒在工作当中；第二次是2012年中国女排伦敦奥运会被日本队淘汰，2013年同年龄队友陈招娣撒手人寰，这一系列的悲痛触动了郎平内心深处的女排情结，于是她冒着“一世英名可能毁于一旦”的风险再次走马上任，仅仅一年半时间，郎平就带领中国队于2014年时隔16年重返世锦赛决赛舞台，最终夺得亚军，并于2015年重夺世界杯冠军。30年来，从担任主攻手时的“五连冠”到任教练率中国女排重返世界之巅，“铁榔头”似乎已经是奇迹的代名词。临危不乱，一锤定音，那是荡气回肠的一战！拦击困难、挫折和病痛，把拼搏精神如钉子般砸进人生。一回回倒地，一次次跃起，一记记扣杀，点染几代青春，唤醒大国梦想。因排球而生，为荣誉而战。一把铁榔头，一个大传奇![1] 成功的人与不成功的人只有一点差别，那便是能否有勇气去克服困难。中学生要向榜样学习，不怕困难，勇于攀登，积极进取。

二、直面挫折，乐观向上

人生难免有挫折。在人生道路上，不在于有无困难和挫折，关键在于怎样对待困难和挫折。中学生面对挫折时，请保持乐观，直面困难与挫折，勇敢地去解决面临的困难与问题。摔倒了不爬起来或者中途放弃，骑车的本领就永远学不会；呛了两口水，就不敢下游泳池的，游泳的本领就永远学不会。不经历风雨，哪能见彩虹！根据产生挫折的客观原因和自己的实际情况，采取恰当的方法，是能够克服困难、战胜挫折的，并且能够在战胜挫折的经历中增强自己的耐挫力！青少年是祖国的未来、民族的希望，是充满活力与创新的一代，肩负着建设祖国、复兴民族的重任，我们要勇敢地面对困难，开拓进取，勇于创新，争取为祖国的繁荣发展贡献自己的青春智慧。[2] 诺贝尔

① “2016感动中国十大人物名单及颁奖词（附人物事迹）”，http：//gaokao. eol. cn/news/201602/t20160224_ 1368638_ 2. shtml，2017年5月28日访问。

② 正义者：“《战胜挫折 开拓进取》教学设计”，http：//blog. sina. com. cn/s/blog_ 4ee360bb0100wd2j. html，2017年5月28日访问。

奖获得者巴雷尼战胜挫折的事例值得中学生朋友学习。战胜残疾的巴雷尼最宝贵的是坚持精神。巴雷尼小时候因病成了残疾，母亲的心就像刀绞一样，但她还是强忍住自己的悲痛。她想，孩子现在最需要的是鼓励和帮助，而不是妈妈的眼泪。母亲来到巴雷尼的病床前，拉着他的手说："孩子，妈妈相信你是个有志气的人，希望你能用自己的双腿，在人生的道路上勇敢地走下去!"母亲的话，像铁锤一样撞击着巴雷尼的心扉，他"哇"地一声，扑到母亲怀里大哭起来。从那以后，妈妈只要一有空，就给巴雷尼练习走路，做体操，常常累得满头大汗。有一次妈妈得了重感冒，她想，做母亲的不仅要言传，还要身教。尽管发着高烧，她还是下床按计划帮助巴雷尼练习走路。黄豆般的汗水从妈妈脸上淌下来，她用干毛巾擦擦，咬紧牙，硬是帮巴雷尼完成了当天的锻炼计划。体育锻炼弥补了由于残疾给巴雷尼带来的不便。母亲的榜样作用，更是深深教育了巴雷尼，他终于经受住了命运给他的严酷打击。他刻苦学习，学习成绩一直在班上名列前茅。最后，以优异的成绩考进了维也纳大学医学院。大学毕业后，巴雷尼以全部精力，致力于耳科神经学的研究。最后，终于登上了诺贝尔生理学和医学奖的领奖台。①

三、挑战命运，积极进取

同学们都读过《钢铁是怎样炼成的》一书。知道命运对奥斯特洛夫斯基多么残酷。他只上过 3 年小学，青春被枪林弹雨渐渐磨蚀；年仅 16 岁的他的腹部、头部已经严重负伤，右眼失明。20 岁时又因为关节硬化而卧床不起。面对命运的严峻挑战，他深切感到：在生活中没有比掉队更可怕的事了。于是，他开始了与命运的顽强抗争。他不愿躺在残废荣誉军人的功劳簿上向祖国和人民伸手。于是他用坚强的毅力读完了函授大学的全部课程，如饥似渴地阅读了俄罗斯与世界文学名著。当他的文化和文化素养达到一定成就后，他写了一本描述英雄战士的中篇小说寄给一家杂志社，但是未被采用。然而，他并没有灰心。他忍受着病痛于 1932 年完成《钢铁是怎样炼成的》一书。

① 青龙："战胜残疾的巴雷尼——坚持"，http：//wenda. so. com/q/1367284395062736，2017 年 2 月 10 日访问。

对此，他惊呼："生活的大门向我敞开了！""书就是我的战士"。站着用枪战斗，躺着用笔战斗，死后用书战斗。面对挫折，积极进取并不断汲取新的力量成就了奥斯特洛夫斯基，也成就了一个勇敢的战士和一位不朽的作家。因此，当中学生朋友面对挫折与困难时，要积极进取，奋发图强。[①] 2013 年感动中国人物林俊德院士的事迹值得中学生朋友好好学习。林俊德院士入伍 52 年，参加了我国全部核试验任务，为国防科技和武器装备发展倾尽心血，在癌症晚期，仍以超常的意志工作到生命的最后一刻。临终前，林俊德交代：把我埋在马兰。马兰，一种在"死亡之海"罗布泊大漠中仍能扎根绽放的野花。坐落在那里的中国核试验基地，就是以这种野花来命名的。[②]

四、学习楷模，激励斗志

生活虽然是残酷的，可路是人走出来的。穷途未必是绝路，绝处也可逢生。就如张海迪，5 岁的时候，她因患脊髓血管瘤造成高位截瘫。在残酷的命运面前，她没有沮丧和沉沦，她以顽强的毅力和恒心与疾病斗争，经受了严峻的考验，对人生充满信心。她虽然没有机会走进校门，却发愤学习，学完了小学、中学全部课程，自学了大学英语、日语、德语和世界语，并攻读了大学和研究生课程。张海迪怀着"活着就要做个对社会有益的人"的信念，以保尔为榜样，勇于把自己的光和热献给人民。张海迪目前是中国残疾人联合会主席，全身心地为人民服务，成为青少年朋友学习楷模。

2014 年感动中国人物龚全珍的事迹与精神值得中学生朋友好好学习。龚全珍，现居江西莲花县琴亭镇金城社区。1957 年 8 月，开国将军甘祖昌主动向组织上辞去新疆军区后勤部长职务，回家乡江西省莲花县坊楼乡沿背村务农，龚全珍相随而归。那一年，她 34 岁。将军当农民，甘祖昌是新中国第一人。龚全珍完全理解和支持丈夫的决定：老甘不是一个普通的农民，正像他说的那样，活着就要为国家做事情，做不了大事就做小事，干不了复杂重要

---

① 佚名："乐观面对生活"，http：//www.unjs.com/zuowen/zuowenwang/20161116000000_1330764.html，2017 年 2 月 10 日访问。

② "2013 年感动中国十大人物事迹及颁奖词"，http：//www.lz13.cn/ganenlizhi/10965.html，2017 年 2 月 10 日访问。

的工作就做简单的工作，绝不能无功受禄，绝不能不劳而获。从新疆到江西，全家 11 人的行装只有 3 个箱子，却带了 8 只笼子，里面装着新疆的家禽家畜良种。当时甘祖昌每月工资 330 元，生活上十分节俭，把2/3的工资用来修水利、建校舍、办企业、扶贫济困。他一共参加建起了 3 座水库、4 座电站、3 条公路、12 座桥梁、25 公里长的渠道。龚全珍全力配合丈夫，也把自己工资的大部分花在支援农村建设上。回到莲花头几年，她没有做一件新衣服。龚全珍在家里待不住。步行 25 公里到县文教局联系工作，被分配在九都中学任教。这所学校条件很差，只有 3 名老师，她却一点不嫌弃，第二天就搬铺盖去了学校，开始把自己赤忱的爱投入这片红土地。1961 年，县文教局安排龚全珍到同乡的南陂小学当校长，在那里一待就是 13 年。后来，她又被调到离家不远的甘家小学当校长，依然还是老作风，吃住在学校，全身心地扑在工作上。1986 年 3 月，甘将军因病逝世，一只铁盒子是他留给妻子和儿女唯一的遗产，里面用红布包着 3 枚闪亮的勋章。离休后，龚全珍积极开展革命传统教育和理想信念教育，倾力捐资助学、扶贫济困，开办“龚全珍工作室”，服务社区、服务群众，从青春岁月到耄耋之年，为广大群众做了大量的实事好事，受到当地干部群众的尊敬和爱戴。2013 年 9 月 26 日，龚全珍获得第四届全国道德模范称号，受到党和国家领导人习近平同志高度赞扬。①

同学们要向楷模学习，向榜样学习，学习他们积极进取，乐观向上，无私奉献的宝贵精神。珍惜生活，珍惜良好的学习条件与成长环境；承受学习生活中的波浪，克服学习生活中的困难，始终抱着乐观的态度，在风波面前抬起头，接受学习生活中的各种考验，勇往直前。积极进取，乐观向上；面对困难，不屈不挠，坚定意志。拥有乐观心态，摆脱困境，迈向成功，泰然面对生活中的挫折，积极面对人生中的失意，奋发向上，实现人生理想与目标。中学生应该积极乐观面对考试的失利，奋发图强努力拼搏，让灿烂的笑容绽放在脸上，赢得更好的成绩。②

---

① “2014 年感动中国十大人物事迹及颁奖词”，http：//blog. sina. com. cn/s/blog_ 4c1dcefe0101j0nh. html，2017 年 2 月 5 日访问。

② 佚名：“乐观面对生活”，http：//www. unjs. com/zuowen/zuowenwang/20161116000000_ 1330764. html，2017 年 2 月 5 日访问。

综上，人的一生一定会遇到大大小小的挫折。面对挫折时的态度和方法又各不相同。有的人乐观面对，有的彻底失望。其实，挫折并不可怕，可怕的是你用悲观的眼光和态度去面对。乐观可以成就人，悲观可以毁灭人。中学生朋友不能成为悲观的奴隶，要成为乐观的勇者，充满乐观与热情，为实现美好的理想而积极进取，乐观前行。

第十一章

和谐相处　与人为善

友善是指谦虚礼让，互帮互助，与人为善。和谐友善是公民道德的基本规范之一，是公民与公民之间应当如何相处的基本规矩。友善的传统道德对中华民族的团结、民心的凝聚起了稳固与促进作用。[①] 公民之间应该团结互助，友善他人，建立起一种和谐相处的友好关系。友善是中华民族传统道德的精华，是为人处世的社会基础。在处理人际关系上，中国传统道德提倡仁爱、中和、宽恕、谦敬、礼让等为人处世准则，主张人与人和睦相处，互谅互敬，使人与人之间形成一种亲和力。中学生朋友要学习友善待人的传统美德，把与人为善当成自己的座右铭与指南针。

一、认识到与人为善的重要意义

哲学家孟子曾经说："君子莫大乎与人为善。"善待他人是人们在寻求成功的过程中应该遵守的一条基本准则。社会主义核心价值观倡导的友善，是对人类以往友善理念的继承和发展，是社会主义社会中处理人际关系的基本价值准则，是建设和谐家园、实现民族梦想的重要精神条件和价值支撑。友善是高尚的人品美德，乐于助人，与人为善，先人后己，谦虚低调。中学生朋友面对道德高尚、能力优秀的人，要虚心学习，见贤思齐。友善是宽容的人生修养，对待他人未触及原则的过失或缺点，要设身处地给予体谅宽容，

---

① 《社会主义核心价值观学习读本》编写组编：《社会主义核心价值观学习读本》，新华出版社 2013 年版，第 192 页。

诚心诚意进行提醒和帮助。友善是博爱的人文关怀，在他人有困难时及时解急救难、雪中送炭。友善风气使人们之间流转和传递温情与爱心、融冰化雪，消除人与人的隔阂，使人如沐春风，谱写出社会和谐的新乐章。[①] 友善是现代人际关系的道德要求，是各阶层各行业都应该积极倡导友善的价值观。

友善有改变人的力量。友善就像春风化雨，丝丝渗进人的心里，使弱者感受到力量，使悲哀者感到振奋，使有缺点的人自觉地向往着进步。在一种和谐与温暖的氛围中，友善者与他人握手漫谈，态度真诚而庄重，声音轻柔，话语中透着人性的关怀和体贴。友善是心平气和地与别人探讨问题，友善是在别人遭遇困难时你伸出的一只手，友善是对陌生人的一个微笑，友善是希望。与人为善表明了一个人胸怀的宽广，体现了一个人精神境界的纯净高尚。[②] 中学生要认识到友善是光明与和平的使者；友善是一个人更好地融入社会的前提。中学生朋友同样要在学习生活中友善待人，和谐相处，做到爱群、利群、乐群，营造和谐的人际关系环境，促进个人健康成长成才。

二、怀抱与人友善的愿望并付诸行动

随着中国特色社会主义事业的不断推进，我国的物质分配方式、社会生活发生了巨大变化，公民在社会政治经济生活中的地位有了很大提高。人们更应该注意既尊重他人正当的物质利益，又尊重他人的人格尊严，尊重他人的婚姻家庭，尊重他人的情感和隐私。[③] 有的人自认为文化水平高、办法多、能力强，单打独斗，就能成功，不需要与他人处理好关系。有的人认为，讲友善对自己来说是一件吃亏的事。实际上，任何一个成功的人都离不开他人的帮助。孤家寡人、独往独来、我行我素，绝对不可能拥有成功的人生。一个人不论职位如何，不论文化水平如何，不论民族和宗教信仰如何，不论贫富差别如何，没有贵贱之分，因而也就不能恃强凌弱，以多欺少。公民与公

---

① 蒋红等编著：《24 字社会主义核心价值观大众读本》，云南大学出版社 2015 年版，第 100 页。

② 陈东有主编、周森昆副主编：《航标话说社会主义核心价值观》，江西人民出版社 2014 年版，第 128 页。

③ 《社会主义核心价值观学习读本》编写组编：《社会主义核心价值观学习读本》，新华出版社 2013 年版，第 193 页。

民之间应当怀着友好的愿望，抱着彼此平等的心理坦诚相待。这是做到友善的第一步。[①] 中学生朋友应该树立友善的意识，与人为善，乐于助人。公民之间应该是一种平等的关系，都同等地享受着国家宪法和法律所规定的权利，同时也承担着宪法和法律所规定的义务。同学们之间友善相处，相互促进，互帮互助，共同成长。把友善的基本道德要求贯穿于社会公德、职业道德、家庭美德三个方面。“爱人者，人恒爱之；敬人者，人恒敬之”。中学生朋友要懂得良好的人际关系建立在相互尊重基础之上，只有建立友善的人际关系，才能获得他人的尊重。中学生朋友也要学会与人为善，相互帮助，和谐相处，以友善的态度诚恳地帮助别人改正缺点和错误。

中学生朋友要对同学、朋友多一分理解和宽容，实际是对自己支持和帮助。要记得善待他人就是善待自己。如同中国有句古语说的那样：授人玫瑰，手有余香。孟子曾经说：“君子莫大乎与人为善。”那些慷慨付出、不求回报的人，往往容易获得成功；那些自私吝啬、斤斤计较的人，不仅找不到合作伙伴，甚至有可能成为孤家寡人。中学生朋友怎样才算与人为善呢？与人为善说起来很简单，做起来却不是一件容易的事。中学生朋友要做到关心他人，当朋友遇到困难的时候主动伸出友谊之手；尊重他人，不去探究他人的隐私，不在背后议论他人；善于和别人沟通、交流，善于和那些与自己兴趣、性格不同的人交往；承认别人的价值，负起自己该负的责任。[②]

三、看到他人的长处，反省自己的短处

中学生朋友要认识到，在人际关系中，尊重别人是形成友善关系的重要前提，因为每个人都是独立的个体，无法复制；要尊重对方的个性和习惯，善于倾听和尊重别人的意见；尊重容纳不如自己的人更能检验一个人是否真有宽容性。在日常学习生活中，有的同学总是自以为是，凡事都是自己好，对的都是自己的，错的都是别人的。有的同学经常说：“我与他友善，但是他不想与我友善。”一个人如果总是自以为是，不可能做到友善。同学们不

---

① 《社会主义核心价值观学习读本》编写组编：《社会主义核心价值观学习读本》，新华出版社2013年版，第195～196页。

② 赵渊著：《成就一生的99个习惯》，哈尔滨出版社2006年版，第292页。

可能身上没有一点毛病，没有一点问题，做事也不可能永远正确。同学们如果能想到这一点，就要在与人交往时，对于别人的某些缺点和错误有宽容之心，不必事事都斤斤计较。要多看到他人的长处，多反省自己的短处；取长补短，共同进步。中学生朋友如果能记住这一点，在与人交往时，对于自己要时常反省，看看自己有什么对不住人、做得不好的地方，从而对自己严格要求。自省自励，严以律己，宽以待人，友善相处。

四、微笑对待他人，尊重善待他人

中学生朋友懂得，友善是一种心态，理解是友善的基础。要以友善的心态待人接物，相互理解，心平气和，无忧无惧。友善是一种气度，包容是友善的灵魂。[①] 要善待亲友、他人、社会、自然。善待亲人，和谐家庭关系；善待朋友，善待他人，和谐人际关系；善待自然，形成和谐的生态关系。要以友善的态度为人处世，体现出高尚的道德水平，体现当代中学生的良好素质。同事之间、邻里之间、部门之间、地区之间涌现出了“希望工程”“送温暖”等无数友善的感人事迹。值得中学生朋友认真学习。这些都是中华民族的友善美德在新时期的发扬光大，充分体现了和谐的人际关系，对改革开放和社会主义现代化建设产生了巨大的亲和力和凝聚力。发扬友善互助的精神，人间才能充满更多的真情，社会才会更加和谐。[②] 中学生朋友要在日常学习生活实践中倡导并保留友善之情。

中学生朋友要做到三个友善：与己友善，与人友善，与自然友善。与己友善，消除焦虑、缓解压力；与人友善，和谐相处、相互帮助；与自然友善，爱护环境、保护资源，持续发展。中学生朋友要认识到，友善并非一团和气、息事宁人、粉饰太平，而是基于理解与包容的一种开明的心态与豁达的气度。做个友善的人，还要求将心比心，己所不欲，勿施于人，遇事不能睚眦必报，应学会换位思考，设身处地为别人着想，从而减少学习生活中的误解、矛盾

① 陈东有主编、周森昆副主编：《航标话说社会主义核心价值观》，江西人民出版社 2014 年版，第 122 页。

② 陈东有主编、周森昆副主编：《航标话说社会主义核心价值观》，江西人民出版社 2014 年版，第 124 页。

和冲突。己所不欲，勿施于人。中学生朋友自己都不愿做、不喜欢做的事情，也不要勉强他人。做个友善的人，同学们要学会见贤思齐，见不贤内自省；要多向品德高尚、品质优秀的人虚心学习。做个友善的人，同学们要学会感恩和包容，牢记他人的帮助，宽容他人的错误。做个友善的人，要学会乐于助人，舍得付出。

中学生朋友要记得“授人玫瑰，手有余香”的名言，做到助人为乐，不求报答。做个善良的人、有爱心的人、胸襟开阔的人、时刻希望给人帮助的人。因此，对那些遭到不幸和困难的人，同学们要在道义上和物质上给予同情、支持和帮助。帮助他人，成就自我。同学们只要常怀友善之心，伸出友善之手，作出友善之举，就能营造良好的人际关系，为营造和谐校园、建设和谐社会增添正能量，在与人为善过程中提升自我，成就自我，成长成才。

第十二章

严守法律　遵规守纪

遵纪守法是现代社会公民的基本素质和义务，对青少年来说也不例外。作为社会的一分子，同学们也应该做到知法、懂法、守法、不违法。“公民”是社会进步的象征，是制度文明的产物。“公民”这个称谓本身就具有法律意义，蕴含着法律所赋予的诸多权利、义务和道德要求。从完整的意义上讲，遵守国家各项法律、法规、法令，不仅是公民的法律义务，也是公民的一项道德义务。不守法，就不能成为国家的合格公民。[①] 青少年朋友身心发展不平衡，抵抗外部世界的干扰能力显得相当脆弱，一旦遇到外界不良因素的刺激，很容易违犯校园纪律，甚至触犯法律。因此，中学生是羽毛渐丰的天使，法律可以使天使的羽毛越丰满，给天使一双强有力的翅膀。中学生朋友必须要知法、懂法、守法，并以法律来约束自己，以守法作为行为准则，并修炼成内心自觉的行为。

一、充分认识遵纪守法的重要意义

习近平总书记指出，要坚持法治教育从娃娃抓起，把法治教育纳入国民教育体系和精神文明创建内容，由易到难、循序渐进不断增强青少年的规则意识。[②] 遵纪守法是每个公民的义务和责任，是文明社会对公民的基本要求。

① 蒋红等编著：《24字社会主义核心价值观大众读本》，云南大学出版社2015年版，第73页。

② 习近平：“加快建设社会主义法治国家 坚定不移走中国特色社会主义法治道路”，2014年10月23日，http://www.360doc.com/content/15/0103/15/9063442.437749444.shtml，2017年3月18日访问。

为全面实现小康社会、创建和谐社会，需要每个人都遵纪守法，共同营造民主法治、安定有序的现实环境。纪律是指为维护集体利益并保证工作进行而要求成员必须遵守的规章、条文。法律通常是指由国家制定或认可，并由国家强制力保证实施的，以规定当事人权利和义务为内容的，具有普遍约束力的社会规范。法纪借助一定的强制手段，但是遵纪守法更要靠每位公民的自觉性。在日常的生活中，养成良好的习惯，将外在的强制力内化成个人的自觉行为。法纪是行为准则，是对公民权利的保护，维持着社会秩序。[①] 公民应该树立知法、守法意识，自觉地付诸行动，“勿以善小而不为、勿以恶小而为之”。中学生朋友要勇于同违法行为做斗争。一旦违背了法纪法规，也应主动地承担相应法纪责任。

青少年的自我约束能力总体不太强，其一些不良行为都极有可能成为发生违法犯罪行为的直接诱因或导火线。中学生朋友应该像远离毒品一样远离这些不良行为，并要努力克服自己身上已发生或已出现的不良行为的苗头，远离违法犯罪。不要以自己年龄小来当借口，认为自己和犯罪不沾边。殊不知，中学生朋友如果违法犯罪，同样要受到法律的惩处。守法教育要从小处做起，防微杜渐，自觉遵纪守法。只有从小养成学法、知法、守法的好习惯，长大后，才能成为一名合格的以至优秀的公民，才能更好地适应社会，才能充分实现个人的人生价值。[②]

公民的守法意识，就是依照法律或法律精神来决定和约束自己行为的意识。守法既包括遵守国家法律、法规和法令，也包括知法、懂法、用法、护法等各个方面。具体说来就是要了解国家所颁布的社会经济文化宗教国防等各方面的法律、法规和法令，了解法律的原则和精神，明白法律的基本程序和实体规定，在自己的合法权利受到侵犯时，可以运用法律来实现自己的诉求；同时，以法律和法律精神来指导和约束自己的行为，明辨是非，维护法律的严肃性和统一性。只有每个公民都知法、懂法、守法、用法、护法，我们才能把提倡与反对、引导与约束结合起来，培养文明行为，抵制消极现象，

---

① 何海翔、赵瑜编著：《什么是社会主义核心价值观》，中华工商联合出版社2014年版，第64页。

② 殷海霞、程妙编著：《习惯影响孩子的一生》，中国长安出版社2008年版，第162页。

促进扶正祛邪、扬善惩恶社会风气的形成、巩固和发展。①

法是反映统治阶级的意志和利益，由国家制定或认可，以国家的强制力保障实施的行为规范的总和。我国的社会主义法是工人阶级和劳动人民意志的体现。社会主义法的目的，在于保护、巩固和发展社会主义的社会关系和社会秩序，是实现人民民主专政的重要工具，是打击敌人，保护人民，维护治安，惩罚走上歧途，发展经济，保障社会主义现代化建设的有力武器，是每个公民都必须遵守的。因此，当代中学生树立守法的观念，做一个守法公民，对于学习、实践、生活都有极为重要的意义。有的学生出校门后，往往就忘记自己的学生身份，忘记学校纪律要求，饮食上无节律，时间上安排错乱，交友上不加选择，甚至沾染流氓习气。打架、斗殴、辱骂、攻击他人等校园暴力行为时有发生，加上社会暴力文化不断渗入校园，使那些本来就具有暴力倾向、行为放纵的学生，对人性、生命、道德愈加冷漠，对弱者没有怜悯心，有时还渴望在弱者身上显示出自己的强大。近年来有的学校发生高年级同学欺负低年级同学的暴力案件就是反面典型案例。冲动是魔鬼，而冲动往往是不懂法所造成的。在不同的年龄阶段，法律对人们行为的要求是不一样的，责任与年龄相适应，一个合格的中学生，必须能够正确理解自己的法律责任，严格遵守法纪。

二、认真学习法律知识

法律来源于社会，有着深刻的社会基础。法律要为社会服务，因而必须要适应社会。我们学习和理解法律，必须熟悉和了解相关的社会知识。加强法律知识的学习是首要的，只有懂得法律知识，才能有效地避免违法。通过学习，懂得法律允许什么、提倡什么、禁止什么，违反了法律规定将要受到什么制裁，这是守法的前提条件。《中华人民共和国预防未成年人犯罪法》特别指出了“未成年人不良行为”。该法明确规定了未成年人不得有下列十种不良行为：旷课、夜不归宿；携带管制刀具；打架斗殴、辱骂他人；强行向他人索要财物；偷窃、故意毁坏财物；参与赌博和变相赌博；观看、收听

① 蒋红等编著：《24字社会主义核心价值观大众读本》，云南大学出版社2015年版，第74页。

色情、淫秽的音像制品和读物等；进入法律、法规规定未成年人不适宜进入的营业性歌舞厅等场所；吸烟、酗酒以及其他严重违背社会公德的不良行为。中学生朋友要坚决杜绝从事这些违法行为，保证自身健康成长。

知法才能更好地用法律保护自己与他人的合法权益。知道自己的正当权益受到侵害，应该利用法律武器正确地保护自己。培养自控能力，冷静、理智地处理问题，增强辨别是非的能力，避免一听到片面之词就冲动行事，作出违法的事。坚守原则，不要受社会不良影响。很多青少年犯罪都是受了社会不良之人的教唆，应该提高警惕，对那些犯法的事，不管谁做你也不能，不管谁叫你做你也不能做。不到危险或易诱发犯罪的场合去，减少违法行为发生的概率。[①] 青少年的生活阅历很有限，对是非没有很清楚的判断，自身的思想也不成熟，这些原因都导致在选择朋友时没有明确的标准，带有很大的随意性。这样往往会交到品德不好的朋友，给自己带来伤害。而有的青少年本身又自控能力差，不容易抵制诱惑，这就导致这些同学在和“问题少年”的交往中很容易失去判断，从而走上歧途。轻者荒废学业，重者走上违法犯罪的道路，毁了自己的花季人生。与人交往是一个人的个性形成与发展的必要条件，每个人都有人际交往的权利和渴望，青少年对此的渴望更加强烈。随着年龄的增长，心态、认知等诸方面存在差距，青少年与家长的交流会越来越少，与同龄人的交往越来越多，甚至可以说，在今后的人生路上，伙伴交往逐渐占据主导地位。这些交往对象的行为能对未成年人的行为起非常大的暗示和榜样作用。也就是说，和什么样的人交往，你的行为就会越来越像那个人。因此，朋友的选择是很重要的，关系着你的前程和未来。人的一生如果交上好的朋友，不仅可以得到情感的慰藉，还可以互相砥砺。朋友之间，无论志上，还是品德上、事业上，总是互相影响的。所以有人说，选择朋友就像选择命运。[②]

法律告诉哪些应该做，哪些不应该做，做了会产生怎样的后果。如《教育法》《教师法》《未成年人保护法》等规定老师、学生及教育管理者的权利

---

① 殷海霞、程妙编著：《习惯影响孩子的一生》，中国长安出版社2008年版，第162页。

② 殷海霞、程妙编著：《习惯影响孩子的一生》，中国长安出版社2008年版，第168页。

义务，从而自觉规范自己的行为，做到令行禁止。积极参加学校组织的法治教育。落实《青少年法治教育大纲》，积极参加法治知识课程学习。参加法治教育实践基地活动，认真学习宪法、法律、法规，学习法律知识，积极参加法治实践教育，培养现代法治意识和素养。[①] 校园暴力违法现象原因之一就是法律意识淡漠，导致违法犯罪。例如，女孩叶子是初二学生，家庭经济状况不错。可是，在家里表现很乖的叶子，在学校却有时跟一个 13 岁的男孩一起向比他们更小的学生索要零花钱，如果不给就动手打人。叶子的父母只当是孩子之间的游戏，对叶子训斥几句，叶子撒谎说是借的过两天就还。就这样，叶子依然我行我素。有一次，叶子又和一个男生向另外一个男孩要钱，搜到钥匙后竟然跑到人家家中拿走 2000 元。因为此事，叶子被法院以抢劫罪判处缓刑。该案例警示同学们，强拿硬要是校园暴力的一种表现，多年来一直比较突出。一般因为钱物不多，也就是批评、训斥几句，把钱物退还了事。因为这种现象比较常见，又没有受到应有的惩罚，所以实施这种行为的少年也不认为这是多么严重的问题。但等到他们养成了习惯，胆子大起来，索要的钱财多了，也就一脚踏入了犯罪的泥潭。其中不乏一些学习好的学生。因此，家长对孩子之间的索要钱物行为，绝不能忽视、麻痹和放纵，一定要教育子女“勿以恶小而为之”。

中学生朋友要懂得法律不是生硬的条文，而是活生生的行为规范。学习法律能知道行为是否合法，帮助同学们解决生活中的纠纷，保护家人与自身的合法权益不受侵犯。因而熟悉运用法律就需要具备一定的观察力，能够找出问题的症结。法律条文是书面的，法律文书也是书面的，所以，学习法律必须具备一定的写作和阅读能力。法律条文之多，内容之庞大是显而易见的，枯燥的学习很难掌握法律的真谛，而兴趣和爱好能帮助你在轻松中学好法律，做到事半功倍。实践是检验真理的唯一标准，法律从实践中来，又反过来为实践服务。同学们要正确理解法律的含义，必须把法律放到实践中去。法律条文是死的，但法律应用是活的。同学们要把死的法律条文如何用活是学习法律的核心，这就要求具有敏锐的判断能力。学习法律要靠兴趣、要靠技巧，

---

① 参见《国家教育事业发展“十三五”规则》。

但刻苦学习是兴趣和技巧的基础。同学们要掌握庞杂的法律体系，必须要有刻苦学习的精神。

三、严格按法律的要求去做

社会是复杂的，时刻存在着这样或那样的危险或风险。而法律通过创造一定的社会秩序以及违反治学的责任，成了保护守法者的盔甲。中学生虽然精力旺盛，但正处在身体发育和知识积累的阶段，相对来说是社会的弱者，很有必要得到法律“盔甲”的保护。养成守法的习惯，才能繁衍出珍惜时间、热爱劳动、遵章作业、讲究文明等一些好的习惯。遵纪守法是做好工作的基础，有了这一基础，加上积极向上，自己就会得到社会的认可、尊重，就会取得事业上的成功。如果不遵纪守法，可能会走上违法犯罪之路，后悔莫及。例如，中学生张华今年 16 岁，父母忙于生计，对他从小就缺乏教育。张华被贩毒分子盯上了。为了引诱他贩毒，他们居然采用欺骗手段，让张华染上毒瘾。为了能卖“烟”，张华不得不为毒贩子跑腿“送东西”。在一次送货途中，张华被公安民警当场抓获。尽管加强禁毒教育、重视对青少年的心理辅导等都能帮孩子远离毒品，但众多的教训却告诉我们，帮助孩子终生远离毒品的最好方法，是父母给孩子一个温馨的家，营造和谐的家庭氛围，培养孩子良好的品德和行为习惯，而且要从小抓起，对孩子的不良行为要及时预防和矫治。再如，贪小便宜容易“失足”。上高一的小宝学习用功，也挺懂事。一天放学回来，小宝带回一个随身听。小宝对爸爸说：“这是我在一个食品店买汽水时在地上捡到的。”爸爸看到随身听有八成新，还是名牌，贪小便宜的爸爸再没问什么。一天傍晚，家里突然来了两个警察，将小宝和父母传唤到派出所，并对小宝的父亲说：“你的儿子涉嫌盗窃，依法决定对他刑事拘留。”原来，小宝买东西时，趁没人时将店主放在椅子上价值 3000 元的随身听偷走了。这个案例很典型。因贪小便宜触犯法律的很多，一些孩子走上这一步，与从小养成贪小便宜坏习惯不无关系。除了对未成年人应当遵守法律、法规及社会公共道德规范，树立自尊、自律、自强意识的规定外，主要规定了被遗弃、虐待的未成年人有权向有关部门、组织请求保护，未成年人发现任何人对自己或者其他未成年人实施法律规定不得实施的行为及犯

罪行为时，可以通过所在学校、其父母或者其他监护人向公安机关或者政府有关主管部门报告，也可以自己向上述机关报告等内容。另外，还规定了对同犯罪行为做斗争以及举报犯罪行为的未成年人，司法机关、学校、社会应当加强保护，保障其不受打击报复等内容。

四、用好未成年人保护法等法律保护自身权益

中学生朋友要自觉学好用好《未成年人保护法》和《预防未成年人犯罪法》等法律，学会运用法律保护自身合法权益。《未成年人保护法》规定了未成年人的权利、未成年人保护的原则。保护未成年人的工作，应当遵循下列原则：尊重未成年人的人格尊严；适应未成年人身心发展的规律和特点；教育与保护相结合，国家根据未成年人身心发展特点给予特殊、优先保护，保障未成年人的合法权益不受侵犯。国务院和地方各级人民政府领导有关部门做好未成年人保护工作；将未成年人保护工作纳入国民经济和社会发展规划以及年度计划，相关经费纳入本级政府预算。

维护未成年人的身心健康，强化家庭保护。父母或者其他监护人应当创造良好、和睦的家庭环境，禁止对未成年人实施家庭暴力。父母或者其他监护人应当学习家庭教育知识，正确履行监护职责，抚养教育未成年人。促进未成年人全面发展，强化学校保护。为了全面贯彻国家的教育方针，强调要实施素质教育，提高教育质量，注重培养未成年学生独立思考能力、创新能力和实践能力，促进未成年学生全面发展。为了保障未成年学生的人身安全，学校、幼儿园、托儿所应当建立安全制度，加强对未成年人的安全教育，采取措施保障未成年人的人身安全。为了预防和减少未成年人违法犯罪，对于在学校接受教育的有严重不良行为的未成年学生，学校和父母或者其他监护人应当互相配合加以管教；优化未成年人成长环境，强化社会保护。全社会应当树立尊重、保护、教育未成年人的良好风尚，关心、爱护未成年人。爱国主义教育基地、图书馆、青少年宫、儿童活动中心应当对未成年人免费开放；博物馆、纪念馆、科技馆、展览馆、美术馆、文化馆以及影剧院、体育场（馆）、动物园、公园等场所，应当按照有关规定对未成年人免费或者优惠开放。

为了使未成年人免受不良文化的危害，中小学周边不得设置营业性歌舞娱乐场所和互联网上网服务营业场所，其他地方设置的这些场所不得允许未成年人进入，禁止制作和向未成年人出售、出租不良文化产品。国家采取措施，预防未成年人沉迷网络。国家鼓励研究开发有利于未成年人健康成长的网络产品，推广用于阻止未成年人沉迷网络的新技术。公安机关应当采取有力措施，依法维护校园周边的治安和交通秩序，预防和制止侵害未成年人合法权益的违法犯罪行为。未成年人的合法权益受到侵害的，被侵害人及其监护人或者其他组织和公民有权向有关部门投诉，有关部门应当依法及时处理。保障未成年人的各项权益，强化司法保护。公安机关、人民检察院、人民法院以及司法行政部门，应当依法履行职责，在司法活动中保护未成年人的合法权益。保障法律的有效实施，强化法律责任。

五、自觉维护法律的尊严

中学生要自觉树立和维护法律权威。没有法律权威就没有秩序。维护法律权威。一要确立法律是人们生活基本行为准则的观念，自觉尊重和服从法律。二要特别注重维护宪法权威，必须以宪法为根本的活动准则，维护宪法尊严、保证宪法实施。三要维护社会主义法制的统一和尊严。任何法律、法规、规章都不得同宪法相抵触，下位法不得同上位法相抵触，地方性法规不得同全国性法律相抵触，必须确保国家法律在全国范围内的一体遵行。

六、严格遵守学校规章纪律

纪律对一个单位，一个组织，甚至于对一个国家一个社会来说，都是非常重要的。一所学校如果有严格的纪律作保证，那么就产生良好的校风，为师生创造出良好的教学环境。一个学校只有纪律严明，管理严格，才能保证教学工作正常进行，纪律是学校教育事业发展的基本前提。纪律存在于社会生活的各个方面，无处不在、无时不有，需要的是人们去认识它、遵守它，以维持正常的社会秩序。[①] 中学生要模范遵守《中学生行为规范》，遵规守

---

① 中学生读书网编辑部：“遵守纪律”，http：//www. fox2008. cn/ebook/21szjy/TS013010/0001_ts013010. htm，2017 年 3 月 16 日访问。

纪，遵守规章。按时到校，不迟到，不早退，不旷课。上课专心听讲，勤于思考，积极参加讨论，勇于发表见解。认真预习、复习，主动学习，按时完成作业，考试不作弊。积极参加生产劳动和社会实践，积极参加学校组织的其他活动，遵守活动的要求和规定。认真值日，保持教室、校园整洁优美。不在教室和校园内追逐打闹喧哗，维护学校良好秩序。爱护校舍和公物，不在黑板、墙壁、课桌、布告栏等处乱涂改刻画。借用公物要按时归还，损坏东西要赔偿。遵守宿舍和食堂的制度，爱惜粮食，节约水电，服从管理。要切实远离一些恶习与违法行为。例如，赌博是违法犯罪的重要诱因。17 岁的赵某在假期结识了一些社会上的不良分子，并在他们的诱惑下多次参与赌博，还欠下 500 多元赌债。为了偿还赌债，赵某多次手持三棱刮刀，强行劫取 9 名小学生的财物，得赃款人民币 400 余元。人民法院认定赵佳犯了抢劫罪，依法判处有期徒刑。中学生赌博是百害而无一利。一方面大量占用学习和休息时间，影响学习成绩和身体健康。另一方面也让未成年人产生贪欲。同时，赌博一旦上瘾，一旦形成习惯就难以改正，所以赌博是少年违法犯罪的一个重要诱发因素。未成年人由于争强好胜的心理比较强烈，在许多事情上喜欢占上风；又由于社会经验少，情绪容易冲动，所以往往容易受到隐忧和怂恿而参加赌博，一旦学会方法尝到刺激就可能形成赌瘾，成为参加赌博活动的常客。而父母远离赌博则是教育子女的最好方式。

中学生要全面遵守好课堂纪律、作业纪律、考试纪律、食堂纪律等。严格遵守课堂纪律，必须要做到：上课前要做好准备工作，拿出教科书、练习本、文具盒摆放到课桌上面一定的位置。老师讲课时要集中精力，专心听讲，不交头接耳，不左顾右盼。注意力要跟着老师讲课的内容和思路而动，并大胆回答老师随时所提的问题。自己有疑问时，要先举手，在老师允许的情况下大胆地提出来。上课时万一迟到了，进教室必须喊“报告”，等老师允许，方能走进教室，不能急急忙忙直接推门进去。否则，不但会打断老师讲课的思路、同学们听课的思路，而且也显得很不礼貌。自习课上更要保持安静，与同学商量问题要小声，以免影响别人学习，做到老师在与不在一个样。千万别谈论与学习无关的话题，那样的话会浪费你宝贵的时间，同时也会影响别人学习，对形成良好的学风极为不利。

遵守作业纪律，要做到：独立完成作业，书写要工整，按时完成并交给学习班委，有错题，必须在做新作业之前更正。有不懂的，可以问同学，同学之间互相商量。也可以问老师，切忌抄袭别人的作业。抄袭别人的作业危害很大，抄了后自己仍然不懂，但老师认为你已懂了，造成错觉后有可能不再进行辅导。长期下去，就造成一种越抄越不懂、越不懂越抄的恶性循环，会使自己的成绩越来越差。同时抄作业也会使自己养成一种懒惰的习惯，不论对学习，还是对生活都极为不利。

遵守考试纪律，要正确对待考试，明确考试的真正意义，不能有作弊行为。有些同学一听说考试，就感到紧张，没能考出自己的真实成绩；而有些同学，想尽办法作弊，尽管分数考得高一些，但这是毫无意义的，相反对自己是有害的。这样做一方面掩盖了自己学习中的不足，找不出差距；另一方面也使有些同学在虚假的成绩面前沾沾自喜，产生骄傲情绪，长期下去会荒废了自己的学业，于自己于社会都是有害的。

食堂纪律要做到按规定的时间去食堂就餐，不宜过早或过晚。打饭时要排队，互相谦让。在食堂，不能高声喧哗、吵闹，对食堂管理或服务员有意见可向主管后勤的工作人员反映，也可以向老师反映，通过老师转达意见，以便及时改进工作。切忌对食堂服务员横加指责，基至粗暴无礼、吵架闹事。要节约粮食、爱惜饭菜，不能乱扔馒头、乱倒饭菜，吃剩的馒头、饭菜要倒入指定的剩菜缸中。洗碗时要节约用水，洗完后要及时关好水龙头。[①]

总之，法律与道德都是人们的行为准则。法律是道德的底线，是具有国家强制力的准则。道德是存在于人们内心的准则，是靠良心来维系的。一个高尚的人，必然是既讲道德又讲法律的人。法律是一种秩序，而一个有序、有效的秩序，能够最大限度地节约社会成本，促进资源优化配置，从而创造出巨大的社会财富。中学生有理想、有抱负，中学阶段的学习对未来职业规划意义重大。在当今社会，没有一个职业不受法律的约束和指导，掌握一定的法律知识，能够帮助中学生作出理性的职业规划。人们对幸福的理解各不

---

① 中学生读书网编辑部：“学校中的各项纪律”，http：//www. fox2008. cn/ebook/21szjy/TS013010/0002_ ts013010. htm，2017 年 5 月 19 日访问。

相同，但家庭和睦是幸福的共同特点。法律通过维系家庭成员的和睦关系，使人们能够享受到家庭的温暖与幸福，而和睦家庭是中学生安心学习的有力保障。法律是判断是非的标准，是人们行为的准则。法律具有引导、教育的作用。法律告诉人们怎么做合法，怎么做要受到制裁；良好的道德修养是实现法律以上作用的基础。

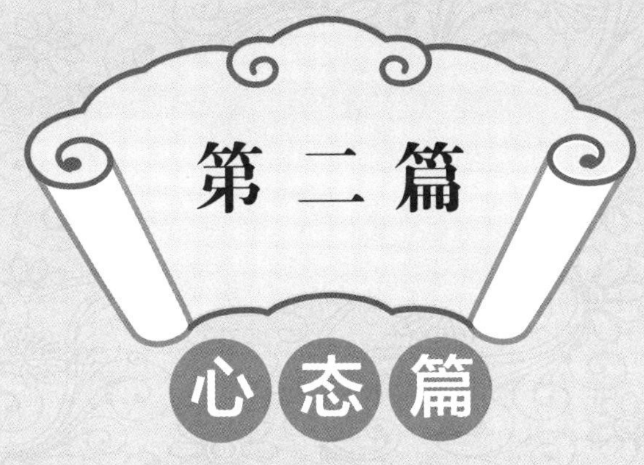

中学生应当培养的十八种积极心态

心态如何

影响人生

消极心态

危害无穷

积极心态

裨益多多

克服不良心态

培养良性心态

健康成长

实现梦想

第一章

戒除侥幸　刻苦努力

侥幸心理是指人们不遵守事物发展的客观规律，用主观的态度把成功的希望寄托于外力作用和机遇降临的一种心理状态。主观认为凭借自己的幸运可以获得社会成功，抑或是避免突然的灾难，或以为彼时彼地成功了，在此时此地也会照样成功。侥幸心理是个人对与目标不相称的实现过程作出了错误估计，认为目标可以如期实现而产生的心理动机。有的中学生由于思想不成熟、思考问题欠周全，有的中学生常有一种脱离现实的考虑：盼着“天上掉馅饼”，好让自己不劳而获，不必付出艰苦的努力就能达到理想的效果。比如，有些学生出于不同的心理动机，对考试成绩或名次看得较重，在心里没底的情况下，常常寄希望于考场上的“临场发挥”，或“夹带偷看”或“左顾右盼”等作弊行为，抱着“碰运气”，“如果监考老师没发现就过关”的心理去作弊。[①] 侥幸心理阻碍个人的成长进步，影响个人身心发展，对中学生朋友的学习、实践、生活也没有好处。中学生要认识侥幸心理危害，采取科学方法消除侥幸心理，对中学生健康成长具有重要意义。

一、了解侥幸心理的表现

（一）投机取巧

“少壮不努力，老大徒伤悲。”有侥幸心理的人有时不愿遵守事物发展的

① 罗堪羡主编：《心灵防火墙 中小学生常见心理障碍及防治》，湖南科学技术出版社 2006 年版，第 291 页。

客观规律，往往用主观的态度把成功的希望寄托在外力作用和机遇降临上。具有这种心理状态的人，更倾向于认为凭借自己的幸运可以获得巧合的成功，抑或是避免突然的灾难；或以为彼时彼地成功了，在此时此地也会照样成功。

（二）爱耍小聪明

具有侥幸心理的人往往过高地估计自己，耍小聪明。如有些学生为考试作弊，采用夹带或手势传递答案、利用监考老师视线间隙偷窥他人答卷，利用同学身体掩护等手法作弊。他们自以为只要自己算计得好，伪装巧妙，事情办得隐蔽，就能处理好与同学的关系，实施作弊就不会被发现，错误地估计教师的管理与同学们的觉悟，最终弄巧成拙，作弊行为败露。

（三）蒙混过关

有的学生不能正确评价自己，正确分析自己学业成绩低下的客观和主观原因，为避免因考试成绩差遭到老师责备、家长训斥、同学冷眼，试图用考试作弊的方法取得如意的成绩应付过关。有的学生没有远大的理想和目标，读中学只为拿毕业证，但毕业证的颁发又有一整套程序要求，其中文化知识就要求考试和考查的科目必须全部及格才能颁发证书。因此，有的学生只好在会考中用作弊的方法蒙骗老师和学校，企图过关。还有的学生违犯了学校纪律后，不能面对现实，大胆承认错误，而是采取回避态度，隐瞒事实，以求蒙混过关，免受纪律教育和处分。①

二、认清侥幸心理的危害

有的中学生认为自己做一些违反校规校纪的事，只要不被老师发现就没有问题。侥幸心理还有一个很致命的危害就是它使人丧失斗志，放弃努力，把自己的前途命运寄托于偶发事件和偶然的机遇上，总认为天上掉下的馅饼会砸到自己头上。其实，偶然的“成功”是暂时的，终会影响个人健康成长与长远发展。一些懒散之人不踏实努力，总寄希望于一劳永逸、好运降临。这种侥幸心理便成了自己生存的精神支柱，成了生活的依赖。人一旦无法控

① 罗堪羡主编：《心灵防火墙 中小学生常见心理障碍及防治》，湖南科学技术出版社2006年版，第293页。

制对侥幸心理的依赖，产生严重依赖侥幸心理的冲动，就会发生违背常态的事情，从而导致不良后果的发生。侥幸心理虽然个别情况下能够使人在某些事情上蒙混过关，带来一时的“心满意足”；但是在问题暴露前，有侥幸行为的人常常心惊胆战，寝食难安，惶惶不可终日，绝不可能给人带来永久的安宁和幸福。侥幸心理容易使人思想麻痹，过于自信，放松对自己的要求，丧失勤奋进取、积极努力的精神，形成侥幸成事、不负责任的学习生活态度，阻碍个人的成长与进步。侥幸心理容易助长违规违纪行为的发生。它可以狡猾地躲过“一万”，却难以躲过“万一”；能够逃过今天，但逃不过明天。[①] 中学生存在侥幸心理对个人成长成才有百害无一益，应当引起中学生朋友的高度重视，切实认清侥幸心理的危害，下决心消除侥幸心理。

三、正确认识评价自己取得的成功

一般来讲，积极进取与刻苦努力是人们取得学习、生活、事业等方面成功的关键因素，良好的外在环境属于成功的外因。但存在一些偶然因素取得成功的事例，偶然性是必然性的表现形式，也是建立在长期刻苦努力的基础之上的。中学生朋友如果对偶然性的成功没有正确的认识，很容易使人陷入侥幸心理的泥坑。中学生朋友都知道“守株待兔”这个成语故事。一个农夫下田劳动时，正巧遇到一只兔子自己撞在树上碰死了。他白捡了一只兔子后就有了侥幸心理，认为也许还会有兔子撞到树上，就整天坐在树下等。他的土地都荒芜了，也没有再捡到一只兔子。故事告诉我们，对一些意外的收获或偶然的成功，必须有清醒的认识，既不是一种必然的胜利，也不是成功的经验。事实上，无论是偶然性的成功抑或是必然性的胜利，都不能陶醉于成功的快乐当中，忘乎所以。“没有最好，只有更好。”奥林匹克的精神就是“更快、更高、更强”。由此可见，做任何事都是没有止境的，有人能不断走向成功，就是因为他们没有被当时的成功所陶醉，知道要取得成功必须付出艰苦的劳动，因而耕耘不辍，不存任何侥幸心理，不断地向更高的目标攀登。

---

① 叶落孤秋：“论侥幸心理的危害”，http：//www. duwenxue. com/html/572/572245. html，2017年5月25日访问。

许多人的失败是因为他们为自己取得的一点胜利沾沾自喜，认为取得成功并不是一件很难的事，因而心存侥幸，作茧自缚，伴随他的只能是失败。习近平总书记指出，人类的美好理想，都不可能唾手可得，都离不开筚路蓝缕、手胼足胝的艰苦奋斗。[①] 中学生朋友要树立正确的成功观，只有刻苦努力、艰苦奋斗，才能实现美好的理想与远大的抱负。

四、养成做事认真的习惯

认真无价。世上最怕“认真”二字。学习认真、做事认真、工作认真，是个人取得成功的重要因素。凡做事认真的人，都很少心存侥幸。如果心存侥幸，必然做事马虎，就导致许多不利的后果。学习目标与个人理想就不能很好的实现。中学生朋友在日常学习生活实践过程中要自觉养成认真的习惯，克服侥幸心理，牢记一分耕耘一分收获的深刻道理。海尔集团总裁张瑞敏曾说：“把每一件简单的事做好就是不简单，把每一件平凡的事做好就是不平凡。”普通人大量的日子都在做一些具体的、琐碎的、单调的小事，但很多人不屑于做具体的事，总盲目地相信“天将降大任于斯人也”。能把每一件事做成功，做到位就是很不简单了。每件大事都是从小事开始做的，小事做多了，做好了，积累起来就是大事。所以养成学习做事认真的好作风、好习惯，对于克服侥幸心理是至关重要的。这对一个人、一个民族、一个国家都是如此，对中学生朋友的成长成才同样如此。中学生要培养做事认真、学习认真的良好习惯；否则的话，马马虎虎，心存侥幸，麻痹大意，到后来受害的只能是自己，影响中学生个人的成长成才。

五、明确学习目标与方向

中学生朋友要树立明确的学习目标，制订学习计划，持之以恒，刻苦学习。著名效率专家博恩·崔西曾经这样说：“世界上最贫穷的人就是没有目标的人，因为连‘梦想’都没有，还会拥有什么？每个人都必须要有目标。”

① 习近平：“在同各界优秀青年代表座谈时的讲话”，2013 年 5 月 4 日，http：//www. gov. cn/ldhd/2013 –05/05/content_2395892. htm，2017 年 1 月 30 日访问。

长大后要做什么的长远目标要有，每个学期的短期目标更要有。人生的大目标要有，生活的小目标更要有。要把大目标和小目标有机地结合起来，这些目标要定得恰如其分，经过努力是可以实现的。在学习知识时，有的同学是为了理想，有的同学是为了成为现代社会精英，这都是长远目标。不论是长远目标还是短期目标，不论是大目标还是小目标，同学们在为目标奋斗、刻苦学习的过程中，可以培养自己坚强的意志和毅力。

六、养成刻苦学习习惯

克服惰性，战胜自我。人无论是生理还是心理上，都会存在一定惰性。能安逸，谁又愿意去受苦；能轻松，谁也不想紧张。但现实决定了不能让这样的思想，不能有这样的惰性思维，托尔斯泰说："人生不是享乐，而是一桩十分沉重的工作。"中学生学习成绩更是需要刻苦努力才能取得。特别是当今所处的时代，是竞争的时代、是发展的时代，现实要求我们每一个人都要不断努力，刻苦努力，勤奋学习，不断提高自己，才能学有所成，未来才能更好地适应时代发展对人才的要求，才能最终实现人生价值与理想抱负。

"自古雄才多磨难，从来纨绔少伟男"，"少年辛苦终身事，莫向光阴惰寸功"。习近平总书记指出，要比就比谁更有志气、谁更勤奋学习、谁更热爱劳动、谁更爱锻炼身体、谁更有爱心。① 中学生要克服侥幸心理，克服不正确的攀比心理，刻苦努力，勤奋学习。用辛苦的汗水换取学业的进步，用辛苦的付出实现人生理想。

---

① 习近平："从小积极培育和践行社会主义核心价值观——在北京市海淀区民族小学主持召开座谈会时的讲话"，2014 年5 月30 日，http：//www. dixigui. cn/xzx140531. asp，2017 年5 月8 日访问。

第二章

戒除嫉妒　取人之长

嫉妒是人类最常见的情感之一，是由于别人在某些方面胜过自己超越自己时而引起抵触嫉恨的消极的情绪体验。著名作家黑格尔曾给嫉妒下过定义：嫉妒是“平庸的情调对于卓越才能的反感”。嫉妒是看见别人某些方面（才华、成就、品质、相貌等）高于自己而产生的一种不正常的羡慕，也是不甘心自己无条件赶上别人而恼怒的情感以及由此所导致的相应行为。通俗地讲，嫉妒又称“红眼病”，是对他人的优势以心怀不满为特征的一种不悦、自惭、怨恨、恼怒的负面情感状态。中学生嫉妒心理的主要表现有：看到别人进步时嫉妒；朋友受到表扬时嫉妒；同学在某项竞赛中获得了成功时嫉妒；别人才能得到了充分发挥时嫉妒；朋友在生活中获得幸福时嫉妒。有时候不仅他人的荣誉、成就、才能会成为嫉妒的对象，就连他人的容貌、穿着、家庭经济地位都容易成为他嫉妒的对象。[①] 严重的嫉妒心理对中学生的健康成长不利，应当正确认识嫉妒产生的原因与表现，采取科学的方法克服嫉妒心理，养成悦纳他人、欣赏他人、相互学习、取长补短的良好心态。

一、学会分析嫉妒心理产生的原因

嫉妒是对与自己有联系的而在多方面或某方面强过自己的人的一种不服、不悦、失落、仇视，甚至带有某种破坏性的危险情感，是通过把自己与他人对比，而产生的一种不健康心理。嫉妒者看到与自己有某种联系的人取得比

① 陈洪、吴运友主编：《中学生心理保健》，复旦大学出版社1999年版，第112页。

自己优越的地位或成绩时心里愤愤不平，进而借助造谣、中伤、刁难等手段贬低他人，安慰自己，当对方面临或陷入灾难时，就隔岸观火，幸灾乐祸，严重的会落井下石。嫉妒心理在不少中学生身上表现也是很突出的，对他人的才能，获得的表扬、奖励，甚至对别人良好的人际关系、优越的家庭条件等都会产生一种嫉妒情绪，有的甚至对其嫉妒的对象千方百计地贬低、讽刺、挖苦、造谣中伤，个别严重的，故意找茬无端生事等。嫉妒心理的存在和由此引起的不良行为，不仅害人，尤其害己。要想使自己成为一个有较高素质的人，就必须克服嫉妒心理的产生和发展。嫉妒心理产生的原因是多方面的，比如现在的学生多为独生子女，通常以自我为中心，对某一荣誉如果有特殊的占有欲，当别人获得时就会产生一种嫉妒情绪；而有些人过分自我感觉良好，他们唯我独尊、傲慢、专制，似乎谁都不如他，这样当别人处于相对优势的地位时便产生嫉妒的心理。有自私、虚荣、自卑心理的人都易产生嫉妒。学习中的竞争也是引起嫉妒的原因，当其他同学成绩超过了自己时，有的中学生也容易产生嫉妒心理。

二、认清嫉妒心理的现实与长远危害

嫉妒心理是一种不健康的心理状态，也是一种于人有害于己不利的心理。嫉妒者常常处心积虑，耗费心机去算计他人，消耗了不少才智和精力，给他人造成了伤害，于己也没有好处。当然嫉妒心理对中学生朋友的健康成长也极为不利。历史上孙膑与庞涓的故事是一个典型的害人而最终害己的事例。孙膑与庞涓同师从于鬼谷子，都是高才生，而孙膑又略胜庞涓一筹。庞涓急于建功立业，学业未成便下山到魏国当了带兵统帅。孙膑学成下山时，庞涓怕孙膑超过他，就设计把孙膑留在魏国，又向魏王进谗言使孙膑受了刖刑而残废。后孙膑逃出后到齐国受到重用，二人在多次战事中庞涓始终占下风，最终死于孙膑手下。历史上和现实生活中这样的例子还有很多，每个人都应从中吸取教训，引以为戒。我们还应看到，嫉妒他人的人，也许会因一时的“成功”而产生一些“快乐”，但其内心是很痛苦的。因为他们看到别人取得的成绩心中难受，这种心理的不平衡不但会给自己的精神带来沉重的负担，长期下去会造成心理变态，使自己的情绪变得犹郁、易怒、牢骚满腹，而且

还会给自己的身体造成损害。例如，梁某，女，16 岁，某中学高一学生，打篮球是主力，爱打扮，学习成绩也很好，但嫉妒心却很重。他的同桌张某，品学兼优，是个顶呱呱的好学生。张某考试得第一名时，梁某就在背后议论张某是事先知道了题目，不然就是碰巧的。梁某经常把张某的笔记本藏起来，让张某不能上好课。张某主动为班级做好事，梁某更不舒服，说张某是爱出风头、爱表现自己。班上如有同学穿着比梁某漂亮时，她便不高兴，暗中嫉妒，说别人坏话。久而久之，梁某的嫉妒心越来越强，凡是别人有比她强的地方，她便心生怨恨，妒火中烧，不仅背后议论人，还闹到晚上失眠。为此，她感到异常痛苦，从而影响了自己的正常学习生活，学习成绩严重下降。①

三、正确认识与评价自我

为了克服嫉妒心理，中学生应该冷静地分析嫉妒的不良作用，同时正确地评价自己，从而找出与他人的差距。要有“自知之明”，学会扬长避短，开拓自己的潜能。有了“自知之明”，正确地认识了自己，才能正确地认识他人。对某些事情，既要不服输，又要服输。因为不服输，不甘落后，是进取心的表现，是好现象，但万事都想超过别人，是不可能的，谁都有自己的长处和弱点。认识了这一点，对于好胜心太强的人来说，就可能在很大程度上驱散嫉妒的困扰。② 中学生朋友要应该懂得不服输，不甘落后，固然是人进步的动力；但事事在人前，样样不服输，却是不可能的。一个人受主观条件的限制，不可能“万事如意”。中学生朋友既要不服输，又要服输；不服输是为了自己学习进步，服输是为了更好地向别人学习，以便不断地进步。这样就消除因过强的好胜心理产生嫉妒情绪。中学生正确认识与评价自我，才能正确对待别人取得的成绩。要树立个人正确的学习目标，勇于竞争，积极进取，为实现个人理想与目标而不断努力。

---

① 温职专心灵家园：“中学生常见心理问题——嫉妒”，https：//sanwen8. cn/p/53bDp7u. html，2017 年 5 月 17 日访问。

② 陈洪、吴运友主编：《中学生心理保健》，复旦大学出版社 1999 年版，第 115 页。

四、培养宽阔胸怀

心胸狭窄、度量小、容不得别人是嫉妒者的主要特点。中学生要开阔心胸，学会包容，驱除私心，严以律己，宽以待人；不但要容人之短，而且要容人之长；学会为别人喝彩，向先进者学习，不断超越自我。见贤思齐，见不贤内自省。有的同学学习生活中只知为自己的进步与成功窃喜和欢呼，对别人取得的成功与进步则采取一种冷漠的态度，很少为别人真心实意地喝彩。大家要懂得为别人喝彩是一种智慧，因为同学们在欣赏别人的时候，也同时得到了别人的经验，鼓起了奋发向上的干劲，使自己得到不断提高和完善。为别人喝彩是一种美德，付出了赞美，这非但不会损害你的自尊，相反还将收获友谊与合作。为别人喝彩是一种人格修养，赞赏别人的过程其实也是自己矫正狭隘、自私和嫉妒心理，从而培养中学生良好道德风范的过程。中学生朋友如果心胸宽阔，学会赞赏别人、祝贺别人，克服嫉妒，不仅会得到更多同学的友谊，建立良好的同学间人际关系，同时对个人成长成才也非常有好处。

五、胸怀远大志向

一个人若没有远大的理想，胸无大志，无所事事，就会去挑别人的刺、寻别人的短，自己不进取，却去阻碍他人前进，唯愿众人都平庸度过，相安无事。而一个胸怀大志的人，就会埋头于自己的事业追求而无暇顾及别人的事，就会不计较眼前的得失，更不会花时间和精力去嫉妒他人的成功。培根说过，嫉妒是一种四处游荡的情欲，能享有它的只能是闲人，每一个埋头于自己事业的人，是没有工夫去嫉妒别人的。中学生朋友要胸怀大志，理想远大，勤奋学习，刻苦努力，持之以恒，积极进取。只有胸怀大志才能勇于竞争，放眼长远，为理想与目标而努力奋斗。中学生朋友的未来掌握在自己手中，只有胸怀大志，积极向上，才能不断取得成功与进步。中学生朋友想要变得更优秀，应追求卓越，努力学习，严守纪律，目光长远，志向远大，不断进取，为实现美好理想而努力奋斗。

六、学会换位思考

中学生朋友要学会将心比心，换位思考，设身处地地站在被嫉妒人的立场上想一想，要是我处在对方的立场上，取得对方那样的成绩，别人也嫉妒我、憎恨我，我心中的感觉会如何呢。这样从情感上加以体验，你就会认识到自己的错误念头给他人带来的危害，你的心就会善良起来并衷心地祝贺对方。当发现自己嫉妒心强烈，并伴有攻击情绪时，中学生不妨想一下，假如是你取得了成绩，别人对你不满或者怨恨的话，你心中会有什么感受？要站在别人的角度看问题，从他身上吸取许多有益的东西，以改正自己的缺点和不足，这种“双赢”的处事方法，何乐而不为。

七、学会自我心理调适

当别人取得成功，自己的失落情绪很难排解时，不妨想一下让自己高兴的事。尺有所短，寸有所长，这方面比不过他人，那一方面别人并不一定比我强。为排解你的嫉妒情绪，也可以在笔记本上列出你的优点，写出你的特长，明白自己的优势所在。通过自我调适，克服嫉妒心理。中学生嫉妒主要产生于私心杂念，气量狭小，总把自己放在和他人对立的角度去思考问题。要使学生懂得，现代社会是一个开放型、合作型的社会，学会合作是衡量一个人能否适应社会、立足社会的重要条件，也是个人获得发展走向成功的必备素质。因此，作为中学生，要加强道德修养，从“小我”中解放出来，拓宽视野，胸襟宽阔，正确看待他人的成功，学会自我调节、自我控制，当嫉妒心萌发时，通过自我暗示、自我疏导、转移目标等方式，把嫉妒化为前进的动力。①

八、树立正确的竞争观念

出现嫉妒他人的苗头时多问几个为什么，“我为什么这样想”、“这样想

① 星舞：“中学生过于嫉妒怎么办”，http：//xinli. vivijk. com/hzwy/201505/611209. html，2012年3月18日访问。

会产生什么后果”等。启发她自奋，“你行，我也行”“你行，我比你更行”。经过长期耐心的引导，消极的嫉妒心理才能转化为积极的竞争意识，产生自爱、自强、自奋的精神。人都有一种渴望成功的愿望，都有一种超过别人的冲动，正是这种愿望，这种冲动，才促进了社会的进步，科学的发展。他比你强，你要比他更强。你通过努力，在竞争中去战胜他，通过竞争这种积极进取的方法去克服由嫉妒而产生的消极心理，让嫉妒成为一种强大的动力，激励自身奋起直追，唤起勇于探索和超越自我的力量。因为嫉妒心理的根源是“不服”。从一定意义上讲，嫉妒是比“心如死灰”、对别人再大的成绩也无动于衷更有向上的动力因素的。只要利用好这种“不服”，对照别人的优点，找出自己的差距，制定出改正措施，想办法赶上或超过他，就可以达到共同进步的目的。要有一种不服输的精神，有一种你比我强我比你更强的信念。在这种精神与信念的支持下，努力学习、实践、生活，才能赢得师长的青睐，同学的钦佩。做人、做事，就像一块没有雕琢的玉，有些人之所以能获得他人的赞同，是因为他自己把个人作为一件艺术品进行雕琢。

九、加强情感交流

嫉妒常常产生于相互缺乏帮助，彼此又缺少较深感情的人中间。加之许多嫉妒心理是由误解产生的，嫉妒者误以为对方的优势会造成对自己的损害，从而耿耿于怀。所以要打开心扉，主动接近对方，增进与对方的情感交流，加强心理沟通和融洽，忧别人所忧，乐别人所乐。这样，就能逐渐消除嫉妒。① 嫉妒通常是因为别人占有比自己更优越的地位或条件，或喜爱的东西被别人得到时所产生的感情。嫉妒的典型表现有：以自我为中心，不能正确评价别人和自己；认为谁都不如自己，不能忍受别人比自己强，一旦出现别人比自己强的情形便躁动不安、图谋打击报复；抗挫折能力较弱，不能接受失败等。嫉妒行为的表现多种多样，有些人通过退缩、抱怨或幻想对方失败的方式表现出来，更多的人则通过伤害对方、嘲讽对方和指责对方等方式表

---

① 陈洪、吴运友主编：《中学生心理保健》，复旦大学出版社 1999 年版，第 115 页。

现出来。[①]

十、把“努力改变自己”作为行动指南

中学生朋友要时常这样进行自我暗示：自己不如别人就得努力让自己变得更优秀，得靠自己奋进努力，嫉妒于事无补，有害无益。首先，应摆正心态。在看待那些你嫉妒的对象时，应调整心态，对于实力不如自己却侥幸的人不必嫉妒，因为只要你努力，早晚会超过那个徒有虚名的人。对于胜于自己的，我们更不该嫉妒，既然人家有实力，中学生朋友就应该以他们为榜样好好学习，最好能把心里的嫉妒转化成积极进取的动力，让它推动着大家前进。其次，应全面地看待事物。要明白人与人之间是有差异的，每个人的优势劣势各不相同，要看到别人的优点与缺点，更要看到自己的优缺点，学习他人的优点来弥补自己的不足才是进步的好办法。千万不能用贬低嫉妒对象的办法来缓解自己的嫉妒心理，这么做只会导致自己过多地去看别人的不足而放弃自身的努力。[②]

① 徐学俊、赵厚勰主编：《高中生心理成长读本》，华中科技大学出版社 2013 年版，第 40 页。
② 殷海霞、程妙编著：《习惯影响孩子的一生》，中国长安出版社 2008 年版，第 94 页。

第三章

戒除猜疑　开阔心胸

猜疑是一种不符合事实的主观想象，是一种消极的自我暗示心理；往往表现为极度的神经过敏，遇事会疑神疑鬼。例如，有的中学生看到其他同学背着自己讲话，就疑心人家在说自己坏话；看到老师有时对自己态度冷淡一些，就会怀疑老师对自己有了看法；有的学生与好朋友约好星期天一起去逛公园，对方因故未能前往，就疑心朋友对自己不真诚，对自己没有深厚的感情，等等。[①] 猜疑心理是一种由主观推测而产生的不信任的复杂情绪体验。猜疑心重的人往往整天疑心重重，无中生有，总以为别人在议论自己、瞧不起自己、琢磨自己，认为人人都不可信，个个都不可交，这种不信任的情绪体验如若不及时加以疏解，很易引发攻击行为，给中学生自己的生活和学习带来严重的影响。因此，当代中学生正确认识猜疑心理产生的原因与危害，并加以调节，戒除猜疑心理，对于中学生朋友健康成长成才及未来美好人生均有重要意义。

一、认清猜疑心理的危害

猜疑是人性的弱点之一，历来是害人害己的祸根。一个人一旦掉进猜疑的陷阱，往往会神经过敏，捕风捉影，对他人失去信任，对自己没有信心，损坏正常的人际关系，影响个人的身心健康。由猜疑心理而导致的悲剧很多。有些中学生受到老师的批评时，总是疑心他人向老师打了小报告，疑心与自

① 陈洪、吴运友主编：《中学生心理保健》，复旦大学出版社 1999 年版，第 116 页。

己竞争的人给自己使绊子，疑心与自己有过节的人蓄意报复等。疑心生暗鬼，中学生这种猜疑心理，极易萌发报复动机，进而产生报复行为，给学习生活带来严重后果。现实中发生的少数中学生因无端猜疑导致打架斗殴事件，造成了不可挽回的严重后果。因此，中学生朋友要充分认识到猜疑心理的现实危害，自觉克服猜疑心理，开阔心胸，与人为善，营造良好的人际关系，营造良好的学习生活环境，促进自身健康成长成才。

二、分析猜疑心理的原因

产生猜疑心理的原因是多方面的。一是作茧自缚的封闭思维。猜疑一般总是从自己设定的假想目标开始，又为了证明自己的猜疑正确，往往戴着有色眼镜寻找对自己观点有利的所谓证据，最后再回到假想目标。就像一个圆圈一样，越画越粗，越画越圆。最典型的例子就是“疑人偷斧”的寓言了：一个人丢失了斧头，怀疑是邻居的儿子偷的。从这个假想目标出发，他观察邻居儿子的言谈举止，神色仪态，无一不像偷斧的样子，思索的结果进一步强化了原先的假想目标，他断定窃贼非邻子莫属了。可是，不久在山谷中找到了斧头，再看那个邻居的儿子，竟然一点也不像偷斧子的人了。现实生活中猜疑心理的产生和发展，几乎都同这种封闭性思维主宰了正常思维密切相关。很多的矛盾都是由猜疑造成的。自己做错了事，说错了话，当老师对其进行批评教育时，很多人不是从自身上接受教训，改正错误，而是回想当时的情况，都有谁在场，谁与自己的关系最差，谁最爱打小报告，于是猜疑出了自己的“敌人”，并决心寻找机会进行报复。这种猜疑与“疑人偷斧”没有什么区别。实际上老师了解情况的渠道很多，中学生猜疑的很多对象都是错误的。依据错误的猜测而行动必定会产生失误而造成不良后果。二是对环境、对他人、对自己缺乏信任。古人讲：“长相知，不相疑。”中学生与中学生之间缺乏沟通、交流，缺乏信任，无端猜疑的问题自然就会多起来。“他信”的缺乏，往往又同“自信”不足相联系。疑神疑鬼的人，看似怀疑别人，实际上也是对自己有怀疑，至少是信心不足。有些中学生朋友在某些方面认为不如别人，因而总以为别人的同学在议论自己，看不起自己，算计自己。一个人自信越足，越容易信任别人，越不易产生猜疑心理。三是对交往

挫折的自我防卫。有些人以前由于轻信别人，在交往中受过骗，蒙受了巨大的精神损失和感情挫折，结果消极接受教训，处处有防人之心，不再相信任何人。中学生朋友只有认清了猜疑心理产生的主客观原因，对症下药，因势利导，采取科学方法，才能有效克服不良猜疑心理，树立正确的心态，开阔心胸，树立远大目标，营造良好人际环境。

三、正确运用克服猜疑心理的科学方法

（一）用理智克制冲动

中学生朋友当发现自己开始怀疑别人时，应当立即寻找产生怀疑的原因，在没有形成结论性思维之前，要收集分析正反两个方面的信息，以判断自己的猜疑是否有误，是否属于无端猜疑。如“疑人偷斧”中的那个农夫，如果丢失斧头后冷静想一想，斧头会不会是自己砍柴时忘了或者挑柴时掉在路上，那么这个险些影响他同邻人关系的猜疑，或许根本就不会发生。中学生朋友现实学习生活中的许多猜疑，戳穿了是很可笑的。但在戳穿之前，由于猜疑者的头脑被封闭性思路所主宰，都会觉得自己的猜疑顺理成章，因而会产生情绪冲动或行为过激。冷静思考与客观分析原因显然是十分必要的。冷静分析，稳妥处理，用理智力量克服冲动情况，是防止因猜疑心理导致不良后果的重要科学方法。

（二）培养自信心

每个人都应看到自己的长处，培养自信心，相信自己会与周围的人处理好人际关系，会给别人留下良好的印象。相信自己只要行得端，走得正，别人就不会对你另眼看待，个别别有用心的人也奈何不了你。否则，心理上处处设防，不仅处理不好人际关系，还会生活得很累。中学生朋友充满信心地进行学习、生活时，就不会担心别人会算计自己，也不会随便怀疑别人是否会挑剔、为难自己。中学生朋友要努力学习，提升能力，提高修养，不断提升自信心，增强自我悦纳、自我认可，克服自卑心理。拥有自信心也是克服猜疑心理的良方之一。

（三）学会自我心理调节

中学生学习生活中遭到别人的非议和流言，与他人产生误会，只要正确对待，妥善处理，随着时光的流逝，事实的澄清，关系改善了，同学之间的误会就会得到解除。在一些生活细节上不必斤斤计较，要学会大度待人，宽容谦让，这样就可以减少许多烦恼与冲突。如果确有人在怀疑自己时，也应当安慰自己，不必为别人的闲言碎语所纠缠，不要在意别人的议论，因为你没有做亏心事，没有必要怕人议论。这样不仅解脱了自己，而且还取得了一次小小的精神胜利，别人的怀疑自然就烟消云散了。同时，如果自身产生了猜疑心理，无端猜疑他人，也要学会自我调节，认真分析原因，冷静处理，切莫激化矛盾，报复他人，避免产生不可挽回的严重后果。

（四）及时有效沟通

世界上不被误会的人是没有的，关键是中学生朋友要有消除误会的能力和方法。如果误会得不到尽快解除，就会发展为猜疑，猜疑不能及时解除，就可能导致不良后果。当中学生被猜疑困扰时，可以同对方开诚布公地谈一谈，以便弄清真相，解除误会。当然，这种交谈要采取适当的方式，要心平气和，要推心置腹，要有消除误会的诚心，要有自我批评的精神。通过交谈，若是误会，可以及时消除，若是看法不同，可以了解对方的想法，也是很有好处的。若真的证实了猜疑并非无端，那么通过认真的讨论，分清是非曲直，也可以使事情解决在冲突之前，避免矛盾激化，产生不良后果。

（五）优化个性品质

中学生朋友要不断提高个人修养，增长个人学识，提升个人能力。一个人的个性品质与修养影响其观察事物、认识他人的过程。狭隘、自私等不良个性会使人将自己的不良心态投射到被观察的对象身上去，从而产生违背实际的主观臆测和凭空想象。正所谓“无端愁绪凭空来，全因猜疑生风雨”。不能只从自己的角度看问题，不能只凭个人好恶看事看人。因此，要加强个性品质的锻炼，培养高尚的道德情操，净化心灵，拓宽胸怀，提高精神境界，走出“先入为主”“按图索骥”的死胡同，排除不良个性的消极影响，消除错误的投射倾向，才能有效克服猜疑心理。

（六）变消极暗示为积极暗示

猜疑心理的产生大多与自己消极心理暗示有关。例如，同学回宿舍休息，当同学未进门时，屋里谈笑风生，而一推门，宿舍里的同学都不吱声了，于是你想一定是同学在背后议论你，再扫视一下同学，就觉得他们的脸色都不大自然，更坚定了自己看法。其实，同学并未议论你，只是因为你一推门，话题被打断了。要消除疑心，可采用积极的暗示法，不要总想着自己，想着别人都盯着自己，可对自己说："并没有人特别注意我，就像我不议论别人一样，别人也不会轻易议论我。而且，只要自己行得正，又何必怕别人议论呢？"①

总之，互相猜疑，会使集体涣散，人心各异，影响学习，影响生活。无端地互相猜疑，会使同学、邻里、师生之间产生隔阂与矛盾，难免伤感情，结芥蒂。好朋友之间也可能因此反目，产生怨恨。一个人如果过分猜疑，而又不知醒悟，很可能就会酿成大祸。古诗云："长相知，不相疑。"意思是说，彼此要深切了解，才不会彼此猜疑。同学之间要不相疑，就必须长相知，加强有效沟通与交流，消除误会，增进了解，促进友谊。在班集体中，应与同学融洽相处，善交朋友，常与他人促膝谈心，沟通思想。②

---

① 陈洪、吴运友主编：《中学生心理保健》，复旦大学出版社 1999 年版，第 117 页。

② 中学生读书网编辑部："猜疑心要不得"，http://www.fox2008.cn/ebook/21szjy/TS013044/0019_ts013044.htm，2017 年 4 月 10 日访问。

第四章

戒除报复　学会宽容

有的中学生受了别人的气或吃了亏，能够采取宽以待人、以和为贵的态度，或原谅别人、息事宁人，或通过交流沟通消除隔阂。然而，有的中学生朋友不冷静、易冲动，往往产生“以眼还眼，以牙还牙”的报复心理，向对方施加报复性攻击行为。有些青少年学生常因鸡毛蒜皮的小事而大打出手，甚至造成严重的后果。具有报复心理的人具有一定的个性和心理特征。[①] 报复心理是在社会交往中欲以攻击方式对那些曾给自己带来挫折、损害、不愉快的人发泄怨恨、不满的一种情绪体验。报复心理是一种不健康的心理状态，不仅会对报复对象造成这样或那样的危害和威胁，而且有害自己的心理健康，使人变得心胸狭窄，行为极端，严重的还要对自己的极端行为承担刑事的或民事的责任。实践中就发生过中学生因报复伤害其他同学而被判刑的典型案例，教训深刻，当引以为戒。如何消除报复心理，一直是心理学研究的重大课题。中学生朋友应当正确认识报复心理的表现、危害，采取科学的方法及时加以排解，消除报复心理，学会宽容、学会和解。

一、了解报复心理的表现

中学生在校期间产生的报复心理，有对老师的，有对同学的，也有对其他人的。老师在管理期间，有时会对违反校规、校纪或完不成学习任务的学

---

① 罗堪羡主编：《心灵防火墙：中小学生常见心理障碍及防治》，湖南科学技术出版社2006年版，第206页。

生进行批评、教育，严重的会进行惩罚。大部分中学生能够对老师的管理批评教育理解接受。但是也有少数中学生视老师的管理批评教育是与自己过不去，认为是老师故意压制，于是产生报复心理，个别同学甚至产生报复行为。有的同学直面顶撞老师；有的同学故意破坏教学设备；有的拉拢其他中学生与老师对着干；甚至有个别同学袭击老师。在中学生之间，因为学习生活中的摩擦与误会也易于使部分中学生产生报复心理。如中学生检举他人的违纪、违规行为，被检举人便产生对检举人的报复心理；班长、组长、纪律委员对自己的违纪、违规行为进行批评，便对班长、组长、纪律委员产生报复心理；受到其他中学生的侮辱、谩骂、殴打，产生对其他中学生的报复心理等。所有这些报复心理的产生和报复行动的实施，都会导致不良的后果。报复心理具体有如下表现形式：

（一）急躁偏执

具有报复心理的同学个性往往表现固执、敏感、过分警觉、心胸狭隘、好嫉妒；遇事不冷静、急躁，不善于对事物进行调查分析，容易主观臆断；对挫折、批评过分敏感，易冲动；常有不安全感，不愉快，缺乏幽默感，经常处于戒备和紧张状态之中，常因学习、生活中与他人的磕磕碰碰而点燃报复之火。

（二）多疑猜忌

具有报复心理的同学对人的信任度比较低，不善于沟通，在认识事物的时候往往预先主观地设定了一个框框，然后据此来观察事物，按图索骥，按主观思想取舍获得的信息，结果把生活中许多无关的事情联系在一起，甚至无中生有地制造出各种“证据”，从而使自己的主观假设得以验证和强化，并陷入难以自拔的恶性循环之中。例如，有的青少年学生受到老师的批评后，不能很好地做自我检查，而是认为某人打了小报告，并产生报复念头。有时就是对于生活中的一个普通玩笑，他都怀疑是别人含沙射影、个人攻击而产生报复行动。

（三）自私自利

易产生报复心理的同学，往往自私自利心理较为严重，总是从自己的利

益出发，忽视了集体利益、公共利益、他人利益。个别同学在认为自己的利益受到损害、吃了亏时，咽不下这口气，容易产生报复心理与行为。

二、采取科学方法克服报复心理

（一）学会宽容

“宽以待人，严于律己”。中学生朋友要真正学会宽容、学会谅解、学会和解。包容是一种智慧和美德，是一种修养，宽容是心灵的解脱。同学们学会宽容，就能消除怨恨、责怪、愤怒等不良情绪。宽容是消除怨恨、责怪和愤怒的良药。宽容就是要包容，包容能够化解报复心理。“有容乃大”，把心里的空间留出来，开阔心胸，宽容别人，实质上也就是宽容自己。中学生中的报复心理与行为往往都没有很深的积怨，而是受一时一事影响而突发，很多中学生因报复而打架斗殴，往往事后又后悔莫及。因此，中学生朋友应自觉加强与人为善、宽以待人的传统美德培养，学会宽容、学会包容、学会谅解，抑制个性膨胀、盲目冲动行为，珍惜同学间的友情，有效抑制与克服报复心理。

（二）不计前嫌

中学生朋友要主动消除同学之间的一些误会、偏见、不满情绪，增进同学友谊，化解内心积怨，摒弃前嫌。中学生之间没有根本利益冲突，发生在中学生中的报复行为一般都是由学习、生活中的琐事、误会引发。有些学生在产生报复心理时，容易把前后左右的不愉快的事联系起来，易于冲动，打击报复。因此，中学生朋友要用实事求是的观点看待同学，不凭印象、不戴有色眼镜看人，就事论事，不计前嫌，是克服报复心理的有效方法。同学们要了解报复是一把“双刃剑”，有不能回避的反作用力；表面上看，你让我吃亏受苦，我让你受苦吃亏，有来有往，似乎天经地义，实际上，双方都会受到伤害。伤害与报复，报复与反报复，最终两败俱伤。只有求同存异、取长补短，相互包容、相互谅解，才能实现合作双赢、共同进步、共同发展。

（三）珍惜友情

中学生的报复行为往往是缘于一时意气用事，或者是因一句话的刺激而

怒发冲冠，实施报复行为。往往没有很好地去思考，将多年的同窗学友结下的友情与同学间的磕磕碰碰产生矛盾的分量做比较，没有很好地估计严重后果，以致事后往往都表示后悔。因此，同学们要分析珍惜同学友谊，懂得同学感情的可贵，多留下美好回忆的幸福，珍惜友情，共同成长，以削弱产生报复心理的思想基础。报复者的处事方式常使被侵犯者处于难堪的境地，但报复者必须付出的代价比被侵犯者更大，被侵犯者固然有某种程度的不愉快，报复者同样面临着学校纪律处分等不良后果，同时也失去了同学友谊，降低了在同学、老师中的威信与形象。同学们要表现出宽容的胸怀，给予对方宽恕和谅解。如果有错误就主动认错、道歉，化干戈为玉帛。同学们如果本着宽容之心、包容之心原谅对方，不让对方难堪，对方就会因为你博大的胸怀而深感惭愧，从而消除敌意，和平相处，甚至成为学习上的好帮手、生活上的知己，变“敌人”为好友，也就多了一个朋友，少了一个“敌人”。[①] 何乐而不为呢？同学友谊是非常珍贵的，有时往往伴随着人的一生，同学之间互相鼓励、互相帮助、共同成长。

（四）学会用动机和效果统一的观点去衡量人的行为

心理学原理表明，人们做事情动机与效果有时一致，有时不一致，会产生动机与效果不一致的现象。例如，老师批评指导的目的是让同学们进步，但有时在公众场合批评，伤了同学自尊，效果不好；有时同学开个玩笑，本是要活跃气氛，增进友谊，但却不小心伤害了某同学的自尊心，产生了一定的心理伤害。同学们要多从好的动机去分析，老师、同学出于好心，动机良好，就应当包容谅解，而不能斤斤计较，上纲上线，恶意报复。掌握了动机和效果的关系原理，并妥当行事，有利于避免不满情绪的产生，从而遏制报复心理的形成。中学生朋友要记得，老师、同学的一些言行是出于为大家考虑的善良动机而作出的，但由于方法不当或能力有限，没有产生良好的效果，却可能给大家带来负面效应，这时大家就应该谅解包容，杜绝报复心理与行为的产生。

---

① 罗堪羡主编：《心灵防火墙：中小学生常见心理障碍及防治》，湖南科学技术出版社2006年版，第210页。

（五）学会换位思考

在校期间同学之间不可能没有利害冲突和相互碰撞。当大家遭受挫折或不愉快时，不妨进行一下心理换位，将自己置身于对方的境界之中，想一想自己会怎么办。这就是人们常讲的换位思考。当老师对自己进行批评教育时，先站在老师的角度看待问题。假如我是一名老师，我管理的中学生出现问题，影响了学习、校园秩序和集体的荣誉时，我会怎么办？同样，当班长、组长对自己的违纪行为加以制止时，把自己置身于班长、组长的位置，也许能理解对方的许多善意和良苦用心。同学们学会换位思考，真正设身处地看问题，作决定，就能够正确看待他人给自己带来的一时难堪或不愉快，也可使报复心理得到比较有效地遏制和消除。

（六）科学认识报复心理和报复行为的危害

中学生朋友可能从报复行为中体会到一时的“解恨”，但给被报复对象造成危害时，自己会不会受到校规校纪的处罚，如果构成故意伤害，可能会面临刑事处罚，影响自己一生。欲加害于他人的人，最终多半是害了自己。中学生朋友要认为到报复心理与行为的巨大危害。报复是一种极为有害的狭隘心理，它瓦解斗志，松懈纪律，破坏团结。报复有害于集体和同学之间的团结。一般来说，有报复心理的人都对对方怀有“敌意”，因而，报复绝不是解决同学间矛盾的手段。从一些报复行为来看，报复往往会使“冤怨”越结越深，而且还会使集体团结涣散，关系紧张。报复心理会腐蚀人的灵魂，降低人的文明程度，使人变得虚伪、狭隘，甚至堕落犯罪。报复心理有害于同学们的身心健康。同学们应该朝着成为“四有”青年去努力，为建设“四化”贡献青春。有报复心理的人，往往身心受损，心思分散，既增长不了才干，又损害了自己的威信，更得不到人们的同情和舆论的支持，甚至会“一失足而成千古恨”。①

（七）加强自身修养，培养开阔心胸

有的中学生朋友存有报复心理，无论是否付之行动，都是一种素质低的

---

① 佚名：“报复心理的危害与克服方法”，http：//blog. luohuedu. net/Blog/300088，2017 年 5 月 26 日访问。

反映，是一种心胸狭窄、缺乏宽容道德的表现。人在漫长的一生中，有顺境亦有逆境，会遇到各种各样的人，经历许许多多的事，如果缺乏宽容之美德是很难在世上立足的，也是很难生活得舒畅和幸福的。报复了别人，也许会得到暂时的满足，但既会经常受到良心的谴责，又会时常处于担心他人反报复的惧怕之中，这个道理应该不难懂得。但要真正做到宽容大度，能忍能让，还必须下大力气加强思想修养，在学习中提高认识，在处事中增长见识，学会忍耐和宽容，善于以自身良好的行为来影响别人。有这样一个故事是很发人深省的：春秋战国时，楚襄公召集大臣武将举行宴会，酒酣之时，让其宠妃挨座给中学生敬酒。此时突然刮风吹灭了蜡烛，妃子也正值在给一位武将敬酒。那人便趁黑摸了那妃子一把。妃子随即将那人头顶上的红缨扭掉并立即去襄公跟前告那人非礼，说头上缺缨者便是。非礼国王的爱妃是大不敬，应是杀头之罪。襄公心想，酒后失态也是常事，无须大肆张扬。便立即宣布，先不要点灯，凡参加宴会者，都把自己的红缨拿下来，不分君臣之礼，畅饮才好。这样再点上灯时，便不知那非礼之人是谁了。后来在征战中，楚国大败，一员大将拼死救出了襄公。襄公很感激，要重重赏他。但那人说，那年非礼大王妃子的人便是我，大王宽容大度，有不死之恩，我当然以死相报。可见，不是原则的错误，应有容人之量，包容谅解。

（八）增强自我克制能力

中学生朋友要减少报复心理产生的基础。同样一件事情，由于发生的环境不同，对人的心理影响也不一样。如果不注意场合和语气进行批评，使人在公众场合很难堪，对方如果缺乏自制能力，会自然立即产生报复心理和行动。同时还有些人不怀好意乱起哄，激化情绪，使行为走向极端，这正好上了他人的当。因此，中学生朋友培养自我克服、自制能力，对于避免报复行为的发生也是很重要的。

（九）把别人的批评作为帮助

家长、老师、同学的批评往往动机是好的，是为了同学健康成长成才。当受到一些批评时，中学生朋友要对自己的行为进行反思。反思自己是否做错，是否伤害了他人的自尊，是否给集体的荣誉带来了损害。如果不改正错误会造成什么严重后果。想到这些，大家应正确对待他人的批评。正是他人的批评、指责使自己修正了错误。批评使人进步，批评使人认清自身不足。法国作家雨果说过，比海洋宽阔的是天空，比天空宽阔的是人的胸怀。多一点宽容，根除报复心理，中学生将为自己赢得更多的幸福。

宽容是一种修养，更是一种美德。宽容，即原谅他人的过错，不耿耿于怀，不锱铢必较，要和和气气，做个大方的人。宽容如水般的温柔，在遇到矛盾时，往往比过激的报复更有效。宽容能够抹去彼此一时的敌视，使人冷静、清醒。因为更进一层的宽容，不仅意味着不计较个人得失，还能用自己的爱与真诚来温暖别人的心。大海一样的宽容，已是难得；雪中送炭的宽容，更可贵。宽容，能融化彼此心中的冰冻，更将那股爱的热力射进对方心中。在这充满竞争的时代，人们所需要的不正是这种宽容吗？选择宽容，也就是选择了关爱和温暖，同时也选择了人生的海阔天空。宽容是一首人生的诗。至高境界的宽容，不仅仅表现在日常生活中对某件事的处理上，而且升华为一种待人处事的人生态度。宽容的含义也不仅限于人与人之间的理解与关爱，而是对天地间所有生命的包容与博爱。因为宽容，纷繁的生活才变得纯净；因为宽容，单调的生活才显得鲜丽。宽容赋予了生命多么美丽的色彩！①

① 大学网编辑部："学会宽容"，http：//www.unjs.com，2017年5月8日访问。

第五章

戒除依赖　自强自立

有些中学生从小受到家人的过分呵护，娇生惯养。有的同学自己也不愿意长大，缺乏一种独立精神，生活中总愿意找个“靠山”以寻求帮助，凡事由家长、老师做主或帮忙。应该说每个人都或多或少地存在依赖心理；但是如果产生过度依赖心理就会对人造成不良影响。① 依赖心理是中学生中较为常见的一种消极心理，其主要特征是在自立、自信、自主方面发展不成熟，过分地依赖他人，甘愿置身于从属地位。这种人遇事犹豫不决，缺乏自信，总觉得自己能力不足，凡事没有他人的认可或帮助，便不敢决断或行动。这种人在学习、生活中缺乏安全感，时常感到恐惧、焦虑、担心，极易产生忧郁情绪，严重的会产生轻生念头和举动。依赖心理如果得不到及时纠正，发展下去，可能形成依赖型人格障碍。因此，中学生要充分认识依赖心理的危害，克服依赖心理，自强自立，这对个人健康成长成才具有重要的意义。

一、了解依赖心理的主要表现

有的中学生在学校中自主意识欠缺，依赖心理严重。校园中总可以发现一些没有自己的主见、个人难以独立的学生，在课堂上总是要求老师把解题过程都讲好，甚至书写格式也写出，喜欢让老师给予细心指导。课后习作时经常参考别人的答案，讨论问题时不能说出自己的主张而是附和别人的意见；

---

① 罗堪羡主编：《心灵防火墙：中小学生常见心理障碍及防治》，湖南科学技术出版社 2006 年版，第 126 页。

生活上自理和选择能力较差，一切听任别人安排；把别人的意见看得比自己重要，就连穿衣、吃饭、购物都要别人参谋，好像离开别人就一筹莫展。由于生活中强烈地依赖别人，期待别人的安抚和赞许，有的中学生会不自觉地迎合别人所说的话、所做的事，以取悦对方。拥有依赖心理的中学生很容易迁就别人，放弃原则，缺乏独立意识，不能自主自立。

二、认清依赖心理产生的原因

依赖心理产生的原因是多方面的。我国实行计划生育政策以来，不少家庭只有一个孩子，家长对独生子女往往过度保护，一切为子女代劳，父母给予子女的都是现成的东西，子女头脑中没有问题、没有矛盾，更没有解决问题的方法，往往时时处处依赖父母。对子女过度约束的家庭，一味否定孩子的思想和行动，时间一长，中学生很容易形成一切听从家长、老师安排的习惯。孩子独立思考、独立行动能力不足，增长能力、增长经验的机会不够，独立性格和能力发展不足。当然，中学生本人缺乏独立意识与自主、自强精神，习惯于依赖父母、依赖老师、依赖他人，也是依赖心理产生的内在原因。依赖心理严重的同学学习与生活独立性较差。

三、采取科学方法克服依赖心理

（一）充分认识依赖心理的危害

依赖心理是一种消极的心理状态，影响个人独立人格的完善，制约人的自主性、积极性和创造力，尤其是不利于中学生的学习生活实践，不利于同学们自理能力、实践能力的提高。一个人在日常学习生活中，如果不能养成独立自主、自己动手、自己安排的性格，一旦离开家长与老师，那么学习生活就会乱成一团乱麻。学校期间缺乏独立意识与自主能力，即使未来参加工作以后，在激烈竞争中，是很难在社会上立足的，难以成就一番事业。中学生朋友一定要认识到依赖心理所带来的巨大危害，下决心克服依赖心理，自强、自立，全面提高自主意识与自理能力。

（二）增强自信心

自信心是对自身潜能的肯定，是追求学业、事业成功过程中的一种良好

的心理素质。有一项研究表明，自信的心态决定着你成功与否，你把自己想象成一个成功的人，在行动中你必然会按你的信念去做，那么成功就会伴随着大家。中学生朋友要把自己想象成一个无他人帮助难以成事的人，大家也一定会在行动中处处依赖他人。有依赖心理的中学生应该审视一下自己，挖掘出自己的优点，别人能行的，自己一定也能行，即使暂时不行，经过多次的努力也一定会达到目的，千万不要什么事都指望别人，遇到问题要作出自己的判断和选择，加强自主性和创造性。只要坚信“我能行”，一股新思想的动力就像涌泉一样充实头脑并改变自己的人生。中学生要有信心独立自主处理学习生活中的一些事宜，提高自身自理能力与动手能力。

（三）培养独立的人格

每个人都需要他人的帮助，别人帮助只能是必要的帮助。但是接受他人的帮助也必须发挥自己的主观能动性。一个人如果没有了独立的人格也就没有了尊严，就必然会受到别人的左右和控制。国不分大小，必须要有国格，才能立于世界民族之林；人不分老幼，必须要有人格，才能生活的有滋味。把自己的命运寄托在他人身上，时时事事都要靠别人帮助才能生活的人不会有大的作为。中学生朋友一定要培养独立自主的人格，养成独立自主的习惯。在学校学习、生活，乃至以后参加工作走向社会，如果时时事事依靠别人，不但不易于取得好的成绩，万一你所依靠的人别有用心，很容易中他人的圈套，给自己带来曲折和麻烦。常说树立正确的观念，培养良好的心态，养成好的习惯，里面就包含着独立人格的培养和对尊严的维护。当然，在克服依赖心理的过程中，要把克服依赖心理与有问题向老师汇报和与其他中学生团结协作区分开来。有问题找老师解决这是正常的举动。既是必要的，也是应该的，反之则会出现问题。这与过分依赖老师或怀着功利思想接近老师是有本质区别的。学习生活期间，要经常与他人进行合作，这种合作与依赖也是不同的。没有哪一个人不依靠他人的帮助能生活的。中学生朋友学习生活中必然要与他人合作，从一定程度上讲，合作的好坏是评价一个人成熟与否的标志之一。实际上，取得优异成绩的中学生，往往能很好地与他人合作有关。因此，消除依赖心理与加强与他人合作并不矛盾，可以相互促进、相得益彰。

（四）克服自卑心理

中学生朋友产生依赖心理往往表现为缺乏自信。因此，需要有意识地锻炼意志，树立自信，培养自信与勇气。有较严重的依赖心理的同学，要正确评价自己，培养自信心理与独立意识。要认识到，独立自主、自立自强是人可贵的品质。对人过度依赖则是心理品质不成熟的表现，于人于己，有害无益。存在严重依赖心理的同学可写些字条放在床边，加强自我心理暗示："我已长大，是个大人了！""别人能做到的，我也一定能做到！""我要独立自主，自立自强！"以此来督促鞭策自己。同学们要分析一下自己产生严重依赖心理的原因。如果是自卑原因造成的，那么可将自己的缺点和不足列出，同时不要忘记把优点和长处也一同列出。对能克服的缺点，如知识贫乏、做事拖拉等制订改进计划；对不能改变的缺点，如个子矮、长相较差，就内心接受，自我悦纳。中学生朋友要认识到"金无足赤，人无完人"的道理。每个人都有缺点和不足，所不同的是对待它有积极和消极两种态度。知道自己不足后奋起直追，进行改正，实现超越，这时不足就是动力；知道不足后，怨天尤人，产生自卑，破罐破摔，则是消极的，对个人成长极为不利。①

（五）培养自强不息的奋斗精神

"宝剑锋从磨砺出，梅花香自苦寒来。"任何美好的理想，都不会唾手可得，都需要经过不懈努力。我们的国家和民族从积贫积弱一步一步走到今天的繁荣强盛，靠的是一代又一代人的顽强拼搏，靠的是中华民族自强不息、艰苦奋斗的精神。古人所讲的"艰难困苦，玉汝于成""忧劳兴国，逸豫亡身""生于忧患，死于安乐"等至理名言，深刻反映了我们这个民族所具有的自强不息、艰苦奋斗的精神品格。在新的历史条件下，继续弘扬中华民族自强不息、艰苦奋斗的精神，既是贯彻落实"四个全面"战略布局的内在要求，也是当代青少年成长成才的必由之路。2013 年感动中国人物周月华身残志坚，为民奉献的精神值得同学们学习。周月华，女，43 岁，重庆市北碚区

---

① 罗堪羡主编：《心灵防火墙：中小学生常见心理障碍及防治》，湖南科学技术出版社 2006 年版，第 131 页。

柳荫镇西河村乡村医生，艾起是她的丈夫。周月华出生后 8 个月被诊断为先天性小儿麻痹症，左腿残疾，这一切并没有摧垮她生活的意志。凭着自己的执着，周月华完成了中学学业并成功从卫校毕业。二十多年来，她为乡亲们看病治病过程中，“爬”遍了方圆 13 平方公里的大小山岭。她背起药箱，他再背起她。他心里装的全是她，而她的心里还装着整个村庄。一条路，两个人，20 年。大山巍峨，溪水蜿蜒，月光皎洁，爱正慢慢地升起。无论是纯粹的爱情，还是无私的奉献，他们都让我们泪盈于睫。看了周月华的行医路，谁还好意思再说行路难。古人说，医者仁心。她这医生小而仁心大。丈夫背上的女村医，一对普通中国夫妇，合拼成了大写的人。①

当前，国家既面临着重要发展机遇，也面临着前所未有的困难和挑战。实现“两个百年”奋斗目标，实现中华民族伟大复兴的中国梦，需要广大青少年锲而不舍、继续奋斗。自强不息、艰苦奋斗不是一句简单的口号，必须落实到每个人的行动上。广大青少年要牢记空谈误国、实干兴邦，从自身做起，从点滴做起，勤奋学习、自强自立、积极进取。

---

① “2013 年感动中国十大人物事迹及颁奖词”，http：//www. lz13. cn/ganenlizhi/10965. html，2017 年 4 月 18 日访问。

第六章

戒除逆反　理解他人

逆反心理是人们对某类事物产生了厌恶与反感情绪，因而作出了与该事物发展背道而驰的行动的一种心理状态。逆反心理是一种十分有害的情绪，轻者产生厌烦、消极、偏见、轻蔑等不良情绪倾向，重者产生敌意、愤怒和对抗行为，如再缺乏理智，往往会造成很严重的后果。当代中学生逆反心理往往表现为对教育、指导、学习、实践、生活的一种消极抵抗心理，这种逆反心理一旦产生，就会形成一种固定的思维定式，对家长、老师的管理教育特别是批评持否定态度，久而久之必然会导致矛盾激化，影响学业、影响进步、影响发展。逆反心理就其本身而言，有它的两重性，一方面表明青少年开始产生批判精神、独立意识，另一方面这种反叛精神有时会显得不够成熟、不够理智、不够客观。逆反心理是中学生生理发育与心理发展高峰时期普遍存在的一种逆反心理。有些同学表现为对家长、老师的批评指导“不受教”“不听话”、不服从、不配合，常有意与家长、老师“顶牛”“对着干”。这种与常理背道而驰，以反常的心理状态来显示自己的“高明”“非凡”、能干的行为，往往来自逆反心理。中学生朋友一定要认识到逆反心理的表现、危害，采用科学的方法，自觉消除逆反心理，学会宽容、学会理解、学会合作、学会配合、学会服从。

一、了解中学生中逆反心理的表现

（一）对思想政治教育持抵触心理

思想政治教育是中学教育的重要部分之一，是培养德、智、体全面发展

新人所不可缺少的。然而，持逆反心理的中学生，总认为思想政治教育是附属物，是可有可无的，继而对这一类政治思想教育课程持消极、冷漠、反感的态度，在学习中敷衍了事，蒙混过关，甚至对从事思想政治教育的校领导、教师进行思想教育也是吹毛求疵，心存抵触，敬而远之。有的同学对人生观、价值观教育不以为然，敷衍了事，存在不认可与不信服心理。

（二）对正面教育持逆反心理

正面教育是教育的主渠道，也是一条重要的教学原则，而持逆反心理的中学生，对正面教育、正面宣传表现出一种怀疑与抵制态度，其个性倾向比较偏激。有的中学生对社会主义核心价值观教育，对爱国主义、集体主义教育，存在一定的抵触心理。

（三）对教师、家长的教育劝导持抵触情绪

持逆反心理的中学生对教师和家长的教导、劝说不肯听从，任性放纵，持“对着干”的态度。有的同学以“反其道而行之”为快或压抑自己，故意作出与自己主观意识相违背的行为。认为老师、家长的教导是讲大道理，没有实际作用，不能发自内心地认同与服从。

（四）对所学的课程内容不感兴趣

有的同学认为课程太难，不好理解，对所学课程与课堂教学内容存在抵触，不能认真听讲，不能积极参与到课堂来。有的学生对批评过他的老师不满。当该老师上课时就故意注意力不集中，故意捣蛋，不以为耻，反以为荣。

（五）视校纪校规为无形的枷锁

有的同学对校规校纪满不在乎，认为校规校纪只是吓唬老实同学，是纸老虎，不管事，自己不遵守也没有什么问题。因而常常表现出有意违拗的倾向，并导致懒散、任性、无所顾忌的逆反行为的发生。

（六）对先进人物尤其是同学中的优胜者无端怀疑

有的同学个人不努力进取，却对优秀学生、表现积极的学生冷嘲热讽，故意作对。有的同学猜疑心理与逆反心理严重，对优胜者甚至根本否定；对不良倾向则持赞同态度，对同学中极个别的不良行为表示支持。

（七）对社会、人生玩世不恭

有的同学没有树立正确的人生观、世界观，没有树立社会主义价值观。学习态度与生活态度不端正，对自己的前途不在乎。有的同学玩世不恭，我行我素，漠视集体、组织和社会制约；个别同学甚至产生反社会言行。[①] 极端的个别同学可能与社会上不良青年混在一起，最终走上违法犯罪的道路。

二、分析造成中学生逆反心理产生的原因

（一）个人主义思想影响

个人主义思想往往只从个人利益出发，只考虑个人得失，对公共利益、集体利益、他人利益漠不关心。有的同学自私自利，一切都围绕一个“小我”去考虑，凡不符合“小我”利益的，无论是对是错，统统予以抵触和反对。

（二）家庭和社会一些不良因素影响

逆反心理的产生不是偶然的，有一定的社会基础，有时是家庭影响与社会影响的结果。有些人在家庭中缺乏温暖，或家庭出现破裂，或父母对其要求过高，且教育方法简单、粗暴，这都易使同学产生逆反心理，造成在家里看到什么都心烦，家长管的对错都对抗。在学校受教育时得不到老师的公平对待，或自认为得不到老师的公平对待。网络暴力的宣传，造成正面受不到教育，反面却接受了很多消极的东西，在潜移默化中产生一种对社会、对他人的逆反心理定势。社会上的一些不良思想、不良文化对中学生的逆反心理产生起到负面推动作用。

（三）自身认识水准偏差导致

有的中学生对周围的事物认识不客观、不全面、不公正。中学生由于受年龄、素养、能力、学识、阅历等诸多因素的影响，不同的人会有不同的看法。再加上有的中学生不懂得用历史的、辩证的、发展的眼光看问题，认识上极易产生片面性、偏激性。例如，有的中学生看问题易于偏激，喜欢钻牛

---

① 陈洪、吴运友主编：《中学生心理保健》，复旦大学出版社1999年版，第96~97页。

角尖，固执己见，好走极端等。这些同学自尊心很强，但又不知怎样正确地维护自己的尊严，当这些同学遭受挫折时，往往开始表现为一蹶不振，悲观消极、怨天尤人，对老师的教育批评看成是“管、卡、压”，是吹毛求疵，是有意找茬，是嘲弄自己，是对自己自尊心的伤害，进一步发展下去，便会对一切批评教育采取一概排斥的态度，形成强烈的逆反心理。

（四）标新立异心态的促使

在逆反心理较强的中学生中，有的同学比较有能力、有主见、有特长。这部分同学有能力、有见地，因此也有一定的号召力与组织力，对有些问题常有其独到的见解，这种独到的见解容易得到一些同学的赞同，对学习、生活会有一定的积极促进作用。但如果存在严重逆反心理，心态浮躁，好标新立异，甚而哗众取宠，则有百害无一益。这样的同学往往把自己装扮成和其他中学生不一样的“另类”，对老师的教育、学校的制度常常变着法地采取对立对抗。错误地认为校规校纪是对其自由个性的压制，影响了个人自由发展，影响个人的特长培养；有的同学在言行上对待老师的管理教育采取一种反叛模式，尤其是在受到批评时，反应激烈，态度对立。有的同学可能面对老师时表示得很好，但阳奉阴违，内心充斥着“就是不相信你那一套”“就是要对着干”“你说东，我偏向西”的观念。

三、采取科学方法克服逆反心理

逆反心理是一种很不健康的心理，如若不加以认真解决，肯定会办出一些错事蠢事，严重影响中学生的健康成长与发展。那么，大家怎样才能预防逆反心理的产生，怎样疏解已产生的逆反心理情绪？主要可从以下几个方面着手。

（一）正视现实，摆正位置，自觉服从老师的管理教育

“没有规矩，不成方圆”，为了维护其正常的教学、学习秩序，学校必定会制定一系列的制度、规章，要求中学生共同遵守，共同执行。老师对学生进行管理教育包括批评和处罚，是《教师法》《教育法》规定的职责与任务，是对国家、对社会、对同学高度负责的一种行为。因此，中学生朋友要摆正

位置，服从师长的管理教育。老师与中学生的关系绝不是对立的关系，而是教学相长、教学互动的关系。如果中学生能以这样的观点和态度认识问题，就不会产生逆反心理，就会营造良好的师长关系与成长环境。中学生朋友要多阅读一些伟人、科学家成功事迹，学习榜样，开阔视野、开阔心胸，不断激励自己，真正明白只有胸怀宽广、虚怀若谷，善于接受他人意见，善于改正错误，才能不断取得学业进步，才能在未来成就伟大的事业。中学生朋友应把注意力引到学习上，下决心走出错误的心理误区，才能真正消除逆反、敌对等不良心理情绪。

（二）努力学习，增强素质，不断提高思想境界

当今是一个网络的社会，思想文化传播迅速，旧的思想观念与新的思想观念相互交错，容易使人变得浮躁。浮躁使人浅薄，浮躁使人急功近利，浮躁使人哗众取宠，浮躁使人易走极端，这便为逆反心理的产生提供了温床。实际上，当中学生多学一点知识，增加学养，提高修养、提高认识，就能认识到逆反心理的荒谬之处，认识到逆反心理的巨大危害，从而采取一种更科学、更宽容的思维方式。老子说过："大音希声，大象无形。"这个道理讲的是要谦虚谨慎，虚怀若谷。有些人之所以会产生逆反心理，就是自尊心得不到满足，又要实现引起他人注意自己的欲望，于是就靠对抗和否定老师的指示命令来显示自己的"本事"。这种做法很不明智，害人害己，贻害无穷。同学们真要想获得师长的喜爱、青睐，得到同学的高看与尊重，就应该遵守学校纪律，服从老师的安排，爱护集体荣誉，维护公共利益。同学们不但要把学校与老师安排的任务完成好，而且还要把老师没有安排但又应该要做的任务完成好。长此以往，自然而然就会实现提高素质、增长才干的目标。要不断地学习，提高自己的文化、思想、道德素质，提高思想境界与精神境界。同学们素质和境界高了，看问题自然就科学、辩证得多，处理问题自然就妥当得多，就不会不分对错，对一切事物采取一概否定的逆反态度。

（三）相信老师，敞开心扉，取得老师的全面信任

逆反心理是一种不健康的、消极的对抗心理。同学们逆反心理产生后，便对老师存有疑惧和不信任感，认为老师的一言一行都是与自己过不去，因

而把自己的真实思想深埋心底，绝不向老师透露只言片语。同学们这种自我封闭、拒绝沟通、拒绝合作的做法非常有害。不要把老师与自己对立起来，老师在学习、生活中起着指路灯的作用，为中学生的学习生活提供全面帮助。因此，同学们遇到问题，有什么不同看法或想不通的事，都应该向老师敞开心扉，毫无保留地告诉老师，以求取得老师的帮助。持逆反心理者的首要特征为是非概念模糊，继而形成一种归因偏见，导致心理的不平衡与不相容。美国心理学家奥尔波特在《偏见的天性》一书中，认为偏见是没有实际证据就先下定论，是一种错误的、固执的、泛化的认识。由此看来，认清是非、纠正逆反心理的关键是要消除偏见，偏见消除了，对有关事物就会有客观、公正的评价。对事物评价过程中至关重要的是自我评价，持逆反心理者往往不能正确地评价自我，不能正确评价自我就不能自觉地升华自我。升华自我是一种较高级的心理境界，其关键是使自己树立自我教育的观念。通过自我教育避免和消除逆反心理。

综上，中学生克服逆反心理，学会服从、学会配合、学会合作，有利于个人健康成长成才。当然，克服逆反心理，不是说让中学生盲目服从，盲目服从也是不可取的。在管理教育过程中，老师也可能犯错误，面对老师的错误，可以私下沟通并委婉地指出来。这是种“双赢”的思维，既对老师有好处，又对中学生的学习生活有帮助。中学生只有克服逆反心理，学会宽容、学会理解，才能更好地融入集体，更好地成长成才，在学业与事业上取得更大的进步。

第七章

戒除固执　从谏如流

固执心理一般是指坚持固有成见与态度，不肯变通、不肯妥协、不肯合作，对一旦形成的观点或行为方式顽固坚持，很难予以改变的心理特征。其特点是自我评价过高，坚持己见，认死理，思想僵化，思维方式定型化，不接受批评，易冲动和诡辩等。固执心理是人际交往和情感交流、增长知识的大敌。固执的人常常因为他人的意见与己不一致而愤愤不平，争吵辩论，严重的还会激化矛盾，影响人际关系。固执的人由于坚持己见，难以接受新生事物，往往思想跟不上时代步伐。现代医学研究表明，固执的人会导致神经系统和内分泌系统功能紊乱，进而影响人的正常生理代谢，使人体的免疫能力降低，易患多种疾病。当前有些中学生存在一定固执心理，有的固执心理还比较严重；有的同学听不得别人的意见，对家长、老师的批评教育态度抵触，因而不能自觉地、深刻地检讨思想问题，甚至有的由于不听劝解走上了弯路，严重影响了个人的健康成长与进步。因此，中学生要正确认识固执心理产生的原因、危害，采取科学的方法认真克服固执心理，做到虚怀若谷，善于听取意见，作出正确的决策。

一、认清固执心理产生的主要原因

（一）自尊心过强，为维护所谓“面子”而固执

自尊作为人的一种精神需要，是可以理解的，而且是每个人都应当具有的。但过于自尊，为自尊而坚持错误就走向了反面，就变成了固执。有些中

学生综合分析能力不强、文化思想素质不高、学习成绩不突出，又非常自尊，因而只能用固执、执拗、坚持己见、无理取闹等方式来满足和维护自己的自尊。有的中学生做错了事、说错了话，被他人公开驳斥，为维护自己的面子，明知别人说得对也硬是不肯认输，更不轻易承认自己的错误。

（二）自以为是，墨守成规导致了固执

有些中学生认为自己聪明，自己绝对正确，认为自己的观点与做法最为正确，自己习惯很难改变。这些同学把自己看得很有本事，每当坚持了一次自己的意见，就认为是一次胜利。有的中学生认为自己聪明，学识渊博，对他人的意见根本瞧不起、听不进，更不用说接受了。还有的同学思想观念不能与时俱进，对新生事物比较抵触，对传统道德文化也不愿意接纳，学习生活中就坚持自己的一套理论与行为模式，固执己见，不愿意改变。

（三）个人修养不高，缺乏辩证思维必然陷入固执

有的同学个人修养不高，不能够用发展的、辩证的观点观察问题、认识问题。遇到不同观点的问题时，不能从各个侧面进行客观的分析。正确的做法是，既能坚持自己正确的东西，又能发现并承认自己错误的东西，找出问题的症结所在，统一到正确的观点上来，问题也就自然得到了解决。相反，修养不高的同学喜欢钻牛角尖，经常拘泥于个人观点与认识之中，或只见树木，不见森林，只知其一，不知其二，眼光短浅，思维定式，这就必然使自己的认识过程发生迟滞，陷入固执的误区。

二、采取科学方法克服固执心理

固执的心理不利于同学们学习生活进步，不利于个人身心健康发展，中学生在学习生活中就要自觉克服固执心理，善于听取正确意见，善于作出正确决策，善于作出正确行为。克服固执心理要做到以下几点。

（一）尊重真理，尊重他人

“金无足赤，人无完人”，一个人不可能事事都正确，也不可能事事都懂得。中学生在成长的过程中有缺点和错误也是很正常的，没有必要掩盖。越是掩盖，越受不到他人的尊重。相反，错了的就大胆承认，不懂得就公开坦

言，这不但不会损坏同学们的形象，而且还有助于提升自己的威信。只有弥补了不足，改正了错误，才能得到成长，得到提高。另外，同学们要学会自尊自重，同时也要学会尊重他人。中学生朋友不过分地坚持己见，采取比较灵活的方法，也是对他人的一种尊重，能带来比较融洽的人际关系，创造良好的学习生活环境。如果坚持己见到了逞强好胜的地步，肯定会陷入孤立的状态，可能引起人际关系紧张，不利于同学们健康成长。

（二）学会自省，培养良好的个性心理素质

“三省吾身”说的就是要学会自省，自我检视，自我修正，自我提高。世上最难的事莫过于战胜自己。要克服固执，需要有坚强的意志，学会理智地分析自己，在看到自己优点的同时，必须看清自己的缺点和错误。如果对问题的认识与做法是正确的，可以坚持自己正确的观点；同时看到自己不可能万事精通，认识上肯定会有偏颇之处。要克服固执，必须多与别人平等交流，克服好为人师、自我清高的弊病。最好不要诸事固执己见，更不要以为与别人交流几句会丢面子。要把讨论问题作为互相交流切磋、互相取长补短的机会，虚心学习，不耻下问，使自己的认识分析能力不断丰富和提高，个人综合素质也会得到显著提高。

（三）养成善于接受新事物的习惯，培养思维的灵活性与辩证性

从某种意义上说，知识越少的人思维越狭隘，眼界不开阔，越容易产生固执心理。为此，中学生要注意学习新知识，乐于接受新事物、新思想，了解社会经济文化发展的新趋势。这样有利于从多个角度认识事物，得出更加正确的结论，作出更加正确的判决。一个人经常抱着陈旧的观点，就不可能进步，不可能提高，不可能创新。经常接受新事物、新思想、新动态，知识丰富了，视野自然开阔，固执心理也就不复存在。世界万物都是复杂的，不断发展变化的，要得出正确的结论，必须进行深入调查研究，对大量信息进行分析综合。综合分析判决的过程，需要灵活地思维和辩证的观察，凡事一分为二分析，客观全面分析，用联系的、发展的眼光分析，从不同的角度去认识事物，才能得出更正确的判决，进行更正确的决策，作出更明智的行为。中学生朋友要善于听取师长与同学的正确建议，做到从谏如流。全面分析看

待问题，避免固执地坚持一孔之见。

当然，中学生朋友要认识到，固执心理与坚持原则不是一个概念。两者表面看上去有相似之处，但却有本质的不同。在正常学习、生活中，对于牵涉到法律政策管理等方面的重大原则问题，涉及公共利益、集体利益，涉及国家利益与公共安全等重大利益的，中学生朋友在原则面前丝毫不能马虎，必须严格坚持，坚决贯彻。一个人在基本原则问题上不敢坚持，就失去了灵魂和尊严，违背了基本准则，就失去了威信，也可能给国家、社会、集体利益造成不可挽回的损失。基本原则、重大原则必须坚持，必须遵守。固执心理往往是建立在个人观点与做法不正确，但却固执己见，拒绝修正。因此，中学生既要克服固执心理，又要坚持基本原则，明辨是非，坚持正确的方向。

第八章

戒除虚荣　宠辱不惊

“虚荣心”一词，《辞海》释为追求表面上的荣耀和虚假的荣誉。此词最早见于柳宗元的诗：“为农信可乐，居宠真虚荣。”虚荣心是自尊心过分的表现，是为了取得荣誉和引起普遍注意而表现出来的一种不正常的社会情感。心理学上认为，虚荣心是自尊心的过分表现，是为了取得荣誉和引起普遍注意而表现出来的一种不正常的社会情感。物质生活中的虚荣心表现为一种不良的攀比行为，其信条是“你有我也有；你没有我也要有”。没有时只好打肿脸充胖子，以求得周围人的赞赏和羡慕。社会生活中的虚荣心表现为一种不良的自我炫耀行为，通过吹牛、隐匿等欺诈的手段来过分表现自己。精神生活中的虚荣心表现为一种不良的嫉妒行为。如为满足自己的物质生活中的虚荣，吹嘘家中多么有钱；有的为满足精神生活中的虚荣，见到他人取得的成绩比自己大时就进行讥讽、诋毁等。虚荣心过度会影响中学生朋友的身心健康发展，影响中学生学习生活进步，中学生朋友要科学认识虚荣心危害，采取正确的方法，并真正加以克服，正确评价自己、正确评价他人，实事求是地完成好学习与实践任务。

一、充分认识虚荣心理的危害

虚荣心是一种常见的不良心态，虚荣往往与自尊有关。[①] 过度的虚荣心是一种追求虚表的性格缺陷，是一种扭曲了的自尊心。在社会生活中，人人

① 文谨编著：《一生三好全集 好心态 好习惯 好性格》，北方文艺出版社2007年版，第71页。

都有自尊的需要，都希望得到社会的承认。但虚荣心过强者不是通过实实在在的努力，而是利用撒谎、作假、投机等非正常手段去渔猎名誉。[①] 虚荣的人对自尊缺乏正确的认识，追求的只是虚假的荣誉，这种荣誉不是经过自己的努力得来的，而真实的荣誉反而有可能在放松努力中逐步失去。当某种荣誉想得到而得不到，想不失去而无法不失去的情况下，虚荣的做法尤其容易产生，因为这种做法正好弥补了心理上的失望感。人是需要荣誉的，也应该以拥有荣誉而自豪。可是，真正的荣誉应该是真实的，而不是虚假的，真正的自尊是靠努力奋斗获得的，不是投机取巧骗取的。经过自己努力获得的荣誉才是光荣的。一味追求虚假的荣誉、表面的虚荣会使人失去实在的追求、失去自身的进步、失去别人的尊重、失去友谊、失去诚实，留下的只有空虚苍白的人生。[②]

许多事实都无可辩驳的证明，过度虚荣心理是非常有害的。从一定程度上讲，个别中学生朋友之所以走上歧途，甚至违法犯罪，有的就是虚荣心使然。如自己家境贫寒，在他人面前又吹嘘得非常富有，当钱财不能满足时，导致了盗窃、抢劫等行为发生，走上歧途，未进大学，先进牢房；又如自己办不到的事情，吹嘘自己能办到，当他人要求其把事情办好时，为了一时的虚荣，也会采取一些非法手段而走上歧途。虚荣心的表现是逞强好胜，好高骛远。学习、实践、生活中经常会出现这样的情况，自己明明没有能力完成的任务，由于虚荣心作祟，对老师承诺得很好，等到师长询问完成的情况时，又把完不成任务的原因归咎于他人，结果不仅耽误了任务，还引发了矛盾。虚荣心还会给自己的身心发展带来危害。虚荣心的实质是表面上追求面子，打肿脸充胖子，内心却很空虚，也很焦急。表面的虚假荣耀与内心深处的空虚总是不断地斗争。一方面，在没有达到目的之前，为自己不如人家的现状所折磨；另一方面，即使达到目的之后，也唯恐自己真相败露而恐惧。一个人如果经常被来自这两个方面的矛盾心理所折磨，他的心灵总会是痛苦的，完全没有轻松、快乐可言。过度虚荣行为，属于典型的“死要面子活受罪”。

① 陈洪、吴运友主编：《中学生心理保健》，复旦大学出版社 1999 年版，第 88 页。
② 陈洪、吴运友主编：《中学生心理保健》，复旦大学出版社 1999 年版，第 89 页。

总之，虚荣心是一种没有自信、自尊，只图虚名，不求务实的一种有严重缺陷的心理，如不及时克服，危害是很深的，对中学生朋友的身心健康发展产生负面影响。

二、树立正确的荣辱观

树立正确的荣辱观，就是要对荣誉、地位、得失、面子持有一种科学的认识和态度。根据马斯洛的多层次心理需求分析，每个人都有一种获得他人尊重的需要，这种需要很正常。为此，中学生朋友应该十分珍惜和爱护这种需要，但是这种追求必须与个人的社会角色及才能一致。面子“不可没有，也不能强求”，如果“打肿脸充胖子”，过分追求荣誉，过度追求虚荣、过度显示自己，就会使自己的人格受到歪曲，走向事物的反面，为了面子却常常会失去面子。中学生在一起时间长了，大家互相都很了解，越显示越吹嘘，反而越显其轻薄。所以中学生朋友不要做一个贪慕虚荣的人，要做一个自尊自强的人。中学生朋友如果敢于正视自己的不足，知之为知之，不知为不知，把一个真实的自我坦诚地显示在公众面前，反而会得到老师与同学们的尊重和谅解。中学生朋友同时也应正确看待失败与挫折，一时的失败没有多大关系，一时的学习成绩退步也不要灰心。“失败乃成功之母”。只要能从失败中总结经验，吸取深刻教训，从挫折中悟出真谛，就会逐渐走向成熟，超越自己，走向成功。如果失败了不敢正视，有意掩饰，粉饰太平，报喜不报忧，反而失去得更多。只要树立了正确的荣辱观，虚荣心理便会逐步得到克服。

人生在世，要有一定的荣誉与地位，这是心理需要。每个人都应十分珍惜和爱护自己及他人的荣誉与地位，但是这种追求必须与个人的社会角色及才能一致。面子“不可没有，也不能强求”，如果“打肿脸充胖子”，过分追求荣誉，显示自己，就会使自己的人格受到歪曲。同时，应正确看待失败与挫折，“失败乃成功之母”，必须从失败中总结经验，从挫折中悟出真谛，才能建立自信、自爱、自立、自强，从而消除虚荣心。[①] 中学生朋友对荣誉要

---

① 文谨编著：《一生三好全集 好心态 好习惯 好性格》，北方文艺出版社2007年版，第71页。

有正确的认识。一个人对自己的声誉、威望、受人尊重十分看重，这是正常的。人有尊重的需要，有成功的需要，这是一种合理的、积极的要求。但是，这种情绪一旦变成了一种追求个人荣耀的欲望，对表扬沾沾自喜，甚至为了表扬才去做某事等，那就成了一种消极的虚荣心理。屈原说："善不由外来兮，名不可虚作。"这是告诫后人不可追求虚假的荣誉。虚荣是用不属于自己的东西来装扮自己，靠搞伪装等不正当手段去掠取荣誉，对这种虚假的荣誉，我们应当蔑视它。只有通过辛苦劳动获得的劳动成果，才能赢得他人的尊敬，才能经得住时间的考验。[①]

三、在生活中要把握攀比的尺度

多数人正常都多少有点虚荣与攀比心理，但要把握好攀比的方向、范围和程度。要多立足于社会价值而不是个人价值的比较。从范围上讲，要立足于健康的而不是不良的比较。在学习、生活中要比干劲、比实绩，而不是贪图虚名，嫉妒他人，表现自己。只看到别人取得了成绩心里很难受，没有看到人家付出的努力，这种想法是害人又害己的。中学生朋友要经常这样想，自己所处的地位，所获得的成绩，不是老师给的，而是自己努力的结果。要从个人的实力上把握好比较的分寸，能力一般的就不能与能力强的相比，因为这样对比从心理上越比越失望，越比自己的心理负担越重。每个人都有自己的优点和长处，要相互学习，共同进步。

四、自觉纠正不良的虚荣行为

如果个人已出现自夸、说谎等不良心理行为，可以采用心理训练的方法进行自我纠偏。这种方法源于条件反射的负强化原理，即某些不良行为即将或已出现时，个人给自己施以一定的自我惩罚，如用套在手腕上的皮筋反弹自己，以求警示与干预作用。久而久之，虚荣行为就会逐渐消退，但这种方法需要中学生有超人的毅力与坚定的信念才能收效。另外还可以进行心理咨询，向专业心理咨询师寻求帮助，在心理咨询师指导下，逐步克服不良心理，

① 陈洪、吴运友主编：《中学生心理保健》，复旦大学出版社1999年版，第89页。

消除虚荣心理。养成自尊自强、积极向上、谦虚谨慎、努力进取的良好心理行为习惯。

五、学习良好的社会榜样

中学生朋友可多从名人传记、名人名言学习伟人宽广的胸怀与谦逊的态度。从现实生活中，以那些脚踏实地、不图虚名、努力进取的革命领袖、英雄人物、社会名流、学术专家为榜样，做一个“实事求是、不自以为是”的人。另外，克服虚荣心不能使自己走向自甘认输、自我贬低或自我堕落。要区别好自尊心、上进心和虚荣心的本质区别，积极向上，不甘落后，力争上游是自尊、自强的表现，而不是一种虚荣，一定不要因为克服虚荣而走向问题的反面。总之，虚荣心不可有，自尊心不可无。

第九章

戒除孤独　融入集体

孤独是自我感觉被别人所拒绝、所遗忘，心理上孤立无援的心理感受。现代的青少年学生由于环境的限制，从小生活在狭窄的空间里，平时总是和家人、同学在一起，很多人空闲时间不是看电视就是上网，总是被家人呵护。特别是当今的独生子女，家长在生活上过多地包办代替。当他们刚刚脱离父母时，在求学过程上有时心里感到不安，如果得不到同学、朋友的安慰，常常会感到孤独、苦恼。父母离异和农村留守家庭的孩子的孤独感更为突出。他们中的一些人由于性格孤僻，不合群，往往很难与人正常交往。有的人在别人眼中显得格格不入，就更会使其闭锁在自我的小圈子里长吁短叹，感觉到自己受到周围人的拒绝和抛弃，从而产生孤独感。一位中学生苦闷地写道："我从小就养成了孤僻的脾气，进入中学后，这种脾气仍然难以改变，不少同学说这是不尊重老师、不团结同学的表现。于是我的脾气越发孤僻，除了上课外我很少参加集体活动，有时索性一个人拿本书，甚至吃饭时，也要一个人坐在食堂的角落里。"可见，正是这种从小养成的孤僻性格所形成的孤独心理，进一步阻碍了同学与周围的老师、同学的正常交往。① 正确认识并及时排解孤独心理，不仅对中学生的学习、生活有着重要的意义，对今后的人生之路也会产生积极的、良好的影响。

---

① 罗堪羡主编：《心灵防火墙 中小学生常见心理障碍及防治》，湖南科学技术出版社2006年版，第104页。

一、了解孤独心理的表现

孤独心理是因缺乏与他人情感交流而产生的孤单寂寞的情绪体验。孤独的人一般主要表现在不愿与他人接触，待人冷漠，对周围的人常有厌烦、鄙视或戒备心理；或者也想与他人交往、交流，却认为找不到倾诉对象，不知道如何正常交流与合作。具有这种个性问题的人猜疑心较强，容易神经过敏，严重的孤独会使人产生挫折感、狂躁感，令人心灰意冷，严重的还会厌世轻生。中学生在学习生活期间，由于环境的特殊，也容易产生孤独心理。毫无疑问，具有孤独心理的同学心中是苦闷的，人际关系是淡漠的，生活中是缺乏快乐的。

（一）沉默寡言，不适应环境

孤独心理的学生往往寡言少语，他们总是以自我为中心去感知周围的环境，不喜欢、不善于与别人相处和交往，待人态度冷漠，也就很难与其他同学相处。孤独心理严重的同学往往不太懂得人际交往，结果必然是看谁都不顺眼、不顺心、不习惯。孤独心理的同学有时也不是存心不想和别人搞好关系，也想有几个知心朋友，以解除自己的孤独、痛苦和寂寞；但由于自己沉默寡言，孤僻离群，不善交际，常常不能与人友好相处，无法与同学打成一片。

（二）敏感多疑，难于合群

孤独心理的学生往往对周围学习生活环境、对人、对事均比较敏感多疑。对于老师、同学的一举一动、一言一行，往往会担心和怀疑是不是跟自己有关。常常担心别人是不是在议论自己，说自己的坏话，人为地制造一种心灵隔阂。孤独心理的同学往往不喜欢参加集体活动，唯恐内心的秘密被人发现、被人了解；唯恐自己在活动中做错了事，被人笑话、被人瞧不起、被人讨厌。

（三）感情脆弱，害怕困难和失败

孤独心理的学生性格一般较为内向，往往不愿向别人倾吐内心脆弱的情感，即使是向最依赖的人倾诉也需要付出加倍的勇气。孤独心理的同学往往觉得自己渺小或无能为力，信心不足，自惭形秽，总担心暴露出自己的感情

脆弱与内心孤独，会受到老师与同学们的轻视。孤独心理的同学害怕学习生活中的困难，担心失败，常常因为缺少克服困难的办法而自责。另外，也害怕别人的非难，唯恐被大家所抛弃而处于孤独寂寞之中。

二、分析孤独心理产生的原因

（一）幼年的创伤经历

有的中学生产生孤独心理的原因在于童年成长过程中家庭变故等心理创伤，对社会、对集体、对他人不信任，存在抵触与隔离心理。调查研究表明，家庭因素是幼年形成孤独心理的重要原因。如父母离异、父母关系不和、父母教育方法不当等都会给儿童造成心理上的创伤。父母离异，致使缺乏母爱或父爱，子女得不到家庭的温暖，就会变得畏畏缩缩，自卑冷漠，过分敏感，不相信任何人，形成孤独的性格。父母关系不和，儿童时期过早地接受了烦恼、忧虑、焦躁不安的情绪体验，使其产生消极的心境甚至诱发严重心理问题。父母望子成龙心切，当孩子做错事，或孩子的学习成绩达不到父母的要求时，不被父母理解，得不到安慰，甚至受到父母的粗暴对待，使孩子感到最亲近的人尚且如此，其他人肯定更甚，因而产生对父母、对他人的强烈不信任，不愿搭理、不想亲近、不屑交往的情绪，最终导致孤独心理的产生。

（二）交往中的挫折体验

人生之中挫折总是难免。如果能够正确处理挫折，则会磨炼意志，提高能力。但有的同学由于缺乏必要的交际技能和方法，在人际交往中曾屡屡遭到拒绝或打击，自尊心和交际的自主性受到伤害，如果不能从正面分析原因，总结经验教训，便会走向极端，进行自我封闭。越不与人接触，社会交往能力就越得不到锻炼，越不能融入集体与团队，人际交往与融入团队的自信心和兴趣越差，使自己远离同学、远离朋友、远离集体，结果就越孤独。还有部分中学生对朋友、对他人非常信任，而有时同学、朋友的偶尔失信会导致自己很失望，从而接受反面教训，一日被蛇咬，十年怕井绳，对所有的人失去信任，做事独来独往。人际交往中的挫折体验最终导致同学产生孤独心理，

形成孤僻的性格，不能够融入集体，不能够与同学和谐相处。

（三）自身认识水平的偏差

有的中学生朋友对自身的能力、知识等诸多方面缺乏正确认识，往往过低评价自己或过高评价自己，有的对自己缺乏自信，有的则过于骄傲自大，这些也是导致孤独心理产生的一个重要原因。一是目空一切，非常自傲，自命清高。认为别人都是非常平庸，都不如自己；如果与这些同学交往，就会掉“身份”，从而使自己陷入孤独的境地。二是妄自菲薄，自轻自卑，认为别人会因为自己的某些短处或缺陷而看不起自己，怕与别人交往会自讨没趣，被人嘲笑，说是不自量力，因此筑造“围城”自我封闭，与别人“断交”或尽可能减少往来。三是愤世嫉俗，追求完美的个人“理想世界”。而这种“理想世界”又无法与现实相容，无法营造良好的师生关系与同学关系；这样的同学所作所为常常不被多数同学理解，从而造成孤独心理，更加自我封闭。

三、采取科学方法克服孤独心理

有孤独心理的当代中学生很难融入集体，很难与同学、老师配合好；长此下去，会令人心灰意冷，自我封闭，自怨自艾，严重的会产生轻生厌世的心理。因此，中学生朋友必须认识孤独心理的危害，采取科学方法克服孤独心理，养成阳光乐群的健康心态，促进个人成长成才。

（一）认清原因，优化心态，消除不良孤独心理

“心态决定命运”，这是来自印度的一句谚语，现在被多数人所认可。“自大自傲”“内向自卑”“愤世嫉俗”等均属于不良的心理状态，都会导致认识问题、理解问题的偏颇，对个人身心发展不利，也容易产生孤独心理。要消除孤独心理，就要分析清楚孤独心理产生的具体原因，逐步改变自己的心态，提高修养，开阔视野，学会容人、容事，建立起良好的人际关系，逐步消除不良孤独心理，培养阳光乐群心态。具体来讲，有自傲缺点的中学生，要摆正自己与别人的关系，善于发现别人的优点，调整自己高傲的心态，尊重他人的价值取向和兴趣爱好，学会容忍他人的缺点，同时也要看到自己的

不如他人之处，多和同学交往，平等相处。因妄自菲薄造成孤独心理的中学生，一定要去除非理性的观念，要增强信心，看到自己的短处不是坏事，但不能看得一无是处，更重要的是要总结自己的优点，发扬自己的长处，天生我材必有用，使自己感到与他人是平等的，并以这种心态去与老师、同学、朋友交往。因愤世嫉俗造成孤独心理的中学生，要认真思考自己所追求的"理想世界"的现实性。如果个人小世界是虚无缥缈的"水中月，镜中花"，就必须重新调整所追求的目标，要树立远大理想，志存高远。社会是在前进的，但绝不是完美无缺的。有些时候必须记住，人只有主动地适应环境，而环境不会被动地适应某一个人。

（二）增进了解，善待挫折，用健康心态战胜孤独

中学生朋友在交友、交往中遭遇一定阻力与挫折，这是每个人都难以避免的事，不能因此而缩手缩脚，把自己封闭起来。这样做就如"木匠带枷，自作自受"。同学们必须从自我束缚中走出来，要敢于与他人交往，要有与任何人成为朋友的愿望。通过正常的同学、朋友交往，能增进相互了解，增进相互信任，培养同学友谊，促进身心健康，这样就会树起良好的形象，逐步摆脱孤独心理的束缚。同学们要正确地看待挫折。挫折和教训使人变得聪明和成熟，也正是失败本身最终造就成功。反之，你就会变得情绪消沉或一蹶不振。正如一位哲人所说，如果你在第一个浪头来时跌倒了不能及时爬起来，第二个浪头就会把你淹没。直面挫折，勇往直前，才能不断进步、不断成功。如果能以辩证的观点看待不顺与对待挫折，大家就能鼓起勇气，学会合作，融入集体，克服孤独，阳光心态，积极向上。

（三）加强人际交往，扩大交际范围，培养良好友谊

有孤僻性格的同学要尽量扩大交往范围，尽量多与同学朋友接触，真诚坦率地与老师、同学、朋友交往，交流沟通，相互合作，不断进步。要主动亲近别人，关心别人。因为交往是一个互动互酬的过程，所以别人也会对你以诚相待。人际范围扩大了，人际关系融洽了，不再形只影单，孤独感就会自然消退了，孤僻性格与孤独心理就逐渐得到了矫正。

（四）培养广泛的兴趣爱好，积极参加集体活动

中学生朋友要不断扩大自己的兴趣范围，培养更多的兴趣爱好，为自己安排好丰富有益的业余生活，把思想感情从孤独的小圈子中脱离出来，投入到广泛的集体活动中去。积极参加演讲、球类等集体活动，能够有效地从孤独状态中解脱出来，形成融洽的人际关系。性格孤僻的同学喜欢把自己关在屋子里，或束缚在单独活动的小圈子里。越是这样，越觉得自己孤单，性格也就越孤僻。因此，性格孤僻的同学要主动地、积极地参加各种活动，扩大交往范围，活跃情绪，这样就能使你愉快起来。集体活动是克服孤独心理的重要方式。中学生积极参加集体活动、参加团队活动、参加小组学习，随着活跃和愉快程度的提高，孤僻就会在不知不觉中消失。①

总之，只要采取科学方法，必然能战胜孤独。中学生朋友要认识孤独心理的危害，强化克服孤僻心理的内在愿望，采取科学的方式方法。一个人的孤僻性格固然与人的气质即神经系统类型有很大关系，但性格的形成主要还是由于后天环境的影响。有孤僻心理的人自己要有克服这一心理障碍的良好愿望与坚定决心。同学们愿望越强烈，目标越明确，行为也越自觉，方法越科学，效果也就越明显。中学生朋友要与外界交流，与同学多交往，与老师多交流，与家长多谈心。培养独立自主意识与能力并非要孤独生活，也不意味着与世隔绝与自我封闭。② 每位同学都是班集体、学校集体一员，也是社会成员之一。中学生朋友只有关心同学、热爱集体、团结合作、互相帮助，才能更好地成长成才。

---

① 陈洪、吴运友主编：《中学生心理保健》，复旦大学出版社 1999 年版，第 119 页。

② 文谨编著：《一生三好全集 好心态 好习惯 好性格》，北方文艺出版社 2007 年版，第 68 页。

第十章

戒除愤怒　学会克制

愤怒是一种常见的消极情绪，是当人们对某种客观现实不满，或者个人的意愿不能满足时产生的一种身心紧张而不愉快的情绪状态。当人们的需要得不到满足，遭到失败，遇到不平，个人自由受到限制，言论遭人反对，无端遭人侮辱，隐私被人揭穿，上当受骗等多种情形下，都会产生愤怒情绪。愤怒情绪如若不及时加以疏导、排解，极易产生攻击行为，严重的会导致破坏、伤害等恶性事故的发生。实践中发生的个别中学生因愤怒情绪暴发造成故意伤害案件即是典型案例，教训深刻，须引以为戒。因此，中学生朋友要正确认识愤怒心理产生的原因，认识到愤怒情绪的现实危害，并采取科学方法及时加以疏导抑制。

一、分析愤怒心理产生的原因

（一）个人利益受到侵犯

中学生在学习实践生活中有些个人利益或权益受到侵犯，是产生愤怒情绪的原因之一。例如，个人物品被他人破坏；违反了学校纪律、卫生规范受到学校处罚；遭受到他人的攻击、诋毁、诬告、陷害等；尊严受到侵犯，人格受到贬损；名誉受到贬低，荣誉受到剥夺等。个人权益受到侵犯，是中学生朋友愤怒心理产生的重要原因之一。

（二）认为个人被他人利用

中学生在学校学习生活中感觉被别人恶意利用，被欺骗，也容易产生愤

怒心理。例如，在校期间，两名同学违反校规校纪后订立攻守同盟，当其中一人将情况向老师汇报后，另一人认为自己被利用、被耍弄，并因此处于十分被动的局面，受到学校批评处罚，于是产生心情不愉快、痛苦和压抑。心胸宽广的，可从积极方面去认识，认为批评处罚对自身成长有利。如果心胸狭窄，则会因痛苦和压抑不能及时排解而逐渐产生愤怒情绪。

（三）因嫉妒他人取得好成绩而愤怒

严重的嫉妒心理容易引发愤怒情绪。一般来说，中学生都有轻微的嫉妒心理。少数中学生嫉妒心理较为严重。部分中学生会因嫉妒他人而产生愤怒情绪，甚至因愤怒而产生报复行为。有的中学生在学习生活中会出现因嫉妒产生愤怒情绪，例如，别的同学成绩获得第一，别的同学获得了某项重要荣誉称号，便妒火中烧，继而引发愤怒情绪；如果不能科学控制与化解，有同学容易把自己的怒气发在他人身上，发泄自己心中的不愉快，发泄内心不满与郁闷，发泄内心的不平与嫉妒。

（四）因受到老师的批评或不公正对待而产生愤怒情绪

生活的道路不会一帆风顺，总是有顺境与逆境。中学生在校期间犯了错误受到老师批评、教育、处罚都是正常的。但有些同学受到批评处理后，往往不是从自身上找原因，而认为师长的批评教育是与其过不去。于是对师长的批评教育有一种自然的抵制情绪。个别同学会极为愤怒。有部分中学生遇事特别敏感，在学习生活中可能经常受到老师的表扬，而有一次没有表扬他，他便认为老师看不起他，对他不公，心中便产生怒气。当然，学校老师有时管理教育方式不当，也会造成一些同学的不满与愤怒。有的同学感觉受到不公正对待，感觉受到了侮辱，如果不能正确对待，压抑心理如不能缓解，久而久之可形成愤怒情绪；也有个别老师处理问题比较草率，仅凭只言片语，不做调查，造成教育批评不公，也使中学生产生愤怒心理。

（五）因他人不幸遭遇而产生愤怒

部分中学生非常有正义感，或者说讲义气，路见不平，拔刀相助。对社会上一些不公正之事，或者看到别人权益受到了侵害，遭受到不公正对待时，心中正义感使他怒气填胸。轻者说些愤愤不平的言论，重者对有关的人与事

进行谩骂，个别的同学可能还会殴打他人。经常会出现这种情况，两个同学打架本来没有事，同学出于所谓哥们义气或者正义感而加入，之所以参加进来，是因为这位同学看不下去欺负的事情发生，结果这位同学也成了打架的主角，同样违反学校纪律，必然也会受到学校处罚。

（六）内在修养不高造成愤怒情绪的发生

有的同学错误地认为发怒是男子汉的特点，是勇敢的表现，不敢怒是软弱。有的同学认为发怒是有能耐的表示，没本事的同学没资格发怒；有的同学认为发怒不会被人欺侮，用发怒吓唬人。另外有同学内在修养不够，自我控制力不强。有的同学心胸狭窄，斤斤计较，为一点小事大动肝火，否则不能解恨；有的同学虚荣心过强，自尊心受到伤害时，认为发发脾气才能找回面子；有的同学傲气太足，受不得半点委曲，动不动大发雷霆；有的同学感情脆弱，自制能力差，缺乏意志磨炼，在别人看来不起眼的小事，他却勃然大怒。由此可见，中学生朋友加强内心修养，提高自制力也是克制愤怒情绪的重要因素。

二、采取科学方法消除愤怒心理

（一）认清愤怒情绪的危害

只有认清了愤怒情绪的巨大危害，才能更加自觉地预防控制愤怒情绪。愤怒是动怒的较高强度，是逐步由轻度愤怒积累起来的，爆发时虽然持续时间较短，但爆发力大，破坏性强。如果放任这种情绪发展，会给中学生带来不良的影响，可能造成不可挽回的损失。首先，愤怒情绪影响人际关系，人发怒时极易丧失理智，或出言不逊、或动手伤人毁物，这都会造成人际关系紧张，影响正常的学习生活环境。其次，愤怒情绪对中学生的心理健康与个性发展没有好处。愤怒情绪会破坏愉快乐观的心境，使人陷入连绵不断的不良情绪状态中，整天心中烦躁，愤愤不平，干什么都没有情绪，缺乏耐心，干什么也难出成绩，最终会影响学习效率与学习成绩。最后，愤怒情绪会给中学生的身心健康带来影响。心理学原理证明，人们在发怒时，交感神经系统激活，血液系统扩张，横纹肌紧张度增加；经常愤怒会导致胃溃疡、高血压、心悸、失眠，甚至有患心脏病、癌症的危险。中学生朋友认识了愤怒情绪的危害，一定要高度重视学会克制、学会包容、学会谅解、学会抑制极端愤怒情绪的发生。即使产生了愤怒情绪，也要学会冷静处理，等情绪稳定后再做处理，防止因愤怒产生不理智的行为，造成不可挽回的损失。

（二）遇事要沉着冷静

中学生朋友遇到事情或变故一定要保持冷静、保持镇定。因愤怒造成打架或报复等事件往往都是遇事缺乏理智的后果。因此，中学生在生活中要自觉培养遇事冷静处理的习惯，受到批评，受到不公正对待，受到污辱时，一定要提醒自己冷静、冷静、再冷静，忍耐、忍耐、再忍耐。“小不忍则乱大谋”。“忍一忍，风平浪静，退一步，海阔天空”。这些格言都是教育大家不必为一些小事斤斤计较，要心胸开阔，学会包容、学会谅解，目光长远。虽然不提倡无原则的让步，但有些事不必要“火上浇油”，那只会使事情更糟，只会破坏良好的人际关系，影响良好的学习环境。当受到老师或他人的批评或指责时，哪怕是误会了大家，也一定要先克制自己的情绪，让大脑冷静下来，事后再心平气和地解释沟通，全面考虑到事情的主客观因素，避免由于一时性急而采取错误的行动，导致不可挽回的后果。

（三）培养健康人格

很多同学懂得愤怒既伤感情又伤身体的明显道理，并告诫自己不要发怒，但实际做起来时却感到很难，很难控制自己的怒气。往往发作时怒气冲天，暴跳如雷，不计后果，事情过后又非常后悔，为自己失去控制而难过。可不久后再次遇到类似情况时，又忍不住大发其火。这都是自我修养不高、人格修养不够造成。为了提前预防愤怒情绪，首先要加强个人修养，做到胸怀开阔，大度豁达，虚怀若谷，宽以待人。对生活中琐事小事不要斤斤计较，要充分理解和宽容别人的行为，不固执己见，不钻牛角尖，不得理不饶人。很多情况下，怒气是由误会产生的。所以当同学们遇到怒不可遏的事情时，不要急于兴师问罪，大动干戈，而要先冷静下来，理智分析，心平气和地考虑到各种可能，是否自己误解了别人的用意，是否有自己尚未了解的真相。即使其他同学确实误解或者伤害了你，也不能意气用事，一怒之下干出两败俱

伤的事情，看似出了一口气，实则损害了大局，于人于己都没有好处。其次要培养坚强的意志，不断提升自我控制能力。如果有同学性格比较急躁，容易发火，就需经常提醒自己，时刻保持平静的情绪和清醒的头脑。这就要靠自己坚韧的人格、坚强的意志和处变不惊的内在涵养去控制自己的不良情绪。当然这种坚强的意志力是需要长期的磨炼才能形成的，同学们要切实加强健康人格培养，提高自我控制能力，避免因不良愤怒情绪造成不可挽回的后果。

（四）科学宣泄情绪和转移注意力

有时同学们怒气确实膨胀起来，一时难以控制时，也要学会采用科学方法宣泄，或者转移注意力，使自己尽快冷静下来，恢复理智。采取科学方法宣泄怒气等不良情绪，但不能伤及他人。可以找比较知心的同学、朋友尽情地倾诉苦衷，可以找比较贴心的老师说出心中的苦闷。也可找一个空旷的地方，用力喊出想要讲的话，或大声地哭出自己的委屈；也可以到健身房进行健身；去拳击馆进行练习；去电影院看场电影；周末去郊区旅游。学会转移注意力。同学们如果遇到事情产生愤怒不平，要善于将逆境、挫折、愤怒化为自己发奋图强、努力进取的力量，或去参加一些文体娱乐活动，回避一下，让情绪逐步平静下来。古人云：智者避危于形，而明者远见于未萌。暂时避开令人不快的人和事，是一个防范化解愤怒的良策。当然，同学们也可以进行心理咨询，请求心理咨询师开导化解愤怒情绪，恢复理智、恢复正常心态。

第十一章

戒除惰性　增强主动

惰性就是不喜欢、不愿付出体力或脑力去高效完成应该完成的各项学习工作任务。具有惰性心理的人，要么对工作拖延、敷衍或放弃，要么在别人的督促、逼迫下勉强工作，勉强去学习，勉强去完成任务。当然，一些中学生也一定程度上存在惰性心理，影响学习任务的正常完成，影响了个人的全面发展，影响了个人的健康成长。惰性是中学生比较普遍存在的一种心理现象，是同学们在某种环境和某种消极心态的支配下产生的一种懈怠、懒惰的思想和行为。受这种心理现象的支配，有的中学生做任何事都拖沓、"懒"于去想、去做，或者逃避，甚至置之不理。惰性心理的产生才导致出现惰性行为。有的中学生在日常生活和学习上表现出来的放松、懒散、懈怠情绪，能发现问题却不愿动脑筋想办法解决问题，能今天完成作业非要拖延到明天，能今天完成的事情非要拖延到今后。惰性心理久而久之会使同学们逐渐失去创新的思维能力，失去积极进取的激情，推动浓厚的获取知识的兴趣，对中学生朋友的健康成长非常有害。惰性思想产生惰性行为，惰性行为又滋长着惰性思想。中学生惰性的存在严重影响到个人思维的发展、知识的积累、优良品德的形成，长远上也影响中学生朋友美好理想与远大抱负的顺利实现。

一、了解中学生惰性心理的表现

（一）自觉性不高

具有惰性心理的中学生没有明确的奋斗目标，精神不振作，思想上不求

上进，贪图玩乐，浑浑噩噩过日子，把学习看作父母命令与老师要求。总之，这些同学缺少发自内心的学习动力，学习被动，独立自主能力弱，自我管理能力差。有的同学学习主动性差，甚至厌倦学习，学习无效率，学习成绩差，拖延时间，推诿责任，在学校完不成基本的学习任务。

（二）言行不一致

有的中学生具有惰性心理，往往是“思想上的巨人，行动上的矮子”。这些同学谈起理想、抱负、目标，可以是滔滔不绝，显得志向远大，思想不凡，但是却言行不一，实际行动比较少，没有执行力，学习计划得不到落实。这些同学的“理想之舟”，总是停泊在一个“下次开船港”中，迟迟不扬帆出航，明日复明日，明日何其多，万事成蹉跎。有的学生计划宏伟，表态明确，信誓旦旦，甚至有的写保证、发誓言，就是没有行动，言行不一致，计划大打折扣，保证落空，到头来纸上谈兵，学习成绩上不去，综合能力未提升，最终影响学业进步，长远上看可能会影响一生的成就与发展。

（三）依赖性强

具有惰性心理的同学往往缺乏独立意识，做决定总是依靠别人，依赖家长、依赖老师，而不是独立自主，自主决策。这些同学几乎完全依靠别人的指导、督促行动，或者让别人代替自己去行动。在家受父母的过度保护、过度照顾、过度管制，在学校依靠老师过多、过细包办代替。同学们对独立性的重要意义缺乏长远、深刻的认识，贪图有“靠山”可依赖的轻松和方便，放弃掌握自己学习、生活的主动权和进取心。

二、分析惰性心理产生的原因

（一）消极因素作祟

中小学生的惰性心理往往是在成长过程中，碰到困难或受到挫折后不能调整好心态，受消极因素影响所致。消极情绪有些确实是生活中的不利情境所引起的，有些却只是由于人们对事情的真相缺乏了解所致。比如高考复习前，有的学生本来满怀信心地参加复习，可后来听别人渲染考试如何难，于是他也认为考试一定非常难，为此焦虑不安，甚至完全丧失信心。

（二）自制力薄弱

“自制”是调控自身行为方向的性格特征。具有自制力的同学，能不为外在的人与事所诱惑，能够自主地决定行为方向，制订行动计划，自觉执行实施方案，并能克服主客观方面的种种干扰，实现学习与生活目标。但是具有惰性心理的中学生自我调控能力低下，经不起生活学习中的困难，容易受外界因素干扰，即使有好的愿望和奋斗目标，也往往不能坚定意志，持之以恒，有时会半途而废。这些同学容易接受不良暗示，很容易与同病相怜的同学聚集在一起，讲怪话、讲泄气话，学习态度消极，出现消极无能的状态，于人于己均有百害无一益。

（三）学生自身素质影响

自身素质因素包括体质因素、性格特征、气质、神经类型等方面。个性心理特征属于抑郁质的人一般情感低落、忧愁、不活动、不愿意说话、悲观、失望、用消极眼光看一切事情。具有惰性心理特征的人多属于抑郁质，这些同学往往只适应了人都有惰性的一面，而忽视了人又具有主观能动作用，能够发挥积极主观能动性。一些同学胸无大志，不愿付出艰苦，怕苦、怕累、怕困难，表现在学习上兴趣索然，理想目标不明确，行动无计划，得过且过，动作迟缓，效率低下。

三、采取科学方法克服惰性心理

中学生朋友要克服惰性心理，就要提高中学生对主观能动作用的认识，树立远大的理想和志向，提高自信心，强化自我，克服依赖性，勇于面对前进过程中的困难和干扰，把自觉性落实到行动上，提高执行力水平。掌握好学习生活规律，提高内在修养，培养意志品质，提高独立自主意识，增强综合实践能力，从而遏制惰性心理，培养积极主动进取精神。

（一）尊重生理节律，提高学习效率

中学生朋友一定要懂得人体的生理节律，掌握并运用好生理规律。人的身体有自然的生理节律，也就是所谓的“生物钟”，生物钟决定了人的生理活动的高潮与低潮在一天之中出现的时间，从而使一个人的同一活动在不同

时间进行会产生迥然不同的效果。如果把某一活动安排在相关的生理活动的高潮时期，就容易产生较高的效率；如果安排在午夜零点至凌晨五六点的生理低潮时期，大多数人就会力不从心，效率低下，难以保持足够的精力、耐力和信心，把活动坚持下去，从而容易产生惰性心理。运用好生理节律，能够提高学习效率，提升学生自信，逐渐克服惰性心理。

（二）明确目标要求，克服不良习惯

拖延是懒惰的主要表现之一，也是中学生朋友的不良习惯之一。有的同学之所以屡屡完不成预定的学习任务，并非由于能力不济，也不是因为时间不够，而主要是因为太喜欢把今天该做的事情推到明做，存在拖沓的坏习惯。一拖再拖的结果就是到了“火烧眉毛”的时候才开始着急，在所剩无几的时间里夜以继日地完成学习任务，不但学习质量难以保证，而且把人搞得疲惫不堪，以后就非常害怕这些学习任务，对学习产生畏难情绪，进一步增强了惰性心理。学习是一个长期积累的过程，并且知识具有连续性。有的学习任务根本无法在短时间内突击完成，结果就只能将其放弃。中学生朋友要改正这种拖延的坏习惯，做到“今日事今日毕”；要制订详尽的计划，克服拖沓的坏习惯。同时要区别轻重缓急，应该在分配个人课后或课堂时间的时候，首先安排做那些重要急迫的事情，然后安排做那些不太重要、可做可不做的以及比较逼近的事情。只有这样科学地安排时间，注意轻重缓急顺序，才能使同学们从一天又一天、一日又一日按计划完成任务中获得令人鼓舞的进步。

（三）加强自我心理观察，进行自我强化训练

中学生自我监控水平比较低，对当前的行为目标、活动效果、意识状态及思维的内容缺乏敏锐的知觉，往往行为偏离了预定的目标，思想开了小差，自己还没有意识到，因而不能及时纠正自己。有的时候，这类学生每天的时间连他们自己也说不清楚是怎样度过的以及为什么要这样度过。[①] 因此，中学生朋友要学会有效地支配自己的心理与行为去完成预定的计划。明确目标，

---

① 罗堪羡主编：《心灵防火墙：中小学生常见心理障碍及防治》，湖南科学技术出版社2006年版，第211～218页。

制订计划，落实计划，做好总结，评估成绩。如果哪个环节产生了惰性心理，偏离了学习目标，就要及时调整、及时修正，进行自我驯化训练，提高学习积极性与主动性。

（四）不找借口找方法，方法总比问题多

中学生朋友遇到问题时，先别急着找借口，先看看问题出在了哪里，应该怎么解决。解决不了可以求助家长和老师。多从自身来剖析原因，不要把原因都统统推到客观条件身上。如果有学习与生活难题，要及时和父母沟通。对一些问题同学们心中有自己的看法，甚至对父母、老师都有看法，但是要多交流沟通，不能与长辈发生冲突。同学们应当把自己的意见与想法与家长、老师交流，必要时也可发泄一下，绝不要用借口来掩饰自己心中的不满。同学们毕竟是未成年，许多烦恼还无法自我排解，这些往往会成为同学们制造借口的心理原因。所以，大家要及时疏导调整情绪，可避免许多不应当的借口发生。此外，要培养自信。遇到困难与任务与其找借口逃避，还不如勇敢面对。这样不但增加了勇气和自信，还为以后遇到类似的问题找到了解决办法，避免犯同样错误。认识到寻找借口的本质就是推脱责任。谁都不希望自己被别人看不起，那么最好的办法就是努力做好你该做的事，不再找借口。[①]

① 殷海霞、程妙编著：《习惯影响孩子的一生》，中国长安出版社2008年版，第57页。

第十二章

戒除悲观　珍爱生命

少数中学生不同程度上存在悲观情绪，甚至个别同学抱着轻生的心理。如不引起重视，会影响同学的健康成长，极端情况下可能会因悲观绝望产生自杀事故。因悲观绝望而导致自杀事故，无论是对自己，还是对家庭、对学校、对社会都会带来无法挽回的损失。因此，中学生朋友应当正确认识悲观绝望与轻生心理的危害，并加以自我调节，切实消除悲观心理，培养阳光心态，增强积极向上的精神。

一、正确地认识生命存在的价值和意义

中学生朋友要认识到生命存在的价值和意义。中学生是父母的骄傲，是学校的人才，是祖国的希望，是社会未来的栋梁，是民族的希望。生命的价值在于实现理想抱负，在于为人类社会多做贡献，为祖国发展增添光彩。人作为社会的人来讲都负有责任。从社会的角度讲，中学生朋友现在刻苦学习，增长本领，未来要为社会做贡献。从家庭的角度来讲，中学生朋友无论是为人子、为人女，都有一份应尽的、不可推卸的责任。为人子女，未来要担负起赡养老人的义务。将来大家也会长大成人，成家立业，要为尽起为人夫、为人妻、为人父母的责任与担当。一个人活着是有社会责任的，从国家的兴衰到群众的忧乐，每个人都应作出自己的积极贡献，不要以为美好时光可以浪费，生命可以轻易地丢掉，那样的死轻如鸿毛，毫无价值。如果每个人都在困难的时候想放弃自己对社会的责任，国家如何强大，民族如何复兴？无论从社会的角度还是从家庭的角度，还是从中学生朋友自身角度来讲，都应

当消除悲观心理，杜绝轻生念头；自觉培养阳光心态，负起社会责任，积极向上，自强不息，实现美好理想与人生抱负。

二、经常感念人生的美好与幸福

中学生朋友有父母的宠爱，有老师的关心，有同学的帮助，有朋友的鼓励，有良好的物质生活条件，有良好的教育设施与环境，这些都需要同学们感念与感恩，体会到生活的美好与幸福。有个故事说：有一个人，奋斗了大半辈子，拥有了大量财产，不幸的是在他50多岁时，因为经营失误，一夜之间数十年的心血付诸东流。逢此大劫，他从此一蹶不振。有一天，他遇上了一个智者，他向智者倾诉了自己的遭遇。智者让他拿笔把剩余的财产盘点一次：第一他有一个与其同甘共苦的妻子；第二他拥有三个爱他并且想帮助他的孩子；第三他有一些乐于帮助他的朋友；第四他有一个诚实守信的做人准则；第五他有一个健康的身体。看到记下的这些财产，他脸上洋溢出自信的笑容。他那痛苦的心灵在智者的点拨下走出了阴影，获得了东山再起的精神力量，经过努力又重新获得了成功。人生无常，失败、失意在所难免。中学生朋友同样也会遇到学习挫折、生活变故、同学矛盾、生活误会、身体生病等不顺之处，但仍要保持乐观心态，积极向上，相信这些挫折与困难都能克服，这些挫折与困难也是人生的一笔重要财富，使得同学们得到磨炼与成长。挫折与困难并不可怕，但对那些坚强理智的人来说，不过是人生的一个考验，只要同学们肯把头昂起来，充满信心，勇往直前，积极进取，刻苦学习，天空会更加阳光灿烂，前途会一片光明。因为在大家的生命历程中亲情友情、理想抱负才是人生最难得的精神支柱和幸福源泉！人生在世，最要紧的是失意时不可失志，失败时不要自弃，迷惘绝望时千万别忘了理智，困难时仍能艰苦奋斗，积极进取。希望中学生朋友在学习生活中多感念生活的美好、人生的幸福、个人的幸运、未来的前景，这样大家一定能消除悲观情绪，克服轻生心理，积极乐观，充满阳光，为实现美好理想而努力奋斗前行。

三、善于运用科学的方法消除悲观情绪

中学生朋友偶尔有些悲观的想法很正常，只要能及时调解，尽快步入正

常情绪轨道，就会重新出发，完成好学习任务，促进个人成长成才。但是如果任由悲观消极的负面思想蔓延，长时间陷入严重的悲观沮丧甚至绝望情绪之中，会严重影响中学生朋友的健康成长。因此，要运用科学的方法消除悲观情绪，培养乐观精神，积极行动起来。

（一）采取行动

当悲观情绪降临时，中学生朋友一定不要沉浸其中不可自拔，一定要采取切实行动，消除悲观情绪，解决现实问题，重新步入正常情绪轨道。同学遇到困难与挫折，一定要积极行动起来，向前看，要用发展的眼光看问题，要用切实的行动解决问题，克服困难。同学们停止郁闷，开始向前看，向前努力，就会摆脱悲观情绪，消除悲观痛苦，重新充满阳光，重新充满自信。行动会占据同学们的思想，会让同学们向未来着眼。一旦同学们取得了新的成果，就会得到新的动力，感受到成功的喜悦，会更加积极努力学习，积极进取，再创佳绩。

（二）多与乐观的同学与朋友相处

中学生朋友要善于与乐观的同学相处，这样会受到积极情绪影响，变得更加乐观、更加积极、更加进取。没有什么比你周围的人更能影响你的想法和态度了。情绪可以相互影、相互感染。如果同学们周围都是些消极的人，那大家肯定也会开始消极起来。要想改变生活的面貌，多花些时间和乐观、积极的同学、朋友在一起，相互交流、相互鼓励，共同成长。寻找那些同学与朋友，并从他们身上学习如何以乐观的态度看待世界，如何用坚强的意志与努力克服学习困难。同学们将会分享快乐、分享成功、分享经验，共同进步。

（三）回想过去的成功

中学生朋友不能总是沉浸在失败与挫折的巨大阴影之下，这样会沉浸在悲观失望之中不能自拔。正确的做法是要多想想自己的长处与成功，多想想自己的优点与精彩，就会更加自信、更加积极、更有勇气克服困难，迎接挑战。中学生朋友要多花几分钟回想一下过去的成功与得意，自己的进步与收获，这样会让自己走出悲观，重新振作。大家自己分析什么因素令你成功？你的优势在哪里？这项尝试会让你重新建立自信心，重新充满激情，帮助同

学们找出失败的原因，并激发使你成功的愿望与奋斗的激情。

（四）怀有感恩之心

中学生朋友要学会感恩，感恩父母、感恩老师、感恩朋友、感恩同学、感恩学校、感恩祖国、感恩社会。常怀感恩之心，常思学习使命，常念学业任务。学会感恩，生活会更加美好。当大家多想想生活的美好，多想想受到关心、关爱与鼓励，多珍惜当前的生活学习条件，就会感觉到生活的美好与生命的宝贵，就会消除悲观情绪，振奋精神，发愤图强，积极进取，不断取得新进步与成绩。

（五）主动改变学习生活环境

中学生朋友处于悲观情绪之中时，要学会通过主动改变周围的环境来改善心境。当同学们意志消沉时、悲观失望时、情绪低落时，大家要改变下环境，不再把情绪与原来的环境直接联系起来。同学们周围的环境变化，就能有效摆脱负面心理，促使个人情绪也发生积极变化。改变环境不必是根本性的改变。清理卫生、多些灯光、操场跑步、花园散步、看看电影、逛逛超市、给房间添置小摆设，都可以改变整个环境氛围，会改变原来的悲观情绪与不良心境。此外，当同学们陷入悲观的时候不妨走出家门，散散心，不能将自己困在房间里面，这样反而会使自己更加的悲观。可以漫步在林荫小道、公园，或者去爬山，爬到山顶不断地呐喊，喊出自己心中的不快！

（六）打破旧有惯例

中学生朋友悲观时，要善于打破旧有习惯，变换新的生活学习方式。如果整日遵循同样的生活习惯，会让同学们陷入单调和消沉的状态。这也常常导致同学们陷入旧有惯例不可自拔。为了改变心境，同学们可以尝试临时改变生活习惯，打破旧有生活模式。如果可能，可以适当休息，重新调节下情绪。周末也可做一些平时没时间做的事情，或者做一些从未尝试过的娱乐项目。从长远讲，有规律的休息和调整，能够帮助同学们摆脱闷闷不乐的不良情绪，并能使大家的学习更有效率，取得更大的进步。

（七）积极运动起来

中学生朋友要懂得运动消除悲观情绪的重要方法。情绪不好时，就开始

跟上运动节奏。舞动起来，运动起来，的确让所有人感觉良好。同样，别的运动也是这样。打球、健身、散步、游泳等运动，都能有效驱散郁闷心情与悲观情绪。同学们积极参加运动，不仅强身健体，也能调节情绪，拥有越多热情的运动时刻，就越能感到高兴。

（八）换个角度思考问题

中学生面临悲观情绪时要善于换个角度思考问题，换个角度解决问题，就会柳暗花明。悲观的人往往是因为看到事物不好的一面，换言之，就是说悲观的人看问题的角度有问题，总是往不好的方向去思考，觉得很多事情已经无药可救了。同学们要多往好的角度去想，往乐观的方向思考，往往会有不同的效果。[①] 要用发展的眼光看现在的困难，用辩证的思维分析遇到的挫折。目光远大，着眼长远，不要纠结于一时一地的得失。中学生朋友要相信自己，充满信心，坚持努力，必有回报。

（九）了解情绪周期

中学生朋友要懂得每个人都有情绪周期，有情绪波动。有人说生活就像是乘坐情绪的过山车。某些日子大家觉得人生充满希望，而另外一些日子大家又觉得人生毫无希望。更多的时间里，你处于这两者的中间状态。理解积极情绪与消极情绪的变化样式，可以帮助你正确对待情绪问题。感到郁闷时，请记住这是一种不可避免的自然状态，及时采取科学方法予以转移与化解；即使一时不能化解，也要知道正常的情绪低落只不过是一种暂时的状态而已，很快就会烟消云散，不要把闷闷不乐看得不那么严重，相信很快阳光明媚，前景光明，心情愉快。

（十）合理情绪转移

同学们如果出现悲观情绪，可以采取暂时回避与情绪转移的科学方法，进行情绪调节。悲观的情绪一下子不能好转的时候，就回避一下，换个环境、换个角度，转移一下情绪，暂时不去管它。不妨打开电脑听听音乐，听听容

---

① 佚名：“怎么样克服悲观情绪”，http：//jingyan. baidu. com/article/c85b7a646fb3b5003bac9514. html，2017 年 5 月 7 日访问。

易让人睡觉的曲子进入梦乡，又或者跟着欢快的音乐手舞足蹈起来。或者参加跑步、篮球、游泳等体育活动。同学们也可以约上三五好友一起去看看电影放松下。这样同学们的悲观等不良心情会通过转移得到释放，重新变得快乐，重新焕发活力。

总之，中学生朋友要正确、辩证地看待生活，认识生命的价值与意义，珍惜生活，珍惜时光，积极进取，天天向上。学习生活当中酸甜苦辣什么样的味道都会有，没有人的生活是只有甜而没有苦的。生活之所以丰富多彩，是因为有不同的味道，有顺境也有挫折，这样的生活才会有意义，同学们才会更好地成长成才。大家学习生活当中只有幸福、顺境也是不现实的，所以当同学们遇到不如意的时候不要过于悲观，要向前看，积极行动起来。要珍爱生命，珍惜青春，乐观向上，积极进取，为美好的明天而不断努力。

第十三章

戒除自卑　乐观自信

中学生朋友成长过程中，要不因自身优点而骄傲，也不因自己的缺点而自卑。避免自卑心理，善于悦纳自己，客观全面地认识自己，就是对自身以及自身所具有的特征、优点、缺点秉持的一种积极的态度，即能欣然接受自己现实中的优点和缺点。能否悦纳自己是衡量一个人的心理状态是否积极和健康的一项重要指标。一个人只有接纳自己，正视自己的成绩与问题，才能引导自己积极向上。更何况，在生活中不接纳自己的人，常常会把很多能量用在自我否认和排斥上，带着众多对自己的不满、失望，甚至否认和拒绝。这种自卑与消极心理会严重影响中学生朋友的健康成长与进步。消除自卑、悦纳自我，就是要敢于接受自己，喜欢自己，不过分苛求自己。同学们要有自尊和自信，有价值感、自豪感、愉快感和满足感；性情开朗，对生活乐观，对未来充满憧憬，并且能平静而又理智地看待自己的长处与短处，冷静地对待自己的得与失。[①] 自卑心理对中学生成长具有很大负面影响，中学生自卑心理若得不到正确地认识或正确地对待，正确地加以解决，会对自己的学习、生活产生严重的不良后果。因此，中学生朋友要正确认识自卑心理产生的原因与危害，并采用科学方法做好自我调节。

① 丁红燕、王佳权：《鹤舞蓝天 我心飞翔 中学生心理健康十八讲》，世界图书出版广东有限公司 2014 年版，第 16 页。

一、分析自卑心理产生的原因

自卑心理产生有主观原因与客观原因。归根结底的原因还是缺乏自信心。每一个同学只要积极努力都能成为非凡的人，每一个同学能不能成为祖国栋梁之材，成为对社会有用之才，关键是看大家对自己有没有信心，有没有克服困难的勇气。而自卑心理是中学生朋友成长成才的大敌。著名宗教领袖马丁·路德·金说过："世界上所做的每一件事都是抱着希望而做成的。"一个人如果没有自信，首先就被自己的自卑打倒了，更别说取得胜利了。所以，成功的人生首先需要树立自信心。①

对当代中学生而言自信是非常重要的心态，而自卑是非常有害的心态。自信表现为一种自我肯定、自我鼓励、自我强化、坚信自己一定能成功的情绪素养。没有自信心，就没有生活的热情和趣味，也就没有探索拼搏的勇气和力量。② 而自卑是个体由于某种生理缺陷或心理上的缺陷或其他原因所产生的自我认识过低的情绪体验，表现为轻视自己，认为自己无法赶上别人。当前，不少中学生朋友身上一定程度上存在着自卑心理。这些同学往往处处感到不如别人，无所作为，悲观失望，甚至对那些稍加努力就可以完成的任务，也往往因自叹无能而轻易放弃。在这些同学身上常常伴随着一些特殊的情绪体验，如害羞、不安、内疚、忧伤、失望，并常常出现自鄙、自怨、自馁、自弃等心理现象。③ 自卑是人的一种不能自助和软弱的情绪，是一种自己轻视自己，认为自己不如别人的惭愧、羞怯、畏缩，甚至心灰意冷的复杂情感。自卑心理形成原因是多方面的。一是自身缺陷与不足。如有的同学因为自己的相貌差或有残疾；有的因为家庭缺乏温暖或家庭条件差；有的因为自己学习不好，在同学、老师中抬不起头来；还有的因为交际能力差，与他人缺乏沟通等。这些问题都是客观存在，而别人并不一定在意或者根本没有顾及，而自己却在比较中得出己不如人的想法，产生自卑。二是自身性格方面的原因。有的中学生自尊心强，好胜心切，遇事热情很高，但由于缺少做

---

① 王舒平编著：《青少年要培养的60个习惯》，海潮出版社2005年版，第1页。

② 文谨编著：《一生三好全集 好心态 好习惯 好性格》，北方文艺出版社2007年版，第37页。

③ 陈洪、吴运友主编：《中学生心理保健》，复旦大学出版社1999年版，第92页。

事的经验，很容易遭受挫折，遭受挫折后，不能及时调整心态，于是产生了自卑心理。

以上这些问题，许多人都会遇到。关键是产生自卑心理如何正确对待。产生自卑的同学，其心理原因，有的是软弱，认为什么都比别人差，瞧不起自己，怕担风险，缺少信心而自甘沉沦；有的同学是认识能力差，凡事缺乏全面分析，把困难看得过大，匆忙下结论，加速了自卑的形成。自卑也是有双面意义的，一方面可能说明了一个人的胸无大志，自我轻视；另一方面如果能正确对待自卑心理，发愤图强，从自卑变成自信，奋发改变的过程就是中学生朋友成长成才的过程。

二、采取科学方法克服自卑心理

自卑心理对中学生的成长、成才既有积极的正面影响，又有消极的负面影响。为了消除其负面影响，中学生朋友必须采取科学方法进行调适，克服自卑心理。具体方法有认知法、领悟法、转移法、补偿法、抵抗消极想法等。

（一）认知法

所谓认知法是要求全面地、辩证地看待自己，正确地认识、评价自己。中学生朋友不仅要如实地看到自己的短处，也能恰如其分地看到自己的长处。要知道，金无足赤，人无完人。人非圣贤，孰能无过。凡事不可能十全十美。中学生朋友要懂得尺有所短，寸有所长，切不可一味地拿自己的短处去比别人的长处，拿自己的弱项去比别人的强项。关键是积极努力，奋发进取，不断完善自我，不断取得进步。

培养积极自我意象。“自我意象”是一个人的心理和精神上的自我观念或自我“图像”，是左右人的个性和行为的关键之一。自卑感强的同学总认为自己某一方面不如他人，实际上这位同学一方面并不一定比其他人差，之所以没有发挥出来，就是原来的“自我意象”在束缚着自己的行为，是消极自我暗示造成的不良后果。同学们必须明白，许多自卑的理由往往是自己虚构出来的，并不一定真正存在。如果一个人被自己虚构的自卑理由所笼罩，必定会生活在一个悲伤、苍凉、毫无生机的世界里。树立了新的自我意象，

经常进行积极暗示，自卑感就会不断降低，自信心不断增强，自卑心理逐渐会烟消云散。心理学家试验证明，人把自己意象确定为一个成功者，成功总是与他相伴；人把自己意象为一个失败者，失败总是与他相随。因此，有自卑感的中学生要从旧的自我意象与消极自我心理暗示中解脱出来，培养自信，积极进取，塑造一个全新的自我意象。中学生朋友如何在日常生活中建立自己的自信呢？心理学家告诉大家，最好的办法就是告诉自己：我是最棒的！我是最优秀的！你应该告诉自己——我最棒。我一定可以做得到！每天早上和晚上睡觉之前，你要坚持对自己说："我最棒！"或者"我一定行！"每天至少对自己说三次，长期坚持下去，你就会拥有良好的心态。无论做什么事情，都对自己充满了信心。[①] 真正的自信是一种心境，需要内在的信念来支持。就像当老师让你写一篇作文的时候，你的脑子里已充满了各种美妙的词句和构思，那么还会怕什么呢？你会微笑着对自己说："这有什么难的。"[②]

正确地认识个人长处和短处。中学生朋友要懂得"金无足赤，人无完人"的道理。每个人都有自己的长处和短处，要学会对自己进行客观、公正和全面的评价，既不沾沾自喜、自高自大，又不顾影自怜、灰心丧气。一般情况下，每位同学往往根据他人对自己的评价认识自己，有时通过自己与他人比较来认识自己的长处和短处。有的同学在与他人比较的过程中，多习惯用自己的短处与他人的长处相比较。结果越比较越觉得自己不如人，越比越泄气。只看到自己的不足，而忽视自己的长处，久而久之就会产生自卑感。[③] 因此，中学生朋友不能只关注着自己的短处，背上沉重的思想包袱，要善于挖掘和发展自己的优势，以补偿自己的不足，扬长避短。

正确对待别人的评价。人们总是生活在一个或多个评价体系中，被他人评价不可避免。关键是要正确对待别人的评价。中学生朋友要正确对待别人的评价，秉持"有则改之，无则加勉"的原则。对有的评价可以作为自己改进不足的动力，有的评价则可作为参考。有的不客观的评价则干脆不要放在心里去，一定不要被别人的评价左右了自己的情绪；对别人不公正、不正确

---

① 王舒平编著：《青少年要培养的60个习惯》，海潮出版社2005年版，第4页。

② 文谨编著：《一生三好全集 好心态 好习惯 好性格》，北方文艺出版社2007年版，第37页。

③ 文谨编著：《一生三好全集 好心态 好习惯 好性格》，北方文艺出版社2007年版，第41页。

的评价，一定要超脱出来。中学生朋友要把自己的命运掌握在自己手中，学会控制自己的情绪，调整好身心状态。学习生活中要有自信心，积极向上，努力进取，不断完善自我，用不断取得的成绩与进步激励自己更好地前行。

（二）领悟法

领悟法也叫心理分析法，即正确分析自卑感的利与弊。比起狂妄自大的人来说，自卑者要讨人喜欢得多。自卑者往往谦虚谨慎，安分守己，善于体谅人，不与人争名争利，重感情，重友谊，一般人都愿意和他们接触相处。自卑虽是一种不良的性格，但它能使人认识到自己的不足和别人的差距。阿德勒认为自卑是隐藏在所有个人成就后面的主要推动力。一个人因为感到自卑才推动他去完成某项事业。在某人取得一项成就时就能体验到一种短时的成功感，但是与别人取得的成就相比，又使他们产生新的自卑，这样又激起他去争取更大的成就。从这个角度上讲，克服自卑，是指克服自卑性格中的消极因素，把自己从自卑的阴影中摆脱出来。①

（三）转移法

中学生朋友要善于运用转移法克服自卑心理情绪。心理学研究成果表明，当一个人发生不良情绪反应时，人头脑中往往有一个较强的兴奋灶。因此，当你在处于劣势的情况下，或面对自己的弱项，为了不至于在心理上造成自卑的阴影，可以有意识地通过转换话题或者完成其他任务的方法来分散转移自己的注意力。例如，中学生朋友可将自己的注意力转移到感兴趣的事情上来，参与到最能体现才能的活动中去，通过致力于书法、绘画、写作、收藏、弹奏等活动，淡化和缩小弱项在心理上造成的自卑阴影，缓解压力和紧张。②

（四）补偿法

补偿法是克服自卑的一种有效的方法。阿德勒认为，一个人如果在某些方面自觉不足，可以通过有条理地努力来补偿。这种补偿就是我们常说的“勤能补拙”。华罗庚教授说过，“勤能补拙是良训，一分辛劳一分才”。知道

① 陈洪、吴运友主编：《中学生心理保健》，复旦大学出版社 1999 年版，第 94 页。
② 陈洪、吴运友主编：《中学生心理保健》，复旦大学出版社 1999 年版，第 95 页。

自己在某些方面有缺陷，但不背思想包袱，以最大的决心和最顽强的毅力去克服这些缺陷，可以使人在某些方面取得成就。俄国化学家门捷列夫刚进入彼得堡中央师范学院时，第一学期的学习成绩在班上名列倒数第四，但他毫不气馁，勇于探索，很快地他的成绩就后来居上了。到毕业时，他荣膺了一枚金质奖章，成为“俄罗斯化学之父”伏斯克列森斯基的得意弟子。另一种补偿的方法是我们常说的“扬长避短”。拿破仑身材矮小，缺少男子汉的威武和气魄，然而他立志在军事指挥上获得辉煌成就；苏格拉底其貌不扬，自惭形秽，于是在思想上痛下功夫，结果在哲学领域大放光彩。① 学会欣赏自己，首先要学会爱自己，但是你必须先了解自己，了解自己之后才知道如何爱自己，明白自己想要什么。学会欣赏自己，培养自己优雅的举止。优雅不是“矫揉造作”，优雅是“以最少的能量创造最大的效益”。仔细注意镜中的自己，看看自己的举止是否得体，微笑是否宜人，大胆地对自己品头论足一番，你如何观察别人，就如何观察自己。你要使自己看起来优雅脱俗，气度不凡，你才会成为别人眼中的一抹亮色。②

（五）抵抗消极想法

中学生朋友难免有时候产生一些消极情绪，情绪低落。但必须学会抵抗消极情绪，培养积极情绪。及时调整、及时转移，从消极走向积极、从悲观走向乐观。当同学们心中出现消极想法与自卑心理时，要及时对自己喊停，驱逐这种想法。同时设法发掘积极的想法，进行积极心理暗示，并强化积极情绪。列出自己的优点与取得的成绩，避免沉浸在失败、挫折的往事之中。

（六）不要急于求成

中学生朋友一定要树立循序渐进思想，培养自信心必须持之以恒。学习是一个长期的过程，一时的学习下滑并不可怕，要有长期奋斗的思想准备；一时的挫折与失败并不可怕，只要总结经验，吸取教训，努力进取，持之以恒，必然会有可喜的回报。有一些事情不是同学们一时半会儿的努力就可以

---

① 陈洪、吴运友主编：《中学生心理保健》，复旦大学出版社 1999 年版，第 95 页。

② 丁红燕、王佳权：《鹤舞蓝天 我心飞翔 中学生心理健康十八讲》，世界图书出版广东有限公司 2014 年版，第 21 页。

达到的，也许是需要三年后才能做到的，也许是需要五年后能做到的，同学们要有点耐心，不能急于求成，要持之以恒，不断进取，理想必然能够实现。

（七）用想象激励自己

中学生朋友要学会用想象与蓝图激励自己，能够比较有效地克服自卑心理。例如，同学们可以想象着考上理想大学的情形，想象出国留学的情形，想象在工作获得成功的情形。同学们在心中描绘一幅希望自己达成的成功蓝图，然后不断地强化这种印象，并为之而不断努力，使它不致随着时间的流逝而变得消退模糊。另外，不要去想“如果失败怎么样”，这种消极的心理暗示会对计划的实行造成障碍。[①]

总之，中学生朋友要克服自卑心理，提高自信心，培养勇气和信心，要做好失败的准备，正确对待挫折，防止心理失调。学会体验成功，经常回忆成功，或合理想象成功；采取积极的自我暗示，用语言暗示，自我激励，坚信成功。正确补偿自己，以勤补拙，扬长避短。选准参照系，选择与自己各方面相当的人与事比较，避免因心理落差产生自卑感。

① 殷海霞、程妙编著：《习惯影响孩子的一生》，中国长安出版社2008年版，第233页。

第十四章

戒除自负　谦虚谨慎

自负心理是一种自高自大的认识体验，具有自负心理的人，不是想方设法地提高自己，而总是自我满足，自以为了不起，骄傲自大，对他人取得的成绩却任意贬低否定，就像龟兔赛跑中的兔子一样嘲笑别人的进步。有过度自负心理的人，有所谓的好胜心，却不能正确评价自己的不足，而且往往缺乏实际的行动，却不知“不积跬步，无以至千里”的道理。中学生朋友如果不能正确对待与处理自负心理，就会对学习、实践、生活产生不利影响。因此，当代中学生要正确认识自负心理的特征、危害，采取科学方法克服自负心理，促进个人健康成长成才。

一、了解自负心理的特征

（一）炫耀自己，否定别人

过度自负者往往傲慢地拒绝承认自己的失败与问题，喜欢炫耀自己的成绩与优点，固执地坚持自己的想法和做法。往往喜欢特立独行，并采取与别人估计相反的行动，以此否定别人，炫耀自己。例如，有过度自负心理的同学总觉得老师上课水平不高，课堂上不认真听讲，自己干自己的事，影响课堂秩序，也影响了自己的学习成绩。有的同学认为自己最聪明，与其他同学交往时高高在上，盛气凌人，不能团结互助。

（二）神经过敏，误解他人

过度自负者往往自视清高，自我满足，于是难以取得进步。对于其他同

学的进步与成绩，又易于产生怀疑、嫉妒，经常诋毁他人，否定他人。有的同学神经过敏，胡乱猜疑，会把别人的正常举动，甚至是很好的行动也曲解为恶意的；有的同学对人常怀有戒心，处处提防他人；容易情绪冲动，经常觉得别人不尊重自己，因而经常自我肯定、自我表彰，使自己陷入孤芳自赏当中，造成人际关系紧张，甚至恶化。

（三）因循守旧，故步自封

过于自负的同学拘囿于以往做事的经验之中，往往喜欢把自己封闭起来，面对时势的发展进步，面对社会经济文化发展的新趋势，往往觉得不可思议或认为是瞎胡闹，采取一种自然的敌视态度，对国家大事、要事不太关心。这种想法与时代潮流相违背，却反过来认为时代在倒退。对新事物、新趋势看不惯，予以排斥，这严重影响中学生朋友身心健康发展。

（四）顽固不化，拒不认错

过于自负者往往比较固执己见，坚持错误，拒绝改正。自负与执着不是一个概念。执着与坚守信念的人，应该是一个坚定的人，一个值得尊重的人。执着是一种优秀的品质，而过于自负就是对某件事，某种抽象理念、观点、想法过于专注，以至于误入歧途也拒不悔改。例如，有人自负心很强，在学校里研究永动机。永动机从物理学上是讲不通的，但他仍是很执着，至死他的永动机都没有研究出来，当然，也不可能研究出来。如果一个人的目标或方向错了，而他仍要奋力向前，而且自以为自己意志坚强，态度坚决，那么他导致的恶劣后果，应是比没有目标或犹豫不前更可怕。这种自负的心理能让人付出沉重的代价。人们常讲，钟表走得快不是优点，要走得准才好，这是很有道理的。

二、分析自负心理形成的原因

自负心理的形成和存在，有其主观和客观的原因。从客观原因上看，主要是因为自身的一些优越条件的存在，逐步养成了自负的心理，这些条件主要包括先天的和后天的两种。先天的如优越的家庭环境，有一两个有地位、有能力的社会关系，较好的智力和出众的长相等。优越的家庭条件可以从小便生活无忧，在同学、朋友面前可以出手大方，很容易使自己产生一种众星捧月般的感觉；有几个比较重要的社会关系，对别人也是一种可以说大话的资本，觉得气粗；较好的智力，一般学习成绩较优，会受到老师的青睐，父母和邻里的称赞；出众的长相可以容易吸引异性，受到同伴们的羡慕。从这种环境中长大的人，如果没有良好的教育和清醒的认识，很容易形成一种优越感，总认为自己得天独厚，逐步养成了自负心理。在中学生中，也有不少人炫耀自己的家庭如何富裕，自己的什么亲戚、朋友如何有势力。从主观原因上看，有些人产生自负心理，一是对自己的长处评价过高，对自己的短处看不到或认识不足，而对别人的优势视而不见，甚至把自己的长处和别人的短处比，越比越觉得自己“天下第一”。这种“夜郎自大”的表现说明其思想比较幼稚，不能全面、客观地分析和认识问题。二是自卑心理作怪。有些人表面上自负，其实其内心是很自卑的，也是很虚伪的，他唯恐别人看不起他，唯恐露出自己的“马脚”，所以便虚张声势，摆出不可一世、盛气凌人的架势来，借以吓人。

（一）认识上的原因

自负者缺乏自知之明，把自己的长处看得过于突出，对自己的能力和学识评价过高。往往觉得自己的形象在别人看来是肯定的，高大伟岸，受人欢迎、受人爱戴。往往对别人的能力和学识评价过低，于是自吹自擂，认为老子天下第一。

（二）情感上的原因

有的同学自尊心特别强烈，为了保护自尊心，维护虚荣心，在失败和挫折面前，常常会产生两种看似相反实则相同的自我保护心理。一种是自卑心理，通过自我隔绝，避免自尊心的进一步受伤；另一种就是自负心理，通过自我放大，获得自卑不足的补偿，这种自尊实际上就是一种虚荣和虚伪，有百害无一益。

（三）家庭的影响

现在的中学生大部分是独生子女，是父母的掌上明珠，有些父母对他们百依百顺，事事以他们为中心，从小养成了一种自以为了不起，自傲自大，

目中无人的不良心态。这些同学不懂得包容，不懂得与人为善，同时又不能应对挫折。因此，一些独生子女也易于形成自负自大的心理。

三、采用科学方法克服自负心理

客观条件是通过主观原因去起作用的。在客观条件不可选择和难以改变的情况下，主观态度便起到了决定性的作用。所以，中学生朋友要真正克服自负自傲心理，还必须重点从主观上解决问题，主要从以下几个方面着手。

（一）认识自负心理的危害

有自傲心理的中学生朋友往往妄自尊大，目空一切，不自量力，总认为自己能做大事，对身边的小事不屑一顾，这自然养不成良好的学习生活习惯，因而也就不能优化自己的性格。“性格决定命运”。所以，有自傲心理的同学，如不及时改正，莫说将来成就大事，就是在学习生活中也不会取得好的成绩。自傲的同学看不起其他同学，不懂得与他人合作的重要性，人际关系必然紧张，自然也很少得到他人的帮助；这又会为自己的孤立而引起烦恼，情绪低落，遇到比自己更有能力的人又易于形成自卑的心理，时间长了，便产生心情烦躁，无法取得良好的学业成绩。过于自傲的同学往往容易故步自封，听不进家长、老师、同学、朋友的不同意见，无论各方面进步都很慢，慢慢地自己的优势也会失去。中学生朋友都知道，汉字中那个“臭”字就是自大多一点。古人造字不是随便想的，都是很有道理的。凡是有了自高自大心理的人，都不容易得到的老师、同学的信赖，人际关系也不太和谐。中学生朋友一定要认识到自负心理的危害，下决心克服自负与自傲心理，促进个人健康成长，不断进步。

（二）培养谦虚的品德

古人讲：“谦受益，满招损。”谦虚和自负是截然不同的两种性格和心态。谦虚，别人才不会认为你会对他构成威胁，才会赢得别人的尊重，从而建立和睦相处的关系。谦虚的人能正确地看待自己的长处和短处，尤其是能看到自己的不足，看到不足，奋起直追，努力弥补和改正，能把短处变为长处。谦虚的人懂得尊重他人，能正确评价他人的优点，从他人身上学习有益

的东西。同时，谦虚的人，由于人际关系融洽，易于获得老师、同学、朋友的支持与帮助。自负高傲的人因为太爱表现自己，总想让别人知道自己有能力，处处想显示自己的优越感，时时幻想能获得他人的敬佩和认可，却往往事与愿违，反而失掉了在别人心目中的威信。自负的人，总是看到自己的长处，对缺点视而不见，因而就不能进步。自负的人，否定别人，不体谅别人，没有良好的人际关系，因而也就不能获得他人的帮助。事实上，不论是在社会上还是在学校里，要获得成功，没有众人的扶持，只能是空谈。为此，中学生朋友都应树立集体观念，团队观念，合作意识，谦虚谨慎。一滴水只有融入大海，才不会干涸。中学生朋友只有谦虚谨慎，团结合作，融入集体，才能取得好的学习成绩，不断取得新的进步。

（三）克服浮躁心理

浮躁是自负的一种表现。目前讲公平竞争，学习竞赛，部分中学生认为别人都不如自己，做事锋芒毕露。锋芒在适当的场合显露一下是自信的表现，但“锋”可能刺伤别人，也会刺伤自己。过分地或不分场合地显露自己的才干，只会让别人瞧不起你，甚至排斥你。所以，同学们学习生活中都谦虚谨慎，学会内敛，学会低调。克服浮躁心理，不能急于求成。学习成绩进步需要持续努力，不能急功近利，要有学习计划，明确学习目标，认真执行学习计划，每天进步一点点，持之以恒，就会不断取得新的进步，就会实现自己的理想与抱负。

（四）培养内省习惯

自负者往往是习惯沉浸于虚无的胜利中的幻想者，常常因为一次的成功就自我满足，自我感觉良好，眼前显现的、耳边响动的都是早已逝去的昔日的鲜花与掌声。过于自负的同学往往不考虑和检讨自己的过失与不足。中学生有必要学习一下历史人物曾国藩。曾国藩每天休息之前，总要对一天所做的事进行内省，尤其是对自己所做的错事进行反思检讨，以有利于今后的生活。中学生也有必要学习一下陈翰笙——努力记住自己做过的错事——怕重犯。哲学家、教育家孔子之所以成为全世界公认的思想家，就是能坚持“每日三省吾身”。如果中学生朋友能够经常做到自我反省，那么就不会有自负

的心理了。自傲心理是一种自认为自己有本事而看不起他人的心理状态。具有自负心理问题的同学，都是自我评价过高，对他人评价过低，而且往往都是对自己的成就作内部归因，对自己的失败作外部归因。有自傲心理的同学，大多心胸狭窄，敏感多疑，经不起挫折。只有经常自省自励，才能克服不足，发扬优点，不断取得学业进步，不断实现理想目标。

（五）对自己有一个正确的认识和评价

俗话说："寸有所长，尺有所短。"每一个人的能力也好，先天的客观环境也好，总是参差不齐的。但是一个人无论怎样的有本事，也总有缺点和不足之处，总会是"天外有天，人外有人"的，又有什么可以自傲的呢？而且，社会是发展的，人都是在进步的，如果自傲了，故步自封了，那不用多少时间，便会落在别人后头。同时，一个人能力再差，条件再不好，也总是有优点、有长处的，很可能他的长处就是你的短处，你又怎么可以在他人面前表现傲气呢？"人贵有自知之明"，自知，包括自己的长处及短处，更要知道如何发展自己的长处，克服自己的短处。中学生朋友只有清楚自己的长处，才能在这一方面发展进步，使自己的长处得到发挥，使自己的学习生活走得更快更远。只有清楚自己的短处，才能有针对性进行弥补，才能使自己少走弯路，或者不走弯路。要想走得快，跑得远，进步更大，还要不断学习他人的长处，弥补自己的不足，这就好像为自己加上了助推器，可以取得更大的成绩和进步。

（六）树立集体观念，认识集体的力量

中学生朋友无论生活在什么环境里，都是班集体、学校集体、群众集体中的一员。集体如同浩瀚的大海，个人只不过是大海中的一滴水；一滴水只有溶入大海，才能永不干涸。一个人能力再大，也离不开集体的力量。一个人生活能力再强，离开集体也难以生存。中学生朋友倘若处处自傲，不愿意与他人为伍，不能团结合作，不能融入集体；大家可能就会疏远你，这样同学们就会感觉孤立无援，最终脱离集体，严重影响个人的成长与进步。当同学们真正把自己看成是集体中普通的一员，真正把自己融入集体之中时，大家肯定会感到集体力量的强大，便会很好地克服自己存在的自傲心理，学会团结合作，学会维护集体荣誉，学会互相帮助、共同进步。

（七）切实加强自身思想道德修养

有的中学生朋友自傲心理严重，说到底还是因为思想素质低、道德修养不够导致。要克服自傲自负心理，关键的是要提高自身的思想道德修养。大音希声，大象无形。纵观古今中外凡成就大事者，在人们心中很有威望的人，为人都是很谦虚，待人都是平等的。人人都有自尊，都有得到他人尊重的需要，但要得到他人的尊重不是摆出一副自傲的架势就能达到的；而是需要有一定的知识、能力，对人诚信宽容的态度等，这就需要不断提高自己的修养。有句话叫作一瓶子不满，半瓶子晃荡。中学生朋友要养成谦虚好学的品德。古人云："谦受益，满招损。"人谦虚，就总会觉得自己的知识少，自己做得很不够，就会孜孜不倦的学习新知识，研究新问题，提出更正确的见解和更合理的处理问题的办法。反之，人骄傲自满就会妄自尊大，忘记山外有山，楼外有楼，自满自足，故步自封，就会走下坡路，甚至犯错误。绝不能对能力差一点的就鄙视，对能力强一点的就嫉妒，对犯错误的幸灾乐祸，对反对过自己的人就进行打击报复。这样的人，即便能图一时之快，但终究是难成大事的。

综上，谦虚使人进步，骄傲使人落后。中学生朋友要始终保持谦虚谨慎的良好态度，既要容得下比自己能力低的人，更要能容得下比自己能力高的人，尤其要对犯过错误或者诋毁过自己的人宽容。中学生朋友要下决心克服自傲心理，要学会容人容事，心胸开阔，学会团结合作，学会合作共赢，共同进步，共同提高。

第十五章

戒除灰心　直面挫折

同学们经常抱有远大理想，制定许多目标，为将其变为现实，必须作出种种努力，当这种努力达不到预期效果，这种需求不能得到满足，学习目标没有实现，如果意志力薄弱，可能就会受到挫折，产生挫折心理，灰心丧气，一蹶不振。挫折心理是需要得不到满足、目标实现受阻、希望最终落空时的一种紧张情绪状态。这种挫折心理情绪状态往往给人们带来失望、压抑、沮丧、苦闷。挫折心理如果不能及时排解消除，就会给同学们正常学习生活带来很大消极影响。

一、分析挫折心理形成的原因

（一）主客观矛盾

主观是指中学生的自我标准和要求未能实现。一旦主观目标和客观条件发生矛盾，客观不能满足主观的要求时，就会产生挫折感。主客观矛盾的表现主要有：物质生活需要与学校、家庭有限物质条件之间的矛盾；强烈的独立自主的需要与纪律约束的矛盾；学习成绩目标与学习环境条件有矛盾；以及社交的需要与学校的封闭式管理的矛盾等。

（二）个性不完善

部分中学生情绪不稳定，认识片面，自尊心与好胜心过强，行为偏激，耐心不够等不良个性心理特征，往往对事物看得过于简单、过于容易，或对某种目标与要求过于强烈。这就可能事与愿违，造成学习目标成功率低，任

务无法完成，达不到理想结果，从而产生受挫折心理。所以意志品质不坚强等不完善的个性心理也是产生挫折心理的主观原因。

二、采取科学方法化解挫折心理

中学生朋友在学习成长过程中，因目标受阻、理想破灭等原因产生挫折心理，是比较常见的事情。关键是同学们要正确面对挫折，科学化解挫折心理，积极进取，不折不挠，同时更需要理智地分析问题的原因，实施解决问题的办法。

（一）认识到应对挫折对于人生的积极意义

古人云："天将降大任于斯人也，必先苦其心志，劳其筋骨，饿其体肤，空乏其身，行拂乱其所为，所以动心忍性，曾益其所不能。"中学生朋友不经过风浪，就不能达到胜利的彼岸；不经历风雨，就不能看到彩虹；不经受磨难，就不能成就一番大事。挫折是一种可贵的人生经验，必要的苦难会带给同学们坚强的意志。在应对这些苦难挫折的过程中，中学生朋友能够学会总结经验、吸取教训、排解情绪、坚强对待，失败与挫折就会成为同学们的一笔宝贵财富。同学们应该明白，在遭受挫折时，应该做的是分析自己的不足，而不是去抱怨命运。只有那些一次又一次完善自己并战胜挫折的人才能在未来获得更大的成功。① 西部"牛仔大王"李维斯的发迹史同样充满坎坷、充满传奇。他的制胜"法宝"是：每当遇到挫折，遭受打击时，绝不抱怨，并且非常兴奋地对自己说：太棒了！这样的事竟然发生在我的身上，又给了我一次成长的机会。凡事的发生，必有其因果，必有助于我。古往今来，愈是成大业者，其精神的力量愈是强大。英国首相丘吉尔是一个非常著名的演说家。他生命中的最后一次演讲是在一所大学的结业典礼上。也许是丘吉尔太过年迈，演讲的全过程大约持续了 20 分钟，但主题他只讲了两句话：坚持到底，永不放弃！这场演讲成为演讲史上的经典之作。并非丘吉尔故弄玄虚，台下的学生们早已被这位世纪伟人的生命之音所深深震撼。丘吉尔用他一生的成功经验告诉人们：成功根本没有秘诀。如果有的话．就是

---

① 殷海霞、程妙编著：《习惯影响孩子的一生》，中国长安出版社 2008 年版，第 72 页。

坚持到底，永不放弃！

（二）树立远大的人生理想

只有树立远大的理想，确定正确的人生目标，才能激发火一般的学习热情，才能充分发挥自己的主动性，克服求学过程中困难，冲破重重阻力和障碍，为实现理想与目标而努力奋斗。正确的人生目标，是人生的灯塔，是人前进的精神支柱，是使人知难而进、迎难而上的动力。没有正确的人生目标的人，就会意志消沉、不求上进、目光短浅、得过且过、无所事事，就会经受不住挫折的考验，一遇到挫折就灰心丧气。中学生要确立合适的奋斗目标，并在前进中及时调整自己的目标。中学生朋友学习生活中要根据自身的诸多条件——知识、能力、体力、阅历等确立合适的目标。目标过低造成裹足不前；目标过高就易于产生挫折。正确的做法是应该把学习生活目标定在“跳一跳可以摸得着”的高度，如果在实施过程中，发现目标不切实际时，就要及时调整。蒲松龄说过：“有志者事竟成，破釜沉舟，百二秦关终属楚；苦心人天不负，卧薪尝胆，三千越甲可吞吴。”历史人物故事告诉大家，人一定要先立志，以此目标和方向，就不会走偏。志向有大有小，立意有高有低，如果想有所成就，目光要长远、志向要远大。如果还没付出努力就先抱着得过且过混天聊日的心态，美好的理想只是空相，那终会沦为平庸，一事无成。中学生朋友要立志高远，奋发进取，不怕困难，脚踏实地，肯于坚持，要有“卧薪尝胆”的吃苦勇气，实现当初立下的大志，不负初心。①

中学生朋友正是多梦的年龄，正以自己的心思勾勒自己理想的未来。可是，理想与现实有时存在差距，有的同学黯然神伤；付出了努力，成功却还遥遥无期，就意志消沉。靠什么走出悲观的泥沼，靠什么树起坚韧的旗帜，那就是意志。苏东坡说过：“古之成大事者，不惟有超世之才，亦必有坚韧不拔之志。”墨子云：“志不强者智不达。”“志”不仅仅是指“志向”更是指为实现自己远大志向而作出努力。被誉为“俄国科学的始祖”的罗蒙诺索夫，19 岁立志要成为一名科学家，于是徒步到 2000 公里外的莫斯科求学。

---

① 学习小组：“平天下 要成大事，先立大志”，http：//mp. weixin. qq. com/s/cqic01VpOn5nmSzfNIKASQ，2017 年 8 月 9 日访问。

在求学过程中，他不顾别人对他出身的歧视，不管周围环境的恶劣，坚忍不拔、意志坚定，由一名捕鱼青年成长为学识渊博的著名科学家。试想：若是他因别人的白眼而退缩，若是他因环境艰难而放弃，他能有如此卓越的成就吗？现代青年立一个高远的志向并不难，难就难在为实现志向而努力的过程。[①]

（三）遇到挫折要冷静分析

中学生朋友要善于从主观、客观、目标、环境等方面找出受挫的原因，以便采取有效的补救措施。正确地态度应该也必须是正视自己的错误，剖析思想，从世界观上寻找根源，吸取教训，把挫折变为学习、生活的动力，才能在今后的人生道路上少遭受挫折，变得理性起来。挫折是考验意志的试金石。如果我们能够有远见、有耐心、有智慧地去对待日常生活中的挫折，如果能够做到花最少的时间去调整挫折带来的干扰和焦躁，就可以把大量的时间用在我们应该重视的学习、工作上。而当我们心境平和时，挫折自然就伤害不到我们了。所以，要对挫折说“不”，在情感上不畏惧，在行为上不退缩，在态度上不执拗。当挫折来临时，应认识到“人生不如意十之八九”，人生受挫是每个人都要面对的情况，不怕挫折、不怕失败。当挫折来临时，也绝不逃避退缩，而应直面失败，正视挫折，承担挫折的后果，重新出发。当挫折来临时，同学们要学会理智地分析；原因在自己而不可弥补时，绝不执拗，绝不撞了南墙再回头。当原因在其他方面而且可以弥补时，中学生朋友要像孙中山先生说的那样，“吾志所向，百折不挠，愈挫愈奋，一往无前。”

（四）善于化压力为动力

人们都希望自己的生活中能够多一些快乐，少一些痛苦，多些顺利，少些挫折。但挫折是难以避免的，根据辩证法的原理，适度的挫折具有一定的积极意义，可以帮助你驱去惰性，促你奋进，是一种挑战和考验。有这样一则故事：草地上有一个蛹，被一个小孩发现带回了家。过了几天，蛹上出现了一个小裂缝，里面的蝴蝶挣扎了好长时间，身子似乎被卡住了，一直出不来。天真的孩子看到蛹中的蝴蝶痛苦挣扎的样子十分不忍。于是，他便拿起

---

① 何绍纯、王旭飞：《中学生心理辅导指南》，东北大学出版社2009年版，第73页。

剪刀把蛹壳剪开，帮助蝴蝶脱蛹而出。然而，由于这只蝴蝶没有经过破蛹前必须经过的痛苦挣扎，所以造成出壳后身体臃肿，翅膀干瘪，根本飞不起来，不久就死了。这个小故事说明了人生的道理：要得到欢乐和成功就必须能够承受痛苦和挫折，这是对人的磨炼，也是一个人成长必经的过程。2012 年感动中国人物刘伟身残志坚，超越自我，追求卓越的精神值得同学们好好学习。当一名职业足球运动员是刘伟的青葱梦想，但 10 岁那年的一次触电事故，不仅让他失去了双臂，更剥夺了他在绿茵场奔跑的权利。耽搁了两年学业，妈妈想让刘伟留级，他死活不干。在家教的帮助下，刘伟利用暑假将两年的课程追了回来，开学考试，他拿到班级前三名。重回人生轨道的刘伟，一直对体育念念不忘，足球不行，那就改学游泳。12 岁那年，他进入北京残疾人游泳队，两年后在全国残疾人游泳锦标赛上夺得两金一银。谁知厄运又来纠缠，过度的体能消耗导致免疫力下降，他患上了过敏性紫癜。医生警告说，必须停止训练，否则危及生命。无奈之下，刘伟与游泳说再见，走进了后来带给他成功的音乐世界。练琴的艰辛超乎了常人的想象。由于大脚趾比琴键宽，按下去会有连音，并且脚趾无法像手指那样张开弹琴，刘伟硬是琢磨出一套“双脚弹钢琴”的方法。每天七八个小时，练得腰酸背疼，双脚抽筋，脚趾磨出了血泡。三年后，刘伟的钢琴水平达到了专业七级。“我的人生中只有两条路，要么赶紧死，要么精彩地活着。”在《中国达人秀》的舞台上，刘伟演奏了一首《梦中的婚礼》，全场静寂，只闻优美的旋律。曲终，全场掌声雷动，他是当之无愧的生命强者。之后，刘伟又登上了维也纳金色大厅。无臂钢琴师刘伟告诉我们：音乐首先是用心灵来演奏的。有美丽的心灵，就有美丽的世界。脚下风景无限，心中音乐如梦。刘伟，用事实告诉人们，努力就有可能。今天的中国，还有什么励志故事能赶上刘伟的钢琴声。当命运的绳索无情地缚住双臂，当别人的目光叹息生命的悲哀，他依然固执地为梦想插上翅膀，用双脚在琴键上写下：相信自己。那变幻的旋律，正是他努力飞翔的轨迹。①

---

① “2012 年感动中国十大人物事迹及颁奖词”，http：//www. lz13. cn/ganenlizhi/6219. html，2017 年 4 月 16 日访问。

（五）树立辩证的挫折观

中学生朋友要经常保持自信和乐观的态度。挫折和教训使人变得聪明和成熟，也正是失败本身最终造就了成功。顺境时不要得意忘形，要想到顺境以后可能会遇到的困难，这样才能保持一颗平常心去生活，万不可得志时盛气凌人，唯我独尊；逆境时不要被困难吓倒，应看到困难是暂时的，是可以克服的，困难过后会有灿烂的明天。面对挫折能够虚怀若谷，举重若轻，保持一种恬淡平和的心境，是彻悟人生的大度。一个人要想保持健康的心境，就需要升华精神，修养道德，积蓄能量，风趣乐观。正如马克思所言："一种美好的心情，比十服良药更能解除生理上的疲惫和痛楚。"正确地认识挫折，采取恰当的解决方法。遭遇挫折时，中学生朋友要冷静分析造成挫折的原因，然后对症下药，就能找到有效的应对挫折的方法。激发探索和创新的热情。多接触新鲜事物，多学习先进人物；多动脑，勤用手。全身心地去探索，去创造，是战胜困难和挫折、克服消极心理的有效方法。

（六）学会自我疏导

当同学们遭遇挫折时，往往会过多地自责："我为什么那么笨！我为什么要那样做！我还有什么脸见人啦！"这些消极情绪对同学们战胜挫折是十分不利的。如果不加以克服，就会丧失继续进取的勇气。如果善于自我调解、自我疏导，就能将消极情绪转化为积极情绪，增添战胜挫折的勇气和信心。[①]要不怕失败。许多学生之所以怯懦，无非就是害怕失败。但越怕就越不敢行动，越不敢行动就越怕，一旦陷入这种恶性循环之中，怯懦不免就加深了。因此，只要同学们大胆去做，就能战胜自己的怯懦。要采取行动。矫治怯懦性格最有效的方法是采取行动。尽管几乎每一个怯懦者都懂得应该依靠自己的力量去生存的道理，但他们仍怯于行动。古语云："与其坐而论道，不如起而行之。"坐而论道，只说不干，就既不会有力量，也不会有由这种力量而产生的信心。邹韬奋说："我的态度是一息尚存，还是要干，干到不能再干算数，决不屈服。我认为挫折磨难是锻炼意志增强能力的好机会。""以排

---

① 徐学俊、赵厚勰主编：《高中生心理成长读本》，华中科技大学出版社 2013 年版，第 115 页。

除万难坚定不移的勇气向前走去，必有成功的一日。”他的这些话是值得一切有怯懦性格的人汲取的。[①]

（七）培养正视挫折的勇气

这里所讲的是勇气，既包括思想认识上的勇气，也包括行为实践上的勇气。孔子说：“知耻近乎勇。”中学生朋友要树立自信心和勇气，学会战胜自己的虚荣和胆怯。树立战胜挫折的信心。人的行为只有以坚定的信念作支撑，才能不屈不挠，持之以恒，终获成功。对于中学生来说，面对学习生活中的各种挫折，如果缺乏信念，失去信心，半途而废，就可能前功尽弃。如果同学们能够保持信念坚定，直面困难，坦然面对，吸取教训，重整旗鼓，就会“条条大道通罗马”，取得最终的胜利与成功。中学生朋友们要做好承受挫折的心理准备。要认识到挫折往往不可避免。人生的道路不会总是一帆风顺的，挫折也能成就人生。挫折处理得好往往会成为人们走向新天地、进入新境界、取得新进步的起点。从某种意义上说，挫折是人生的一笔特殊的财富。中学生朋友一定要用好这笔人生宝贵财富，促进个人成长成才。

（八）掌握分散挫折压力的方法

化解挫折的科学方法比较多。当同学们遇到挫折时，应及时向老师、家长或亲朋好友倾诉，以便把消极、愤怒、悲伤、苦恼等负性情绪统统宣泄出来，以保持心理平衡，从而减轻挫折感。中学生遇到挫折后，一般心理承受能力较差，往往会度日如年，不能自拔。这时同学们可以主动安排一些健康的体育运动，可以听听音乐，看看电影，放松紧张郁闷的情绪；也可以看看中外名人传记，学习名人面对挫折、处理挫折的方式方法；也可以离开当前的挫折情境，转移注意力，努力寻找生活中美好的一面，以达到心理平衡。[②]同学们面对挫折时，要学会主动调节，乐观向上，尽快步入正常的学习生活之中。受挫后，人会感到非常苦闷，同学们不要把这些坏情绪都压在心里，可以采取适当的方式将其宣泄出来。比如，和好友谈心、写日记、写信，向

---

① 陈洪、吴运友主编：《中学生心理保健》，复旦大学出版社 1999 年版，第 122 页。

② 丁红燕、王佳权：《鹤舞蓝天 我心飞翔——中学生心理健康十八讲》，世界图书出版广东有限公司 2014 年版，第 98 ~ 99 页。

亲人、老师、同学倾诉，这些方式都有助于缓解心理的压力；痛哭一场，让眼泪带走你心中的苦闷，能起到维护心理健康的作用，哭过以后你就会觉得心情放松了许多。同学们还可以通过外出散步、听音乐或参加感兴趣的集体活动来分散注意力，从而消解紧张心理，减轻或消除挫折感。[①]

疾风知劲草，逆水识行舟，傲雪松柏翠。只有在逆境中成长，才能显出一个事物优于其他事物的特质。而人只有在逆境中才能显现意志。同学们要正视挫折，从逆境中走出，靠自己坚忍不拔的意志，走出挫折，走向希望。同学们要想取得优异成绩，考上理想大学，将来成就一番事业，必须以坚强的意志把握自己，专心致志，才会成功。坚持不懈、永不放弃。每个人都有自己的梦想，实现梦想需要机遇，更需要日复一日的辛勤付出。坚持是一种力量。无论何时何地，只要坚忍不拔，就能够带动周围的一切力量，把不可能变为可能。携带着这样一种正能量前行，每一位同学都能实现美好的梦想！全国青少年朋友们要志存高远，增长知识，锤炼意志，让青春在时代进步中焕发出绚丽的光彩！[②]

---

① 殷海霞、程妙编著：《习惯影响孩子的一生》，中国长安出版社 2008 年版，第 74 页。

② 习近平："在第十二届全国人民代表大会第一次会议上的讲话"，2013 年 3 月 17 日，http：//news. xinhuanet. com/2013lh/2013 -03/17/c_ 115055434. htm，2017 年 2 月 18 日访问。

第十六章

戒除抑郁　积极有为

每个人在生活中都难免遇到各种各样的不如意、不愉快的事情，遭遇各种各样的困难、挫折、打击甚至灾难，或者预计到不幸的结果。这些事件往往很容易在中学生身上引起消极的情绪体验，甚至改变其行为习惯。其中最突出的消极情绪就是抑郁，伴随抑郁的往往还有焦虑、恐惧等情绪。一般来说，不愉快的事件导致人产生抑郁情绪是正常的，是一种短暂的心理不良反应，是一种亚健康状态。随着事件的过去，抑郁的情绪就会逐渐减弱以至消失；或者通过改变环境，心理疏导和调节，也能恢复正常。但是，如果一件不愉快的事情发生之后的很长一段时间里，中学生朋友抑郁情绪没有丝毫减轻；或者较为强烈的抑郁情绪持续地存在，或间歇性地反复发生，发展结果有可能出现以心境低落和厌世心理为主要特征的精神障碍，成为一种心理问题，表现为心情低落、失去兴趣和快乐感，容易疲乏，注意力不集中，总想不高兴的事，思维和反应迟钝，自责自罪，严重时有自杀的想法和行为。中学生朋友一定要认识到抑郁心理的主要表现、产生原因及科学化解方法，促进个人健康成长与成才。

一、了解抑郁心理的主要表现

缺乏活动的愿望，精力明显降低，意志明显消沉，容易感到疲乏；饮食与睡眠不好；行动特别缓慢，身体上容易感到不舒服；心情极为压抑，沉默寡言，对自己评价过低，对未来感到悲观；疑虑心增加，亲人及老师、同学劝导效果也会明显降低，有自以为是、坚持己见的表现；回忆过去总是沉浸

在痛苦、消极的记忆中；逃避与他人交往，独来独往，有时容易被激怒。轻度的抑郁会使人精力减退，活动效率下降，闷闷不乐，缺乏对事物的兴趣。严重抑郁会导致生理功能紊乱，记忆力减退，精神恍惚，生活自理出现困难，甚至自我否定，放弃一切愿望。

二、分析抑郁心理产生的原因

（一）遭受挫折与不幸

中学生在成长过程中，随着学习层次提高，环境改变，有时满怀信心，对矛盾和困难估计不足。有的学生在学习生活中屡受挫折和失败，会失去信心，怀疑自己的能力，陷于绝望之中。有的学生在生活中遭受过多的不幸，如遭受病痛折磨，且治疗效果不佳、失去亲人等，使人感到生活带给人的只是苦涩和伤心，尤其是几经努力而收效甚微的时候，更是变得心灰意冷、悲观失望。有的人从小在家庭中受到歧视和虐待，在学校里受到不公正的批评，考试屡遭失败，严重挫伤了自尊心；或是自幼在不健全的家庭中长大，形成了过于敏感的性格，长大后又遇挫折，则此种性格缺陷就会愈演愈烈。其他原因如学校、家庭生活过于单调，思想闭塞，缺乏与人交往的机会，与同学关系紧张，情绪长期受到压抑。家长要求过高，学习力不从心，心理负担过重；自己身材或长相欠佳，学习基础不好，成绩不好，与同学交往困难等。有的学生受到同学冤枉、老师误解等意外批评，感觉跌入万丈深渊，且自己无力自拔，不能将事实澄清或是改变现状的时候，就会感到生活太残酷、人世险恶、自己太可怜了，从而陷入痛苦绝望之中，产生强烈的抑郁心理。

（二）不良家庭环境影响

随着改革开放的深入发展与生活条件的不断改善，人员流动性增加，传统观念受到冲击，婚变家庭也在增加。有的学生父母亲长期在外从事不正当职业，放荡不归，苦了留守的孩子；有的学生家庭环境恶劣，家长长期从事打牌、赌博等活动，不务正业，不能通过诚实劳动改善家庭经济条件，孩子精神上受到影响而烦躁不安，一回到家就愁眉苦脸；有的家庭迷信风气浓厚，经常香火缭绕，使孩子思想上受到禁锢。还有些学生对于家庭生活中令人不

愉快的事件无法摆脱，如家庭的经济状况或心理氛围不好等。这些因素使他们在集体生活中总是有抬不起头的感觉，自我孤立，发展结果就使自己与集体格格不入。

（三）个性所致的抑郁

有些中学生性格内向、孤僻，喜好单独活动，不愿把苦闷和烦恼向别人倾诉，交流渠道不畅。不良情绪长期积压又不能自我调解，势必就产生严重心理问题。有些同学心胸狭窄，意志薄弱，多愁善感，在困难和挫折面前易气馁。有的同学总把自己放在一个弱者的位置，自怨自艾，缺乏进取精神和勇敢的气概，夸大自己的不幸，以博得他人的同情和安慰，把自己当成一个失败者，久而久之就变得心事重重、郁郁寡欢，抑郁心理也就自然产生。

三、采取科学方法防治与矫正抑郁心理

（一）科学运用认知法，矫正抑郁情绪

美国心理学家贝克认为，抑郁患者的消极认知过程，是使之产生抑郁情绪的根源。就是说，抑郁患者每当一件事发生后，便会对其进行消极的评价，结果导致消极情绪的产生。因此，克服抑郁心理，就得从根本上改变消极的认识过程。一是要避免两极式思维，即极端式思维方式。这种思维方式把事物看成非白即黑，要么肯定一切，要么否定一切；要么全好，要么全坏。当自己一件事失败了，就认为什么也做不成了，对自己失去信心。二是要避免自我评价过低。认为自己处处不如别人，总把自己放在“第二流”的位置，并为此痛苦伤心。

（二）锻炼坚强意志，学会自我调节

人生不会一帆风顺，会有这样那样的困难和挫折，所以压抑、痛苦、彷徨是不可避免的，关键是一定要在痛苦、抑郁中重新振作起来。目前有的中学生往往被学习中的困难、考试的不理想、生活中的琐事所困扰，丧失自信而退缩，不求进步而沉沦，这是不可取的。一位哲人说得好：“苦难是人生最好的老师。”当遇到困难挫折时，应首先提醒自己，这是生活给自己提供的锻炼机会，自己一定要珍惜。要经常自我鼓励，也可以要求好友给予鼓励

和督促，以增强战胜困难的勇气。每当战胜一次困难，就会体验一次胜利的喜悦，增强了自信，抑郁、消沉、悲观、失望的情绪就远离自己一步。

（三）保持达观心态，积极奋发有为

所谓达观，就是要懂得社会与人生变化的辩证关系。古语说："逆境成才。"不管是仁人志士，还是科学艺术之人，不管是社会谋略专家，还是革命先驱者，都是在逆境中成长，在千难万险中成才。中学生学习生活中的不顺，比起英雄们的困难，这点困难就算不了什么。中学生朋友即使遇到很大的困难，也不必泄气，要坚强应对，想方设法解决。"车到山前必有路，船到桥头自然直"。中学生朋友不必把一时的困难看成是永久的困难，把局部困难看成是整体的困难。对于困难来说，只要你能坚持不懈地努力，"山穷水尽"就一定会转为"柳暗花明"。总之，许多事情只要能用乐观主义精神、用发展的观点来想一想，抑郁忧愁就会烟消云散了。[①] 同学们要勇于超越自我，努力创新，奋发进取，做到"苟日新，日日新，又日新"，不断取得新成绩。

---

① 罗堪羡主编：《心灵防火墙　中小学生常见心理障碍及防治》，湖南科学技术出版社2006年版，第144～152页。

第十七章

戒除焦虑　脚踏实地

焦虑心理一般指将出现不良后果或模糊性威胁的一种自我感受为不愉快的情绪，其特点是紧张、不安、担心、忧虑、烦恼和惧怕。如果个人对事物发展的不良后果和威胁无法预计，又不能采取有效措施加以防止，这种过度而经常性的焦虑情绪就会发展成具有明显的神经症状的焦虑，即焦虑症。焦虑是应激状态下的人的一种最常见的情绪反应，有时表现为预测发生不良后果的防预反应。一般而言，轻度焦虑不仅对人无害，反而可激发人的斗志，唤起警觉，提高工效。但强烈而持续的焦虑则对人十分有害，可能会严重影响学习、生活，损害身心健康。中学生焦虑心理反应一般发生在青春期内，女生多于男生，常见为生活焦虑和学习焦虑。中学生朋友一定要认识焦虑心理的主要表现、产生原则，采取科学预防与化解方法，努力消除严重焦虑心理，积极进取，乐观向上，不断取得新进步与发展。

一、了解中学生焦虑心理的主要表现

中学生因学习、生活而焦虑的心态比较常见。而且中学生在不同时期会有不同的焦虑表现。适度的焦虑对学生并无害处，还有利于学生审时度势、深思熟虑。若中学生焦虑过渡到长期不能摆脱烦恼、不安、恐惧的心态，并出现不良生理反应和异常的肢体语言时就成为焦虑症。焦虑主要有以下几种表现形式。

（一）学习焦虑

学习焦虑是一种常见的不良情绪反应，也是中学生因学习压力而导致的

常见焦虑症状。学习焦虑的认知成分主要以担心为特征，担心考试成绩不好，担心考虑不过关，担心考不上理想大学，是由消极的自我评价所形成的意识体验。有焦虑症状的中学生往往认为学习任务重、压力大、要求高，“喘不过气”。在课堂上当老师向全班提问时，觉得是提问自己而不安，当着别人朗读课文，总怕读错，行为上表现为多余动作增加。课堂上容易分散注意力，课后担心完不成作业任务，做作业时总想对答案，考试前晚上长时间无法入睡；考试时胡乱答完卷子早早离开考场等。特别是有些家长不根据孩子的学习实际，提出的目标要求太高，成绩不好时，总是提心吊胆，一提“考试”，心里就紧张，担心周围人的冷眼，担心升学无望。

（二）生活焦虑

生活焦虑以经常或持续地对现实生活中的某些问题过分担心或烦恼为特征，生活焦虑表现在家庭生活和校园生活两方面。校园生活方面主要是有的学生惧怕当众发言出差错，受到老师和家长批评后心里总不安，甚至做噩梦；在与别人的竞争中输给对方，就不想干了，一旦考虑到今后的事情就感到担心；身体形象不佳，或有某些缺陷，担心被同学、老师看不起，自卑而焦虑，有的在身体发育过程中看到自己与别人有差异就忧心忡忡；有的有恐慌预感，终日心烦意乱，坐卧不宁。

二、采取科学方法克服焦虑心理

（一）注意力转移法

中学生朋友当焦虑反应发作时，一定要设法保持镇静。第一步是一只手按压另一只手的合谷穴，第二步是深呼吸，第三步是将注意力转移到外界的一个物体上，仔细地观察并描述之。如窗外的一棵树，树干的样子、树冠、树叶……这样同学们就保持了镇静，恢复了理智，想好应对之策。同学们在惊恐发作面前没有惊慌失措，而是经受住了考验，大家就会感到事情不像你想象的那样可怕，焦虑的情绪是可以控制的，从而获得战胜焦虑的信心。

（二）自我鼓励法

自我强化主要从自我建设性暗示入手。如同学们总是对事情担心害怕，

总是感到自己考试又要失败，学习时总认为有人注意你或在背后议论你。那么你就用建设性暗示有效地抑制焦虑："我不能杞人忧天，自己吓唬自己。""我是失败过，但我也获得了宝贵经验，这次成功的可能性更大。""考试可以检查我学习的薄弱环节，有利于今后的复习。""就算真的失败了也没什么，有言道，失败乃兵家常事"。这样不断地提醒自己，对抗那些不良的自我暗示，就能帮助你控制焦虑情绪。[①]

（三）做好焦虑心理早期预防

防患于未然是最高境界。中学生焦虑症的心理障碍有时来自幼年结下的症结，对环境的适应能力，外界压力的承受能力，面对困难的耐挫能力是后天形成的。家长要营造一个和谐欢乐的家庭气氛，建立互相尊重、民主的家庭关系。同学们要有意识培养调节情感的能力，从小养成热爱劳动，提高自理生活的能力，自觉培养勇敢、坚毅、沉着、果断的意志品质。中学生可以通过古今中外感人的英雄事迹以及媒体报道的诸多事实，培养高贵的品质与坚强的意志。要多参加社会实践，学会在逆境的搏斗中提高应付逆境、摆脱挫折的能力，提高各种应对能力。

（四）加强心理健康辅导

对于具有严重焦虑心理的中学生，首先要指导学生树立正确的人生观和世界观，摆正外部世界和自我的关系：要帮助学生正确了解自我，正视现实。要全面、客观和冷静地对待自己所遇到的困难和挫折。要主动述说内心的不安和焦虑，缓解压力，通过暴露内心困苦和恐惧，释放长期以来因被压抑而积累起来的心理疾苦。要分析产生焦虑心理问题的根源，指出学生产生焦虑心理活动的积极方面和消极方面，从而使他能正确把握自身的心理活动。调整和完善自己的认知结构，逐步指导他们营造良好心境和防御焦虑过度心理的方法；中学生朋友在心理咨询师的指导之下，通过长期的调整，逐步排除诱发焦虑产生的因素，增强克服焦虑的能力，从焦虑心理与焦虑症的阴影中走出来。

---

① 罗堪羡主编：《心灵防火墙 中小学生常见心理障碍及防治》，湖南科学技术出版社2006年版，第153～160页。

（五）创造良好的心理成长环境

学生心理环境受他们生存的社会环境所影响，创造一个良好的社会环境有利于减少学生焦虑症的发生。就学校方面来说，要力求减轻学生过重的学习负担，避免造成学生长期处于高亢奋、极度紧张、过度疲惫的精神状态。学校要加强优良班集体建设，营造一个团结和睦、互助互爱的人际氛围。班主任要关心和爱护每一个学生。对学生的教育方法要科学，对学生的要求和标准不要期望过高，以免学生时常产生挫败感，对自己产生疑虑感，诱发学生的焦虑情绪。学校要科学安排学生的学习时间，积极开展丰富多彩的文娱体育活动，增强学生的身心健康。①

---

① 佚名：“中学生如何克服学习中的焦虑紧张”，https：//zhidao. baidu. com/question/135257216917325365. html，2017 年 3 月 20 日访问。

第十八章

戒除网瘾　科学用网

“网瘾”即“互联网成瘾综合征”，其基本症状是上网时间失控，欲罢不能，可以不吃饭不睡觉，但是不能不上网。有这种症状的中学生即使意识到问题的严重性，也仍无法自控。网瘾常表现为情绪低落、头昏眼花、双手颤抖、疲乏无力、食欲不振等。中学生上网，一旦成瘾，很难戒除，人们把网瘾比作毒瘾。中学生上网成瘾，可以说已经是一个社会问题，家长和学校非常关注。很多媒体都出现了“戒网”这样的词。现在是高科技时代，互联网已经走进家庭，利用互联网娱乐、学习、获取信息，已经是现代中学生必须掌握的一项技能。那么对于中学生来说，如何正确使用网络，对学习、生活有所帮助，是应该认真讨论的话题。中学生要科学使用网络，自觉戒除网瘾，关注学习生活，把主要精力用于学生锻炼中去。

一、科学认识网络成瘾的判定标准

中学生上网已是相当普遍的事了。根据现在的情况来看，大约有 100% 的同学曾经上过网，20% 的学生有网瘾。绝大多数上网是为了聊天、玩游戏，有时还不可避免地受到色情、暴力、反动信息等内容的侵袭，成瘾的学生每天起床后情绪低落、头昏眼花、疲乏无力、食欲不振、魂不守舍，无法控制去上网的冲动，很容易患上“互联网成瘾综合征”。不仅会耽误正常课业，影响身心健康成长，甚至有可能走上违法犯罪的道路。网络成瘾的判定标准主要包括：一是连续一个月以上每天上网玩游戏 4 ~6 小时，严重影响了工作和学习；二是认为上网能得到快乐；三是不上网就会出现躯体症状，如头痛、

出汗、烦躁不安，但一坐到电脑面前，这些症状就立刻消失。

二、自觉戒除网瘾

中学生如果有网络依赖症状，要认识到网络依赖的巨大危害，自觉地将其戒除。当然，这需要一个过程，中学生朋友能够戒除网瘾，不仅在于自身决心与努力，也要寻求家长、老师帮助。把精力主要用于学习、体育运动、社会实践、旅游等健康活动之中，把网络作为学习工具。放松娱乐要适度。要正确对待电脑网络，认为电脑、智能手机是工具而不是玩具。中学生朋友应该更多关注自身健康成长，增强对不良网络信息及其他一切不良文化的抵抗力。提高自身思想文化素质，自觉抵制不良文化侵袭，勇于戒除“网瘾”。

三、正确使用网络

中学生要正确使用网络技术，把电脑网络作为学习成长的重要工具，获得更快、更多的信息。充分利用好网络教育资源，学习交互性比较强、趣味性比较强的课程，提高学习效果，提高学习成绩。网络游戏与娱乐时间要有度，不能占有太多时间与精力，否则会严重浪费时间，影响学习效率，对身心健康也会造成伤害。例如周六、周日可以适当玩一到两个小时，根据学习、娱乐、工作各个方面安排的情况而定。中学生朋友要认识如果长时间这样去玩网络游戏或者说是玩游戏，会带来许多不良后果。要自觉把网络的兴趣点转移到正常学习实践中来。中学生要善于运用网络资源查阅学习资料，积极科学使用网络。网络是咱们现实生活中不可缺少的重要工具，但也要科学合理合作。正确看待网络，积极利用它的现代化手段好的一面，避免它不好的那一面。网络技术肯定会深入各个家庭，深入我们生活，让我们在网络的世界里面幸福的畅游。①

四、提高信息素养

网络是资源宝库。中学生可以利用网络查阅学习资料，也可以在网上查

① 张云裳：“专家谈中学生如何正确使用网络”，http：//www. gzs. cn/html/2005/09/15/19521－0. html，2017 年 2 月 19 日访问。

看天气预报，还可以在网上查看自己较为关注的时政新闻，观看精品网上课程。中学生可自觉在Internet上搜索问题答案，并进行分析总结。中学生要善于利用网络这一信息工具去分析与解决问题。中学生用必要的精力去关注网络上真正有价值的信息，通过网络接触社会，提高学生的辨识和思考能力。中学生自觉培养较强的信息技术能力，拥有较高的信息素养，能从网络中发现更多积极的因素，提高自身思想道德文化素质。网络游戏是学生很感兴趣的新生事物，但是中学生绝不能让网络游戏大量占用自己的宝贵时间、精力甚至金钱；特别要远离某些暴力和色情游戏。作为主宰新世纪的下一代，中学生终归是离不开网络的，尤其是在信息社会快速发展的今天。充分利用现有网络资源，提高自身道德素养和信息素养。当然，它是一个逐步发展的过程，不可能一蹴而就。

习近平总书记指出，要自觉营造健康的网络环境。要本着对社会负责、对人民负责的态度，依法加强网络空间治理，加强网络内容建设，做强网上正面宣传，培育积极健康、向上向善的网络文化，用社会主义核心价值观和人类优秀文明成果滋养人心、滋养社会，做到正能量充沛、主旋律高昂，[①]青少年朋友要自觉养成良好用网习惯，克服网络依赖，克服沉迷网络游戏，共同营造一个风清气正的网络空间。

---

① 习近平："在网络安全和信息化工作座谈会上的讲话"，2016年4月19日，http：//politics.people.com.cn/n1/2016/0426/c1024－28303544.html，2017年2月9日访问。

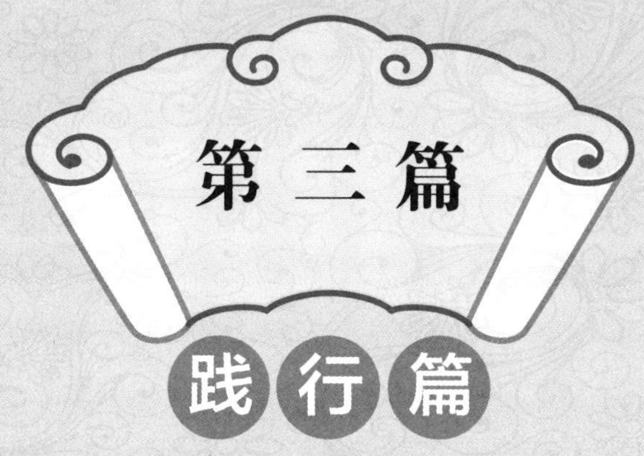

第三篇

践行篇

中学生应当养成的十种良好习惯

习惯是思维定式

习惯是行为模式

坏习惯

遗恨终生

好习惯

终身受益

习惯决定公民素养

习惯决定人生高度

摒弃恶习

优化行为

实现人生价值

成就美好梦想

助力成长成才

第一章

热爱劳动　勇于实践

劳动创造了人类，劳动创造了世界。劳动既是公民的基本权利，也是公民的基本义务。中学生必须养成热爱劳动的良好习惯。一个人如果不崇尚艰苦奋斗，就不会有积极进取的精神，就会消极倦怠地对待学习、生活和工作。正如孟子所说“天将降大任于斯人也，必先苦其心志、劳其筋骨、饿其体肤”。宋代文学家欧阳修在《五代史伶官传序》中警醒地指出：“忧劳可以兴国，逸豫可以亡身，自然之理也。”虽然当下公民的物质条件有了很大的改善和提高，但是我们需要与时俱进地发挥艰苦奋斗精神，提倡适度消费，不铺张，不贪图奢华，勤奋工作、刻苦学习，自觉抵制骄奢淫逸，保持自身的廉洁。“以艰苦奋斗为荣，以骄奢淫逸为耻”的蕴涵之义是在历史经验的教训下总结出来的。每一位公民都应该时刻提醒自己在生活中注重勤俭节约、自强不息。劳动，对每一位中学生都是一个十分熟悉的话题。“劳动光荣”“劳动创造了人类”“劳动是一切财富的源泉”等。热爱劳动也是中华民族乃至整个人类最主要的传统美德之一。“以辛勤劳动为荣，以好逸恶劳为耻”，是社会主义道德的基本要求。劳动是光荣的，人们付出自己的辛勤劳动，就是为社会做贡献。荀子《修身》说：“劳苦之事则争先，饶乐之事则能让”，辛勤劳动本就是劳动人民的本色。然而有些中学生却在思想上对劳动意义认识不足，在行动上不能付诸实践。中学生要崇尚劳动、热爱劳动，养成良好的劳动习惯。中学生自然应当培养爱劳动的习惯，热爱劳动，精益求精。中学生朋友要培养热爱劳动的习惯，最根本的是要充分认识积极参加劳动的意义，并积极参加志愿者活动等社会实践活动。

一、劳动教育是中学生成长成才的重要内容

劳动是人们动用自己的体力或智力，借助于劳动资料有目的、有意识地作用于自然，从而改造自然的一种实践活动。劳动有两种：一是体力劳动，二是脑力劳动。劳动是人类生存和发展的基本条件。劳动创造了人类本身，创造了历史，创造了人类文明，创造了世界。劳动，有时专指体力劳动。劳动技能中的“劳动”即是此义。劳动技能是一种劳动能力，它包括很多方面，对学生而言，大致可分为自我服务劳动技能、家务劳动技能、公益劳动技能和简单的生产劳动技能四大类。[①] 现在许多中学的孩子大部分时间只注重学习，不爱干家务活，没有养成劳动习惯。面对劳动教育在学校被弱化、在家庭被软化、在社会被淡化的现象，2015 年 8 月教育部、共青团中央、全国少工委联合下发《关于加强中小学劳动教育的意见》要求，统筹资源，构建模式，推动建立课程完善、资源丰富、模式多样、机制健全的劳动教育体系。抓好劳动教育的关键环节。在落实相关课程方面，各地要根据《义务教育课程设置实验方案》和《普通高中课程方案（实验）》，将国家规定的综合实践活动课程、通用技术课程作为实施劳动教育的重要渠道，开足开好。要明确并保证劳动教育课时，义务教育阶段三至九年级切实开设综合实践活动中的劳动与技术教育课，普通高中阶段严格执行通用技术课程标准，课时可视情况相对集中。各地各校可结合实际，在地方和学校课程中加强劳动教育，开设家政、烹饪、手工、园艺、非物质文化遗产等相关课程；在德育、语文、历史等学科教学中，加大劳动观念和态度的培养；在物理、化学、生物等学科教学中，加大动手操作和劳动技能、职业技能的培养；在其他学科教学和少先队活动课中，也应有机融入劳动教育内容。同时，开展校内劳动，在学校日常运行中渗透劳动教育。组织校外劳动，将校外劳动纳入学校教育工作计划，小学、初中、高中每个学段都要安排一定时间的农业生产、工业体验、

---

① 中学生读书网编辑部：“劳动技能”，http://www.fox2008.cn/ebook/21szjy/TS013027/0001_ts013027.htm，2017 年 5 月 25 日访问。

商业和服务业实习等劳动实践。可见劳动教育对中学生成长成才的重要性。[①]

中学生要了解劳动是推动历史前进的动力，是社会发展的纤绳，是时代进步的阶梯。劳动创造财富，劳动创造辉煌，劳动创造世界。中国的“四大发明”、神舟飞船、英国的“克隆羊”，推动世界历史前进的伟大成果都不能离开劳动。马克思说过：“体力劳动是防止社会病毒的伟大消毒剂。”我们通过参加劳动可以深切体会到劳动是创造社会财富的源泉，懂得“谁知盘中餐，粒粒皆辛苦”这个古老而实在的生活哲理，知道劳动成果来之不易，认识人生的价值。在参加有严密组织的劳动过程中，生产劳动中的社会性、协调性、纪律性等积极因素，持续地、反复地作用于我们的头脑，便会淡化原有支配不良习惯的思想和意识，进一步强化积极的劳动情感，养成热爱劳动的习惯。对于中学生来说，劳动教育从某种意义上说是一种生存与发展教育。对中学生进行素质教育，不仅要提高他们的学习成绩，更要让中学生学会课本以外的知识。一些中学生是独生子女，劳动的概念对他们来说都比较模糊。中学生应当学会劳动，树立热爱劳动的观念，学会自己的事情自己做，养成爱劳动的习惯。

二、热爱劳动才能得到人格尊严与尊重

一个人的优秀品质有许多表现形式，热爱劳动是十分重要的素质。中学生都知道，一个有劳动能力而游手好闲的人，会受到人们的鄙夷，得不到人们的尊重，更不用说有什么尊严了。反之，热爱劳动的人，则会受到人们的尊敬。有这样一个故事是发人深省的。一个年轻的乞丐到一家乞讨，女主人指着一堆砖毫不客气地说，你帮我把这些砖搬到屋后去吧。乞丐生气地说，你没见我只有一只胳膊吗？还忍心让我搬砖，不愿给就罢了，何必捉弄人。女主人并不生气，用一只手搬了一块砖后说，你看，并不是非要有两只手才能干活，我能干，你为什么不能？年轻人受到触动，用那一只手搬起砖来。搬完后出了一身汗。女主人递给他一条雪白的毛巾擦汗，并给他20元钱。他

---

① 康丽：“三部委下发文件加强中小学生劳动教育 强调劳动教育教师专业化”，载《中国教师报》2015年8月7日，第1版。

说谢谢时，女主人说，你不用谢我，这是你凭力气挣的工钱。乞丐说，我会记住你的。深深鞠躬走了。后来再有人来乞讨，女主人都是先让他们搬砖，也有搬的，也有鄙夷地走开了。她的孩子不解地问她，为什么把那些砖搬来搬去。她说："砖放在屋前屋后都一样，可搬与不搬对乞丐来说就不一样了。"若干年后，一个西装革履、气度不凡的人来到已经有点老态的女主人家里，只是一条袖子荡来荡去的。他拉着女主人的手说："如果不是你的启发，我如今还是个乞丐，现在我是一个公司的董事长了。"女主人说，这是你自己干出来的。他说在郊区买了一幢别墅送给她，作为女主人教育他的工钱。女主人笑了笑说："我不能接受你的照顾，因为我们家每个人都有两只手，你把它送给连一只手也没有的人吧。"我想同学们看了这个故事，不用我细说也会明白热爱劳动对一个人的人格和尊严有多么重要了。所以我们一定要养成热爱劳动、自食其力、自我奋斗的良好习惯与精神。

三、热爱劳动可以学到实用技能

中学生朋友要认识到，现在社会上市场竞争激烈，尤其人才竞争更为激烈，就业岗位紧张。中学生将来大学毕业后需要就业谋生，如果没有一技之长，就难免在就业竞争中被淘汰。而生产技能只能在劳动中获得。这里说的劳动是指两个方面，一是脑力劳动，二是体力劳动。有一分耕耘必然就有一分收获，只要中学生坚持不懈参加劳动，刻苦努力地学习知识，就能不断开发智力，成为某一方面的操作能手，掌握工作技能。一个人只有靠勤劳和汗水得来的财富，享受起来才能心中坦然，才能于心无愧，也才能去孝敬你的长辈，才能为国家、为人民作出应有贡献。养成良好的劳动习惯，就要从日常生活做起，从一点一滴做起，从现在做起。因此，中学生必须参加家务劳动，如扫地、倒垃圾、擦洗自行车、洗碗、擦桌子、洗自己的衣服、打扫自己的房间。要明白自己不劳动，就什么也做不成，不动手什么都不会成功。中学生还要养成良好的劳动习惯，多参加力所能及的公益劳动，如打扫街道、打扫教室、义务植树、主动给敬老院老人洗衣服、收拾房间、擦玻璃。中学

生通过做家务能培养自己的自信心、成就感和责任心。[①]

四、牢固树立吃苦耐劳的精神

无论是体力劳动还是脑力劳动，都是很艰苦的，都是需要付出心血和汗水的。正如常言所说，没有免费的午餐，天上不会掉馅饼的，要想得到就必须付出。同学们肯定在书报上看过许多经过艰苦奋斗、努力拼搏而取得成功的典型事例。没有一个事业有成者不付出艰辛的。有些人看到别人成功、富有时，往往很羡慕，可人家在背后付出的艰辛你可能是想象不到的。许多人并不真正懂得苦尽甘来，明白“不吃苦中苦难有甜上甜”的道理。有些中学生在劳动中吃不得苦；有的对分配的劳动任务还能完成，却不能下苦功学习些知识，对培养热爱劳动的习惯是相违背的。我们应在力所能及地参加劳动中养成吃苦精神，磨炼意志，增强与困难做斗争的勇气。

五、在社会实践活动中提升能力

社会实践是中学生的一项重要学习内容。优化知识结构，丰富社会实践，强化能力培养。着力提高学生的学习能力、实践能力、创新能力，学会知识技能、学会动手动脑、学会生存生活、学会做人做事，促进自身主动适应社会，开创美好未来。[②] 当代中学生应当自觉培养创新创业精神与能力。注重激发学习兴趣、科学兴趣和创新意识，加强科学方法的训练，逐步培养逻辑思维与辩证思维的能力。积极参加校内外结合的科技教育活动，加强自身科学素质、信息素养和创新能力的培养。积极参与创新活动和创业实践，参加创新创业竞赛。做到知行合一，积极参加社会实践活动，深化对书本知识的认识。注重增强实践体验，积极参加研究性学习旅游和各种形式的夏令营、冬令营活动。积极参加志愿服务工作，开展志愿服务活动和其他社会实践主题活动，了解社会、认识国情、增长才干。[③]

---

① 黄江民：“怎样对中学生加强劳动教育”，http：//jysb. shuren100. com/2011 –04/27/content_29382. html，2017 年 4 月 2 日访问。

② 《国家中长期教育改革和发展规划纲要（2010 ~2020 年）》。

③ 《国家中长期教育改革和发展规划纲要（2010 ~2020 年）》。

六、培养劳动技能，增强多元化劳动能力

（一）中学生要培养自我服务劳动技能

这是人人必须具备的技能，尽管各民族、各地区人们的生活习惯有所差异，但卫生习惯、生活自理、学习自理，还应当是共同的。自我服务劳动技能包括洗手、洗脸、刷牙、洗脚、剪指甲、洗头、梳头、洗澡、洗手帕、洗袜子、穿脱衣服、系鞋带、铺床、叠被、洗小件衣物、洗碗筷、洗茶杯、钉纽扣、缝补衣物、晒被褥、洗外衣、叠放衣服、削铅笔、裁纸、订本子、包书皮、修钢笔、修圆珠笔、修补图书和整理学习用品等。这类劳动项目重在养成学生自己动手的良好习惯，从而认识劳动光荣，为从事其他各类劳动打下基础。

（二）中学生要培养家务劳动技能

家务劳动与自我服务劳动在不少项目上是交叉的。在家庭这个小的组合中，每个人既要为自己服务，又要为这个小集体服务。所以，家务劳动也包含着自我服务的因素。反过来讲，每个人做好自我服务，家务劳动也就基本完成了，两者相辅相成。可以说家务劳动是扩大范围的自我服务劳动。例如，房间整理、厨房的卫生、洗刷灶具与餐具、择菜、洗菜、买菜、淘米、使用炉具、烧开水、做简单的饭菜。尽管全国各地的生活习惯有所不同，但这些家务劳动项目训练还是必备的。例如，由于城乡的差别和家庭经济状况的不同，房间的设置水平是不相同的，但是美观、大方、整洁的要求应当是一致的。随着各种电器进入家庭，使用和维护家用电器，已成为每个人必须具备的常识，这给家务增添了新的内容。如收音机、电风扇、电视机、收录机、电熨斗、洗衣机、电冰箱等。从农村来讲，随着农村经济的发展，家用电器也已经陆续进入每个家庭。高年级的学生应当掌握一些家用电器的使用和维护的常识。这类劳动重在适应家庭生活的需要，培养学生独立生活的能力，为以后从事更复杂的社会劳动打下了基础。

（三）中学生要培养公益劳动技能

公益劳动是直接服务于社会公益事业的无偿劳动，是对青少年进行共产主义教育的有力手段。公益劳动与服务性劳动、生产劳动是相互交叉的，一

个是从有无报酬命名的，一个是从劳动性质命名的。如修补图书，为个人修补图书的就属于自我服务劳动，无偿为学校图书馆修补图书就属于公益劳动。学生公益劳动的内容，如擦黑板、扫地、擦玻璃、抹桌椅、开关门窗、绿化校园、美化环境、为烈军属和五保户做好事、到车站等公共场所服务、管理街道和学校栽植的树木花草、帮助农民夏收、采集树种、参加校办工厂及农场的劳动。公益劳动重在向学生进行集体主义和共产主义教育，通过这类劳动，培养学生热爱人民、热爱集体、爱护公物、助人为乐等优良品质，它有其他劳动所难以取代的特殊意义。中学生要培养生产劳动技能。简单的生产劳动，主要包括对部分生产工具的认识和使用以及工艺制作方面的内容、农业种植和饲养以及最基本的工业生产方面的内容。一部分工业方面的项目，如认识常用的木工、金工、电工工具，懂得这些工具的用途和维护方法，会使用这些工具维修课桌椅，修理和制作小玩具、简易的教具等。工艺制作属于生产劳动的范畴，从造型艺术的角度，又属于美术课的内容。在劳动课上可以利用美术课学过的知识，进行如折纸、剪纸、泥塑、缝纫、纺织或利用废旧材料制作简单的工艺品等。从事这方面的劳动，可以鼓励学生勇于实践、勇于创新，把美术、自然等学科获得的知识，应用到劳动过程中，从小培养学生热爱劳动、热爱科学、手脑并用，发展智力和能力。这方面的内容，既适应于城市，又适应于农村。农业方面如认识当地的粮食作物、经济作物、瓜果蔬菜、食用菌、果树、花卉、药用植物、常用的农机具、家禽、家畜和观赏动物等，使学生初步学会种植、浇水、施肥、除虫、喂食和进行简单的管理等。①

“空谈误国，实干兴邦”，这是人们从历史经验教训中总结出来的至理。《礼记》在谈到治学时说：“博学之，审问之，慎思之，明辨之，笃行之。”在这五个阶段中，“笃行”是目标、是归宿、是结果，它要求我们必须把学到的知识运用于实践，自觉做到知行合一。为了祖国在激烈的世界经济竞争大潮中永远立于不败之地，为了青少年一代更加幸福的生活，学校、家庭、社会在对青少年做好文化教育的同时，更要做好劳动教育，培养良好的劳动习惯，同时也培养自理、自立能力。

---

① 中学生读书网编辑部：“劳动技能”，http：//www.fox2008.cn/ebook/21szjy/TS013027/0001_ts013027.htm，2017 年 5 月 2 日访问。

第二章

讲究卫生　健康生活

“讲究卫生，减少疾病”，这是一个常识性的问题，也是中学生的一项基本行为规范。但是有些同学却做不到或做得不好，不讲卫生的现象还比较常见。有的同学随地吐痰，乱扔杂物，不按时清洗衣服、被褥、刷牙、洗脸等，表现在许多方面。在当代中学生中，有的同学个人卫生保持还可以，但不注意公共卫生；有的同学个人卫生搞不好，环境卫生也搞不好。总之，当代中学生不讲卫生的现象还比较普遍，这无论是对中学生自己还是对他人身体健康都是很不利的。同学们要养成讲究卫生的习惯，提高自身的素质，这对健康安全都有重要的意义。

一、充分认识讲究卫生的重要意义

（一）讲究卫生有利于自身的身体健康

健康的身体是完成学业、做好工作、享受人生、尽到自己的各项责任的基本保证，也是实现自己理想和宏伟蓝图的本钱。同学们如果身体垮了，许多学习计划和行动都会成为泡影，远大理想也很难实现。中学生身体有病、出现健康问题的原因固然很多，不讲卫生的习惯是造成身体患病的一个重要因素。许多疾病的形成和传播是由于不讲究卫生造成的。没有洗手的习惯，病菌就会由手带入口中，引起疾病的发生；懒得洗澡刷牙，结果就会患上皮肤病和牙齿方面的疾病；穿着不讲卫生，衣裤鞋袜脏兮兮的，细菌就会在上边繁衍，引起多种疾病。

（二）讲究卫生有利于他人的身体健康

这本是一个很浅显的道理，同学们略作思考便会明白。人类的疾病中有相当大一部分是由不讲究卫生造成的，有时一个人得了传染病，由于不注意，结果使很多人被传染。同学们肯定知道，一口浓痰里边含有几万上亿个病菌，这些病菌被他人吸入能不得病吗？可如果你注意了，一般就不会对他人造成危害，这说明你是一个有道德的人。有人明白了这个道理而仍不注意，或者故意去做，那就是一个极端不负责任的人，就要受到道德的谴责。

（三）讲究卫生是文明素质的基本要求

从一个人是否有讲究卫生的习惯可以看出一个人素质的高低。在讲究卫生这个方面我们是有较大差距的，不仅影响到身体的健康，而且也已经影响到人格。养成良好的卫生习惯是一个国家国民素质的体现。是否讲究卫生，不但反映出这个国家人民的生活水平，也反映出这个国家人民的文明程度。对于个人来说，是否讲究卫生，反映出这个人的思想觉悟、道德水平和文化素质的高低。人们越来越意识到疾病与卫生环境是息息相关、互为影响的。讲究卫生不是小事，它直接关系到人的健康，关系到每个社会成员的生、老、病、死与民族的繁衍，关系到国家的繁荣和富强，更是社会风尚好坏的一个重要标志。①

（四）卫生习惯可以改变人的行为

良好的内务和优美整洁的环境可以陶冶情操，创造健康向上的学习实践生活氛围。生活在脏乱差的环境中，心情易于烦躁、消沉，易于发脾气；生活在洁净、美丽的环境中，人的情绪自然就会得到放松，心情自然平和，做事自然就要理智得多。养花怡情大概讲的也是这样一个道理。在学校里学习、生活，如果同学们都讲究卫生，窗明几净，环境优雅，同学们的心情自然要好得多；如果到处乱糟糟、臭烘烘的，垃圾满地、苍蝇乱飞，不但会严重影响同学们的身体健康，而且会直接影响同学们的情绪。就一个集体而言，学

---

① 包成海：“讲究卫生保健康”，http：//www. duwenzhang. com/plus/view. php？aid = 199766，2017 年 3 月 6 日访问。

习的好坏与是否有一个良好的卫生环境也有很大关系，环境好，同学们的心情平和，有利于建立和谐的人际关系，有秩序、有效率，也就自然易于取得成绩。在脏乱差的环境中学习、生活，心理难以平衡，人际关系易紧张，自然就易于出现问题。

二、培养讲究卫生的习惯要从小事做起

（一）培养卫生习惯必须从小事做起

日常生活是由一件件普通的小事组成的，只有做好小事，才能成就大事，在培养卫生习惯方面也是这样，必须从小事做起，从点滴做起。当新的一天开始的时候，起床后的第一件事情就是洗脸刷牙，整理内务卫生，到了劳动岗位先把卫生整理好再开始劳动，等劳动结束后再清理好卫生。平时看到哪里脏了，主动打扫一下，发现地上有纸屑弯腰拾起来，不少同学看不起或者不屑于做这些小事情。殊不知，正是这些小事体现了一个人的精神境界。只有把卫生这样的小事做好，才能取得好的学习、实践、生活成绩，最为关键的是培养了讲究卫生的习惯，自身的素质有了提高，便比较容易在社会上谋得一份好的职业，既造福自己，也造福了社会。

（二）养成良好的卫生习惯

同学们养成良好的卫生习惯十分重要，不仅自己要讲究卫生，还要人人争当卫生监督员，共同来把学校的卫生抓上去。如何养成良好的卫生习惯呢，全体同学都应该做到个人卫生服装干净整齐；做到五不：不留（染）指甲、不染（烫）发、不化妆、不戴饰物、男生不留长发；做到四勤：勤洗手（饭前便后用流动水洗手）、勤洗澡、勤剪指甲、勤换衣服。要养成不随地吐痰的习惯。确因感冒克服不了的，应该准备卫生纸，吐在纸上，再扔进垃圾桶；要努力克服随手乱丢的坏习惯。要把废纸、果皮、包装袋扔进垃圾桶中，特别要杜绝从楼上往楼下扔东西的不道德行为；要努力克服乱倒垃圾的坏习惯。在卫生保洁或值日时，无论走再远的路，都要把垃圾及时倒进垃圾容器中，且不可乱倒；捡拾地面上废弃物。要有随手捡拾地面上废弃物的意识和习惯，共同维护学校环境的整洁，从根本上

杜绝乱扔乱丢现象。

（三）全面讲究个人卫生

同学们卫生习惯如何，不仅是一个人的文明标志之一，而且对于维系人的生命也是至关重要的。个人卫生，主要应从个人的肌肤卫生做起，如洗手、洗脚、洗脸、洗头、洗澡，也包括剪指甲、刷牙。手接触外界最频繁，表皮上经常附有细菌和灰尘。不洗手拿起东西来吃，就会把细菌送进肚子里，使人生病。所以手是要常常洗的，应坚持做到饭前、便后或拿过脏物之后，都要洗手。每天晚上睡觉前用温水洗一次脚，可以促进血液循环，休息得更好。脸是露在外面的，洗脸，不能仅限于面庞，要连同脖子一起洗干净。洗脸最好使用香皂，这种皂的水分少，变形慢，温水、冷水溶解速度一样，起泡力好。先用清水把要洗部位的皮肤润湿，然后把香皂打在手上，反复搓洗润湿部位，最后用清水冲洗，用湿毛巾或干毛巾揩干。经常洗头，除去头上的污垢，可以增进健康。人的头发从物理性质来看，可分为钢发、绵发、油发、沙发、鬈毛。洗头的周期，最好从实际出发，既要根据头发的物理性质，又要根据个人所处的环境。通常以每月 2 ~4 次为宜。洗头时，水不要太热；冲洗头发用的水温，要保持与洗头时一致，以防感冒；不可用碱性太强的肥皂，以免损伤头皮。剪指甲是卫生的需要，也是美观的需要。指甲留多长才算合适呢？一般说，要求指甲比皮肤长出一线就可以了。修指甲，首先要观察个人的手形，然后再决定下剪。尖的手指两角要少剪，圆的手指两角要多剪，扁的手指应剪成圆式。从右边下剪，将指甲和指头分开捏紧，特别是指角处，以免剪伤皮肤。剪完后，要用细挫来回磨，直至指甲光滑、不毛、成型为止。刷牙，是搞好口腔卫生的重要条件。一个人要养成饭后漱口和早晚刷牙的好习惯。据医学界统计，刷一次牙，可使口腔中的细菌减少 70%。刷牙，要用竖刷法，使牙刷毛顺着牙缝的方向刷。刷上牙，从上往下；刷下牙，从下往上。不能上下牙一次直刷，并且要将牙的舌侧面、颊侧面、咬颌面等各个方向的牙面都要反复刷几遍。这样刷，既可清洁牙齿，保护牙龈，又有利于改善牙龈的血液循环。牙刷要一人一把，用后冲洗干净，把水甩干，将毛的一端朝上放在漱口杯里。洗澡，不但能清洁皮肤，还可以加速血液循环，促进

生长发育。要搞好个人卫生，必须坚持经常洗澡。洗澡，分盆浴和淋浴等多种。不管用哪种方式，周身都应洗到。洗澡用温水较为适宜。洗澡周期可根据本人的皮肤性质、家庭条件、气温情况和工作性质确定。夏季，气温较高、出汗较多，可以天天洗；其他季节从实际出发，冬季最低一个月不少于一次。①

三、自觉同不讲卫生的行为做斗争

中学生培养讲究卫生的习惯不仅仅是自己的行为，而且需要相互监督。有些中学生自己在卫生方面做得可以，但对他人违反卫生规定的行为不敢制止，也不愿制止。正确的做法应该是在自己讲究卫生的同时，还要敢于同不讲卫生的习惯做斗争。因为同学们生活在同一个环境中，他人破坏了卫生，不仅会影响他的生活质量，同时也影响了同学们的生活质量，如果同学们对不讲卫生的行为都不敢制止，那么整个环境就会脏乱差的不成样子。在这一方面同学们要转变一个观念，作为制止者，要想正是我的制止才使对方修正了错误，有一个洁净的环境对己对集体都是有益的，与不讲卫生的行为做斗争是做好事。作为当事者，当自己不卫生的行为受到他人批评时，不要有反感情绪，要把他人的批评作为对自己的一种帮助，这样两者就没有矛盾了，没有了矛盾又解决了问题，同学们的学习、生活环境才能不断得到改善。

综上，讲究卫生，美化环境，是全社会的工作，更是每个公民的职责与义务，因为讲究卫生于己有益，于人有益，于全社会有益。每个人都应当用自己的双手创造清洁、舒适的卫生环境并养成个人的良好卫生习惯，这样不仅有利于身心健康，又能反映一个人奋发向上的精神风貌，同时还有助于心情愉快和生活幸福。② 俄国著名教育家马申斯基指出：“良好习惯乃是人在神经系统中存入的道德资本，这个资本不断在增值，而人在其整个一生中享受

---

① 中学生读书网编辑部：“劳动技能”，http：//www.fox2008.cn/ebook/21szjy/TS013027/0001_ts013027.htm，2017年2月6日访问。

② 包成海：“讲究卫生保健康”，http：//www.duwenzhang.com/plus/view.php？aid=199766，2017年3月6日访问。

着他的利息。”因此，良好卫生习惯是人成长实现可持续发展的基础，是学校教育的重要组成部分，也是全面素质教育的需要。卫生习惯养成是一场持久战，每一个小细节都会决定着战争的成败。要想取得最后的胜利，就要重视每一件小事，小事是大事的基础，大事是小事的积累。只要中学生朋友坚定不移，执着努力，相信校园会变得更加美丽清洁！

第三章

修身洁行　文明礼貌

众所周知，文明礼貌是做人的最起码标准，是有修养的外在表现，更是建立良好的人际关系的基础。荀子云："不学礼无以立，人无礼则不生，事无礼则不成，国无礼则不宁。"文明礼貌，是由一定政治集团提倡的道德理念，同一定时代的风俗习惯相关联逐步形成的，它代表着一个国家，一个社会的道德水准和文明程度，反映着一个人的觉悟和素质，体现在每个人的一言一行中。上下级之间，长辈与晚辈之间，师生之间，同学之间，朋友之间，同志之间以及和陌生人之间都有一个文明礼貌问题。就中学生而言，文明礼貌是路上相遇时的微笑，是同学有难时的热情帮助，是平时与人相处时的亲切，是见到师长时的问好，是不小心撞到对方时的一声"对不起"，是自觉将垃圾放入垃圾箱的举动，是看到有人随地吐痰时的主动制止。文明礼貌是一种品质，文明礼貌是一种修养，文明礼貌是一种受人尊敬并被中学生广泛推崇的行为。为此，学校中学生行为规范对文明礼貌作了专门规定，提出了具体要求。中学生在学习、实践、生活中也要讲究文明礼貌。养成讲文明礼貌的习惯，对同学们成长成才十分重要。

一、了解当代中学生不讲文明礼貌的表现

部分同学仍然存在着一些不文明的行为。例如，在校园内、楼梯上总能见到与美丽的校园极不和谐的纸屑，教室里、校园内食品袋、方便面盒随处可见，甚至有的同学认为反正有值日的同学和清洁工打扫，扔了又何妨；再例如有的同学在教学楼走廊上追逐打闹，走路推推搡搡习以为常；还有部分

同学相互之间讲脏话、粗话，随意攀爬树枝，甚至还有个别同学故意损坏学校的公共财物。具体而言，有些同学对师长安排的事情，不认真执行，敷衍了事。师长批评时无理顶撞，有的背后对师长乱发议论，甚至造谣中伤。有的与来宾、师长相遇时，不能文明礼让，有的在师长进入宿舍时，不能及时起立致意。有些同学随地吐痰，乱扔杂物，不爱护花草树木，破坏公共环境。有些人在执行纪律和学习中不服从师长的安排，甚至无理谩骂、顶撞。同学之间不能相互尊重，有的互相起、叫外号，有的拿别人的残疾或民族习惯取笑，有的甚至骂人形成了习惯或当成发泄情绪的一种方式等。这些问题虽然不是普遍现象，但影响很坏，必须坚决改掉。

二、充分认识不讲究文明礼貌的危害

中国素有“礼仪之邦”之称，礼貌待人是中华民族的传统美德。在人与人交往更密切的现代社会，文明礼貌更是一个人的名片。因为，健康的人际关系特征应是互利互惠的，在人际交往中，一个真诚正派、懂得尊重别人同时也爱护自己的人，往往能引起别人的好感，从而有助于事业成功。而一个满口粗话、行为举止放荡不羁的人，我们无法想象有谁愿意与他合作。每个人都是喜欢受到礼貌对待的，不难想象，如果中学生生活在一个人人讲究文明礼貌的环境中，不仅身心愉快、舒畅，各项任务也会完成的顺利。你礼貌待人，他人便礼貌待你。你对人不礼貌时，很易于受到他人不礼貌地对待，这样就可能引发矛盾冲突，严重的会导致打架斗殴等事件的发生。有的中学生因为自己不礼貌待人，或受到不礼貌对待而引发了矛盾，又互不相让，结果造成了伤害。在学习、实践、生活中不礼貌待人的不良后果也是显而易见的，对师长不礼貌，顶撞师长，打架斗殴，会受到批评教育，甚至给予警告、记过、处分等。由此看来，不养成讲究文明礼貌的习惯危害是很严重的。中学生如果行为不端正，可能走上违法犯罪之路。例如，有一个案例非常具有警示意义。15 岁的中学生魏某因犯故意伤害罪被判刑，是交友不慎导致他走上了邪路。据魏某自述，他在同学的生日宴会上认识了出手大方的王某，王某经常请他去餐馆吃喝，带他去电子游戏厅玩游戏机。工作繁忙的父母没时间陪他，王某成了魏某的好朋友和崇拜偶像。一天，王某突然对魏某说：

“有一个小子总跟我过不去，我不便出面，你替我教训教训他，反正他也不认识你。”被王某蛊惑，原本老实听话的魏某手拿木棒，朝那个人的头上猛击一棒，导致其头部受了重伤，魏某因此被判刑入狱。该案例警示同学们，青少年处于成长阶段，心理极不稳定，他们大多活泼、好动，希望被人关爱、理解，一旦他们这些需求不能在家庭和学校得到满足时，就会到社会上去寻求。鉴于青春期少年的这些特点，家长一定要关注孩子的交友情况，要了解自己的孩子喜欢和什么样的人在一起，这些人的品行怎样、家教如何、有无不良嗜好等。对于同学们在社会上交友，更要保持高度警惕，一旦发现不良的苗头，就要及时制止，以免铸成大错。

三、严格遵守文明礼貌规范

一个学校的学生具有良好的文明行为习惯，才能构建出优良的学习环境，创设出优良的学习气氛。现在，中学生朋友正处于人生中最关键的成长时期，我们在这个时期的所作所为，将潜移默化地影响到我们自身的心理素质，而文明的行为就在帮助我们提高自身的心理素质，同时也完善了自身的道德品质，如果同学们不在此时抓好自身道德素质的培养，那即使拥有了丰富的科学文化知识，于人于己于社会又有何用。中学生必须讲究文明礼貌。个别中学生对此认识不足，有的对此还有一种本能的反感，认为礼貌不礼貌没有多大关系，违反文明礼貌规范的现象屡禁不止。因此，必须把文明礼貌作为一个学习、实践、生活的重要内容来对待。

作为一名当代中学生应该自觉遵守文明礼貌规范，这样做不但能创造一个和谐的学习、实践、生活环境，有利于自己的学习进步与生活幸福，而且有利于今后成长成才。人人都喜欢与一个懂礼貌的人交往，说话粗鲁，张口脏话，举止不雅的人不但不会赢得周围人的支持与帮助，而且连找工作都十分困难。从这个层面上讲，养成讲究文明礼貌的习惯，对自己成才后立足社会是有很大帮助的。做文明礼貌之人，就要会用文明语，做文明事。再简单地讲就是要懂礼貌，明事理。生活在幸福时代的我们，如果不能继承和发扬这种优良传统，就不能真正做一个快乐的人。“良言入耳三冬暖，恶语伤人六月寒。”文明礼貌是最容易做到的事，同时也是生活里最重要的事。礼貌

经常可以替代最珍贵的感情。当代中学生行为要符合文明要求。与人交往讲普通话，要使用礼貌用语，面带微笑打招呼。笑脸待人是亲切、敬重的表现。师生之间、同学之间每日初次见面相互问候，学生见老师应鞠躬问好，同学之间应互相问候。有校领导、老师来校指导、听课，见面要立正鞠躬问好，遇到来者找不到地方要主动带路，在别人说“谢谢”时，应说“不用谢”。有老师听课，要提前到指定教室坐好，安静等候上课；下课时，要让听课老师先走。上下楼梯靠右走。自觉维护公共场所安静及正常秩序，不追逐打闹、起哄。爱护花草树木，爱护公共财物，不攀折花木，践踏草地，不浪费水电，污损课桌椅、图书、门窗、墙面、扶栏等。文明用餐，不乱倒饭菜，不吸烟，不喝酒，不边走边吃。讲究清洁卫生，不乱丢杂物、果皮、纸屑，遇有垃圾杂物，主动拾起放进垃圾桶，保持校园整洁美观。男女同学交往举止要得体，团结友爱，互相帮助，共同进步，不谈恋爱，不拉帮结派。遵守校内外交通秩序，自觉遵守门卫制度，出入校门要下车，校园不准骑车，不翻越围墙栏杆，不乱停放车辆。

四、加强自身道德修养，提高自身素质

中学生在学校里学习、实践，根本目的是增长才华、提高自身文化科学思想素质。有无文明礼貌的习惯，是一个人素质高低、修养好坏的重要标志。同学们不要为礼貌而礼貌，也不要刻意去对某一个人谦卑的恭维，而应从内心里把其看成一个文明人应该具备的品质，要逐步养成讲究文明礼貌的习惯，以做到在不经意中便会作出文明礼貌的举动，不能把文明礼貌看成功利性的，或者是为了取得什么回报。不能认为我今天对你礼貌了，你也必须对我礼貌。他那样做不对，但你这样做也说明你还没有养成文明礼貌的习惯。对于一个已经养成讲究文明礼貌习惯的人来说，受到别人的尊重是必然的，收到丰厚的回报也很自然。

五、增强是非观念，敢于批评制止不文明行为

要营造出和谐融洽的人际关系和良好的学习、实践、生活氛围需要同学们共同努力，不但自己要讲究文明礼貌，而且要自觉同不讲文明礼貌的现象

做斗争，让不讲文明礼貌的人没有市场。讲不讲文明礼貌虽然是个人的事，但讲不讲文明礼貌会在一定的环境中发生，在一个群体中，即使只有少数人不讲究文明礼貌，也会对整个环境的和谐带来不和谐的音符，一个社会亦然。如果中学生都能自觉地对不讲文明礼貌的人员给予批评制止，那么讲文明礼貌的环境就会形成。不讲文明礼貌的人就会越来越少，最后改掉不讲文明礼貌的习惯。心理学家做了一项公众心理实验，长度不等的两条线段，当十个人中的八个人说相等时，另外的两个人也毫不犹豫的认为两条线段的长度相等。由此看来，人们都是有从众心理的，从众心理运用正确，对环境的改变是有好处的。我们平时讲的环境能改变人也是这样的道理。很多的人讲话都彬彬有礼，当中有一个平时讲话粗鲁的人，他看到人们都这样讲究文明礼貌时，自然也会讲起文明礼貌来。有些出国到发达国家的人回来也说，看到那里到处都干干净净，一尘不染，自己也不好意思随地吐痰、乱扔杂物了。

六、培养讲究文明礼貌的习惯，一定要怀抱一颗感恩的心

中国有句古语："滴水之恩，涌泉相报。"知恩图报也是有无文明礼貌的一个重要标志。哪怕别人给你一些微小的帮助，也应心存感激，说声谢谢。如果一个人不知道知恩图报，莫说文明礼貌，其实他连做人的基本条件都丧失了。我们每一个人都获得过别人的帮助和支持，应该时刻感激这些帮助你的人。中学生都应该有一颗感恩的心，只有心怀感激，才能尊敬家人、尊敬社会上对自己提供帮助的人、尊敬师长。如果中学生心存感激之情，并因此而激发出学习、实践、生活的热情，取得佳绩，就是对他们最好的回报，就是对师长最好的礼貌和尊重，也是同学们在养成讲究文明礼貌习惯的道路上迈出坚实步伐的标志。中学生要模范遵守日常行为规范守则，做到经常与父母交流生活、学习、思想等情况，尊重父母意见和教导。外出和到家时，向父母打招呼，未经家长同意，不得在外住宿或留宿他人。体贴帮助父母长辈，主动承担力所能及的家务劳动，关心照顾兄弟姐妹。对家长有意见要有礼貌地提出，讲道理、不任性、不耍脾气、不顶撞。待客热情，起立迎送，不影响邻里正常生活，邻里有困难时主动关心帮助。

总之，中学生应该做一个堂堂正正的人，一个文明礼貌的谦谦君子，要

成为一个身心和谐发展的人，不能做一部单纯掌握知识技能的机器。拥有文明，那就拥有了世界上最为宝贵的精神财富。文明礼貌，从我做起，从每一件小事做起，让文明礼仪之花在校园处处盛开。经过全体师生共同努力，一定会营造出一个更加文明美好的校园。

第四章

珍爱时间　把握机遇

“一寸光阴一寸金，寸金难买寸光阴”。古往今来，告诫人们要珍惜时间的说法很多，如时间就是生命，时间就是财富，时间就是机会；时间如流水，一去不复返。时间对于人生具有极端重要性。我国宋代民族英雄岳飞“莫等闲，白了少年头，空悲切”的千古名句，激励着一代又一代人惜时如金，努力进取，成就事业。在飞速发展的当代社会，竞争日趋激烈，养成珍惜时间的好习惯，已成为现代人修养的基本要求之一。当代中学生如果在学习期间不珍惜时间，不养成珍惜时间的好习惯，将来美好的理想无法实现，可能会一事无成。法国著名文学家雨果曾这样说：“有些人每天早上预定好一天的工作，然后照此实行，他们是有效利用时间的人。而那些毫无计划、遇事现打主意过日子的人，只有混乱二字。学习也是一样，有计划的人，不仅学习有条理，有顺序，而且有目标、有方向。这样当然效果会比没有计划随意学要好得多。”因此，中学生朋友一定要养成珍爱时间，把握学习机会，有效利用时间，全面提升自己的知识与能力素养。

一、充分认识时间对于生命的意义

“业精于勤而荒于嬉”。勤奋的核心要求是要珍惜时间，充分利用好时间。时间是有限的，同样也是无限的，有限的是每年只有 365 天，每天 24 小时，但时间周而复始的在流逝，人生匆匆不过几十个春秋。直到老去的那天，时间还是那样，每一分每一秒的在走，像是无限的一样，但它赋予每个人的生命是有限的。生命是由时间组成的，浪费了一天的时间就等于浪费了一天

的生命，很多人在临终前都想多活一天，但自然规律是无法抗拒的，为了少一点终生的遗憾，就需要养成珍惜时间的习惯。时间无始无终，永远匀速地从过去到现在再向未来。生命有始有终，个体生命更有限。生命离不开时间。只有把握了时间，才体会到时间的意义，也就是人生的意义，才能学有所成，实现人生价值。时间对于任何一个人都是平等的。每天都是24小时，不会因你富贵或快乐而延长一秒，也不会因你贫贱或忧伤而缩短一秒。时间是宇宙间公正的法则。俗话说："欢娱嫌夜短，寂寞恨更长。"那不是时间有了变化，而是人们心情不同。古今的一夜都一样长。时间就是这样的奇妙，不可能随人意延长或缩短，过去便永不再回来。中学生朋友正值花样年华，对待时间应该像对待生命一样珍惜。

那么怎样在有限的生命中去创造人生最高价值？怎么活得更有意义？那么就是要在有限的时间里发挥自己最大的努力。合理安排自己的时间，规划好去利用：有的人一天到晚忙忙碌碌，毫无目标地去做事；有的人做事抓不住重点，有头无尾；有的人整天无所事事，虚度年华，没有目标，这样的人生是没有意义的。对一个人来说，时间就是生命，时间有限，当失去它时，生命也走到了尽头。是想把它当作日历一天天撕去，到最后只留下一个生了锈的日历夹吗？人活着是要实现价值的，为什么有些人生命的价值大、有些人生命的价值小呢？仔细看一看吧，一生都做了什么。有些人的一生在不断完成那些有意义的事，那么他的价值在学习工作中就体现出来了，只有做的事越多，做得越好，生命的价值就越大；反之，一个人不断地浪费时间，他的生命价值就会少得可怜。中学生正值青少年阶段，是人生黄金年龄，应该珍惜时间、勤奋学习、积极进取，珍惜这似水般流走的美好时光。

二、必须克服拖拉习惯

拖拉就是今天能完成的工作留在明天完成，甚至明天的明天还不能完成的一种现象。很多的中学生都有拖拉的不良习惯。其表现之一是：师长交给的学习等任务不能及时完成，有的是任务有一定难度自己没尽上最大努力而不能完成的，有的是学习任务虽不重但因拖拉不能完成的。等到师长催促时再毛手毛脚地去做，使本来可以完成好的任务完成得很粗糙，或者虽然完成

了任务，往往因为延误了时间，影响了学习进程，因而受到师长的批评。拖拉的毛病表现之二为：中学生生活在一个集体之中，必然会存在一些生活上、学习上的相互联系，当他人托付给你一件事你爽快地答应了而因拖拉没有做时，会破坏和谐的同学人际关系，使他人产生对自己的不信任，严重的还会导致矛盾的产生。拖拉习惯表现之三为：对亲人嘱托的拖拉。有的同学往往把对家人的承诺丢在了一边，并不积极上进，不抓紧时间学习。拖拉作风会越拖越甚。在人的一生中，真正遇到好机遇，也就那么几次，而且机遇往往是稍纵即逝的，永不再来。中学时代是学业的重要时期，面临能否考上理想大学深造的重要抉择。中学生朋友如果没有惜时的习惯，一味拖拉，学习机会便会丢掉，高考失利，悔之晚矣。有时拖拉习惯可能影响人的一生，成为终生遗憾。这是一种慢性自杀式的不良习惯，一定要坚决克服掉。中学生朋友一定停止浪费时间，时刻珍惜时间。有的同学都把节约时间放在嘴上，说得不亦乐乎，却没有真正把这种理念化为行动。只有切实行动起来，真正珍惜时间，争分夺秒学习提高，真正做到节约自己生命中那些宝贵的时间。①

三、制订科学合理的学习实践计划

浪费时间跟浪费钱财一样，都是从小数目开始的。充分利用零星时间，要巧妙、得当。比如，在等车时背背公式、背背单词；饭后散步可用来观察事物，思考问题；躺在床上时可以回忆、复习当天的学习内容，等等。善于挤时间的人，可用的时间就会比别人多，自然就能取得比别人更优异的学习成绩。② 因此，同学们要制订科学、合适的学习计划，有效利用时间。首先要制订学习计划，每个月要有哪些收获，为达到学习成长目标，每天该做些什么？这样可以使自己天天有任务，月月有目标，就能把时间有效地利用起来，自然也就能取得好的成绩。其次确定学习目标。实现自己的人生理想与抱负；学习文化，增长知识，全面提高个人综合素质。执行落实学

① 徐井才主编：《优秀学生的11个习惯》，北京教育出版社2012年版，第111页。
② 金堂编著：《优秀中学生的16个学习习惯》，石油工业出版社2006年版，第22页。

习计划要比制订计划困难得多。有了好的计划，只是个前提和开始，要落实还必须付出艰苦努力。要有实现计划目标的强烈欲望，要有落实计划的有力措施，要持之以恒，认真执行。不能制订计划后就束之高阁，或者只有三分钟热度，虎头蛇尾，不能遇到困难就打退堂鼓。否则，再好的计划也只是妄谈。

四、必须分清轻重缓急

每个人面前经常会同时摆着几样事情需要去做，如果“胡子眉毛一把抓”，全面出击，平均用力，肯定会顾此失彼，很难都做好。这就要求凡事都要分清轻重缓急，较重要的事情，优先处理，不重要的事情就往后放一放。有不少重要事情无法按时完成的主要原因，就是因为把太多的时间都花在次要的事情上。中学生在学习、实践、生活中也应排定优先顺序，合理分配时间。平常同学们可以大体上把每天的事情分成四种，每一种采取不同的态度：第一，急迫而且重要的，一定要首先尽快完成；第二，重要但不急迫的，虽然没有设定期限，但应争取早点完成，既可减轻负担，又可免去因变化时的措手不及；第三，急迫而不重要的，争取及时完成；第四，不急迫也不重要的，是一些可做可不做的小事，时间充足时可做，没有时间时宁可舍弃。很多人经常在做第三类的事情，这类事时间急但并不难做，认为做完了可以放一边去，结果虽然整天忙忙碌碌，而把重要的事情却给耽误了。

五、做到不要浪费他人的时间

部分当代中学生自己没有珍惜时间的观念，又浪费他人的时间。如节假日有的当代中学生想搞点娱乐活动，调节一下情绪，缓解一周来的劳累和压力，这也无可厚非，但一定不要硬是拉着那些想利用这一时间学习知识或者做其他一些有益事情的人陪着自己娱乐，这就构成了对他人时间的浪费。有的当代中学生天生一肚子的牢骚、不满，总是找人诉说，人家又碍于面子不得不听，这也是一种对他人时间的浪费。每个人都有自己的学习计划和时间安排，一般是不喜欢被别人打乱或者侵扰的。要杜绝这个问题，就是要自己

养成珍惜时间的习惯，知道时间对每个人都是很重要的，从而不去浪费别人的宝贵时间。

六、不断提高学习效率

效率就是单位时间所做事的多少。提高效率就是单位时间里做更多的事情。许多人知道珍惜时间却不懂提高效率。30 分钟可以做完的事，由于方法不当或途径不畅得用 1 个小时或更多的时间去完成，这是浪费时间的一种表现。这个问题不解决，珍惜时间也就成了一句空话。如果你提高了效率，也就珍惜了时间，因为空余下来的时间能干更多的事情。在排队打饭或者走路的时间里，思考一个小问题，回忆某个重要知识或者为下午、晚上的安排做个计划。在随身的包里放一本好书，有空就拿出来看一看。如果你正为知识面不宽或者写不好作文发愁，这便是最好的方法了，要知道，知识的渊博和良好的写作能力都不是一蹴而就的，靠的就是平时一点点的积累。有时候零散的等待时间是你没预想到的，这也没有关系，许多公共场所都有可免费翻阅的书和其他资料，你刚好可以用来补充各种各样的知识。但最好不要看那无聊、八卦的读物，这些书多看无益。在看电视时，你可以在广告时间做一些小事，比如，背一条有哲理、有意义的名人名言，整理明天需要的书本，回忆今天是否已经做完该做的功课，收拾房间，做体操等。①

综上，中学生朋友要做到：日日行不怕千万里，常常做不怕千万事。今天的事情，今天一定要完成。今天完成的工作一定要比昨天有所提高；明天的目标一定要比今天有所提高；每天坚持不懈地多做 1%，70 天后工作数量和质量将提高一倍；每天的工作每天完成，并要每天有所提高；迅速反应，马上行动。当日的工作绝不往后拖。树枯了，有再青的机会；花谢了，有再开的时候；燕子去了，有再回来的时刻；时光却不会倒流。时光易逝，青春宝贵。时间是属于那种一去不复返的一次性资源，失去了便永远无可弥补。有的同学自认为青春年少，时间资源丰富，对虚度的年华一点也不懂得可惜。纵观一些成功人士的经验，智商的高低不是主要的。智商低一点的也有业绩

① 殷海霞、程妙编著：《习惯影响孩子的一生》，中国长安出版社 2008 年版，第 77 页。

不菲者，智商看似很高的人，也有一生事业无成的。这主要是因为前者善待时间，惜时如金，后者蹉跎岁月，浪费时间。“岁月有情亦无情”。时间的步伐一直向前，从不优哉游哉地等待人们，任何人都不能抱怨岁月如风的飞奔。时间给人们这样一个忠告：不要游戏人生，不要亵渎时间，不要太悠闲和过分地潇洒。时间对每个人都是平等的，中学生朋友要从现在做起，珍惜时间，努力学习，积极进取，努力实现人生美好理想。

第五章

生活朴素　勤俭节约

生活节俭一直是人们生活中的一种好的道德操守，也是中华民族的传统美德。小到一个人、一个家庭，大到一个国家，都离不开节俭。历览前贤国与家，成由勤俭败由奢。从传说中的尧、舜、禹起，各个历史时代的广大人民群众乃至封建统治阶级的有志之士，无不以勤俭为做人的美德、持家的要诀、治国的法宝，大力倡导，并身体力行。《中学生日常行为规范守则》要求，中学生做到生活节俭，不互相攀比，不乱花钱。由此看来，中学生自觉培养勤俭节约的良好习惯，对个人成长与社会发展均具有重要意义。

一、认识到勤俭节约的重要意义

中华民族自古以来就有着勤俭节约的传统美德，勤俭节约也是一个永恒的话题。汉代贾谊指出“一夫不耕，或为之饥，一妇不织，或为之寒，生之有时，而用之无节，则物力必屈”。一个民族和国家要兴旺、发展，必须靠节俭创业、节俭治国。节俭能使一个民族和国家的财富积累逐年增加，逐步扩大再生产，创造经济繁荣、民富国强、社会安定的局面。历史实事求是地告诉我们，节俭是治国兴邦的法宝。历史和现实告诉同学们：一个没有勤俭节约、艰苦奋斗精神作支撑的国家是难以繁荣昌盛的；一个没有勤俭节约、艰苦奋斗精神作支撑的社会是难以长治久安的；一个没有勤俭节约、艰苦奋斗精神作支撑的民族是难以自立自强的。中学生加强勤俭节约的教育，既是继承我国传统美德的要求，又是新时代发展的需要。2014 年感动中国人物胡佩兰勤俭节约为人民服务的事迹值得同学们好好学习。胡佩兰，女，98 岁，

解放军3519职工医院和郑州市建中街社区卫生服务中心坐诊医生。1944年，胡佩兰毕业于河南大学医学部，70岁时才从郑州铁路中心医院的妇产科主任位上退休。退休后，她一直坚持坐诊。胡佩兰生活节俭，舍不得在自己身上多花一分钱，但她经常大方地给病人垫付医药费。她还拿出微薄的坐诊收入和退休金，捐建了50多个“希望书屋”。2013年7月，98岁胡佩兰心脏病突发，经抢救后，第二天她依然准时到医院坐诊。直至今日，胡佩兰已经在一个工厂职工医院和现在的地方，连续坐诊20年，坚持每周出诊6天，风雨无阻。[①] 勤俭节约是中华民族的优良传统美德，也是当代中学生应有的人文素质和内在品质。目前，有些中学生贪图安逸，满足虚荣，缺乏应有的勤俭精神及节俭行为等现象，应当自觉培养吃苦耐劳、艰苦奋斗、勤俭节约的良好习惯。

二、认清浪费的危害

许多当代中学生没有养成节俭的习惯。培养节俭的习惯是学习、实践、生活的基本要求之一。从个人的角度讲，浪费会导致道德的堕落，严重的会走上歧途。许多人不愿意过艰苦朴素的生活，贪图物质享受，又没有正当来源，往往入不敷出，于是走上了歪门邪道。从国家社会的角度来讲，会败坏社会风气。一件小事如果加上13亿人口就是大事，如果每人浪费一点资源，加起来就非同寻常，如果每人节约一点资源，加起来就是一笔巨大财富。从人类历史的发展来看，过度的高消费，不仅会污染和破坏当世人类的生存环境，会耗尽地球资源，还会破坏子孙后代的生存和发展基础。有些中学生存在浪费的不良习惯，不懂得节俭，胡乱花钱、长流水、长明灯等浪费现象依然存在。浪费这一不良习惯对中学生朋友的个人成长与社会发展均十分有害。倡俭、贵俭，是我们中华民族的精神，作为后代子孙，应保持发扬这种精神，如果说，古人倡俭，更多是为了守节保身，虑得失与祸福，那么，我们今天，则应该有更崇高的目的。首先，“国家有困难，大家来分忧”，中学生也应当

---

① “2014年感动中国十大人物事迹及颁奖词”，http：//blog. sina. com. cn/s/blog_ 4c1dcefe0101j0nh. html，2017年2月20日访问。

发扬艰苦朴素的传统。其次，俭朴的生活，是锤炼人的意志的炉火，是磨砺人的节操的砥石，促人自主，助人成熟。①

三、树立节俭为荣的思想

节俭是中华民族的传统美德之一，但是有些人把节俭和贫穷联系在一起，认为艰苦朴素的人都是因为穷才那样做的。有的中学生因怕别人说他穷而打肿脸充胖子，搞浪费、讲排场。其实，这样做的结果与其愿望恰恰相反，中学生对这种做法是反感的，是会被人看不起的。反之，无论是家财万贯还是一贫如洗，只要注重节俭，珍惜物品，都会受到人们的赞扬。毛泽东主席一件大衣，一床毛巾被都打上了补丁还在用，仍然是别人尊敬的伟人与政治家。全世界的首富比尔·盖茨，向慈善机构捐款达到百亿美元，而他洗脸时每次只用半盆水，上街买东西时，也为几美分和售货员打价还价，你能说他寒酸和小气吗？日本的三洋家电公司也有数百亿美元资产，但他那里的职工桌上都有一个小木棒，把捏不着的铅笔头插在木棒上再用，能说人家吝啬吗？恰恰相反，他们这些做法，不仅为公司的发展起到了促进作用，而且受到了全世界的赞誉。中学生在学习实践生活中，一定要克服这些虚荣心理与攀比意识，树立勤俭节约为荣、奢侈浪费为耻的正确意识和良好习惯，对将来的人生是大有好处。中学生可以找个机会和父母一起计算家庭的收支情况，父母每月的工资多少，用于水电煤气，买米买油，买菜买水果和衣服以及孝敬老人花多少，还有多少钱是留着日常开销的等。通过这样的算账，中学生朋友可以体会到生活中很多地方都等着用钱，比起你想要的奢侈品，显然这些花费更必要。这种“算账”的方法，有助于你学会控制自己的欲望，放弃不适当的要求，也会让你真正地感受到什么是精打细算。②

四、珍惜劳动成果

赚钱是件非常辛苦的事，有些青少年不明白父母为什么总是不辞辛苦地

---

① 中学生读书网编辑部：“勤劳俭朴”，http：//www.fox2008.cn/ebook/21szjy/TS013005/0005_ts013005.htm，2017 年 2 月 20 日访问。

② 中学生读书网编辑部：“勤劳俭朴”，http：//www.fox2008.cn/ebook/21szjy/TS013005/0005_ts013005.htm，2017 年 2 月 20 日访问。

早出晚归，其实多数家长这样辛苦工作的目的都非常简单，就是为了给孩子创造一个舒适、健康的成长环境，满足孩子的各种需要，让孩子接受更好、更高的教育。[①] 世界上的任何财富，都是劳动者用自己的心血和汗水创造的。珍惜劳动成果，不仅是对社会财富的爱护，也是对劳动的尊重、对劳动者的尊重。在学校里经常会发现一些浪费饭菜的现象，这其实是对农民的一种不尊重。中学生很多都是来自农村，可以说中学生都知道农民种地是非常的不容易，从耕地、播种、浇水、施肥、除草、喷药、收割，要付出许多艰辛的劳动和汗水。而劳动的成果就这样白白地浪费掉是非常可惜的。个别中学生生活上追求享乐，经常向家中要钱要物，这是很不应该的。有的人可能认为自己家庭条件好，拿得出来。同学们家中再富有，也是亲人辛辛苦苦挣来的或者是靠节俭积攒出来的，也不能允许同学们去浪费。生活节俭一些，珍惜父母的劳动所得，也是一种有孝心的表现，是对家中亲人的尊重。中学生要树立合理消费观念，形成正确的理财观念。学会如何合理花钱，如何使用银行存款取款等基础的金融工具。同学之间互赠礼物，要认识到礼物的意义在于表达心意，而并非价格多少，有时候，一件自己亲手制作的小礼品，能给对方带来更多的感动。参加学校组织的跳蚤市场，形成正确的消费观念。[②]

五、确立正当的生活需求

所谓正当的生活需求是指与自己家庭收入相符合的生活标准。生产的目的在于满足人们不断增长的物质和文化生活的需要，社会越发展，人民越富裕，生活质量越高。出于经济发展的要求，政府鼓励居民消费，以此拉动内需。有钱可以消费，政府提倡正常的、积极的消费，那有助于提高我们的生活质量，促进社会的发展。但无度的浪费，只会奢靡、颓废，甚至走上歧途。提倡节俭，并不是不让中学生正常的消费，也不是有意让中学生过苦日子。问题是提倡和应该“吃饭穿衣量家当”。在没有条件时，再一味追求享受，

---

① 殷海霞、程妙编著：《习惯影响孩子的一生》，中国长安出版社2008年版，第146页。

② 解慧明：“传承中华民族勤俭节约美德培养中小学生良好习惯素养”，http：//www.snedu.gov.cn/sxjy/367/201509/24/4737.html，2017年5月18日访问。

追求高消费，支出超过预算，便会出问题。每个人都应当做到量入而出，有多大的能力，过怎样的生活，自己应该心中有数。实际上，开始时生活贫困一些不要紧，只要有志气，养成节俭的习惯，经过自己的努力打拼，就会逐渐过上富裕的生活。相反，家庭富足的，生活追求安逸，往往后来会穷困潦倒，这就是群众所称的“败家子”。

六、自觉做到勤俭节约

不浪费粮食，爱惜学习、生活用品。节约的品格往往都体现在小事上，要爱惜一切资源。要知道，现代社会物质的丰富，并不代表可以随便地浪费各种资源。试着去赚钱，虽然中学生还没到 18 岁，到企业去打工不太现实，但可以尝试着做一些卖报纸、开网店等工作，或给报纸、杂志投稿赚取稿费。虽然赚不了多少钱，但是绝对能体会到金钱来之不易，从而树立节约用钱的意识，改掉在物质上与人攀比，比吃、比穿、比零花，拿着父母的钱到处潇洒的坏习惯。学会利用废旧物品，这样既可以培养节约习惯，又可以锻炼自己的动手能力和创造能力。中学生朋友要多参加家务劳动，家务劳动看似很琐碎，不用费什么力气，实则不然。真正做起来就会非常烦琐，必会感受到“一茶一饭当思之来之不易”的含义。在品味自己不太成熟的劳动成果的时候，就能体会到辛勤劳动后的丝丝快乐了。① 中学生应该牢固树立“节水光荣，浪费可耻”的信念，学习节约用电的方法，充分利用太阳光源进行自然光照，减少照明设备耗能，电器用完后及时关掉电源开关，做到“人走灯灭，人离断电”。自觉养成爱惜粮食、节约粮食的好习惯，文明用餐，不挑食，按量取食，不随便丢弃剩饭剩菜，在饭店吃饭时，吃不完的食物要打包带走。从我做起、从现在做起、从身边做起，牢固树立节约意识，从节约一度电、一滴水、一张纸、一粒粮入手，把节约落到实处，从小养成勤俭节俭。

七、同各种奢侈浪费的现象做斗争

中学生生活在一个共同的环境中，一个节俭的生活环境需要中学生的共

---

① 殷海霞、程妙编著：《习惯影响孩子的一生》，中国长安出版社 2008 年版，第 147 页。

同努力来营造。现在有些中学生，对自己的钱物用起来还比较注重节俭，但对集体的东西都毫不爱惜、随意浪费、任意糟蹋。同学们这些做法是错误的，不符合规范的要求和做人准则。在学习、实践、生活中，每位当代中学生发现浪费饭菜、毁坏公物的现象都有权利、有义务、有责任予以制止，问题严重的应该及时向师长反映。要从我做起、从现在做起、从小事做起；大家都提供勤俭节约，就能够在全学校、全社会形成人人讲节俭的良好风尚与浓厚氛围。每一个中学生都努力树立正确荣辱观，弘扬勤俭节约之风，人人争做勤俭节约小先锋。让"节约光荣，浪费可耻"的理念在校园蔚然成风，让勤俭节约的传统美德在中华大地世代相传。

第六章

敢于担当　履行责任

习近平总书记指出，要勤于学习、敏于求知，注重把所学知识内化于心，形成自己的见解，既要专攻博览，又要关心国家、关心人民、关心世界，学会担当社会责任。担当责任是指一方面要尽力做好自己应该做的事，另一方面对没有做好的事情，要能够和敢于进行补偿或接受处罚。中学生朋友学习期间担当责任就是把自己的学习任务完成好，当学习生活中出现问题时要敢于担当责任。中学生要把担当责任培养成一种习惯，不仅可以很好地完成学习实践任务，促进个人成长发展，而且可以更好地完善建设家庭、建设家园、建设国家的任务。

一、明确个人的责任

不同的人有不同的责任，作为当代中学生具体到每个人的责任内容也肯定有所不同，但基本的责任是大体一致的，主要是学习、实践、生活中自己的责任、家庭的责任、社会的责任。从总体上说，大部分当代中学生珍惜党和国家给予的学习机会，积极学习，担负起了学习责任。但也有一些当代中学生责任感不强，甚至采取逃避责任的方式进行学习生活，这就是对自己的学习生活责任不明确，又缺乏承担责任习惯的表现。家庭责任，就是作为一个人来说对家庭应尽的义务。要培养担当责任的习惯，就要设身处地地为家人着想，以良好的学习佳绩向家人汇报。社会责任就是作为一个社会自然人来讲对社会应尽的义务。个人对社会要负的责任很多，维护社会稳定的责任，

保护社会和谐发展的责任，保持社会可持续发展的责任等。作为一名当代中学生要肩负的社会责任也很多，努力学习科学文化技术知识，提高自己的思想道德素质，为建设和谐社会贡献力量等。现在首先是要明确自己的责任，才能履行这些责任，最终培养承担责任的习惯。

2016 年感动中国人物官东同志的先进事迹值得同学们好好学习。2015 年 6 月 1 日，“东方之星”号客轮在长江中游湖北监利水域翻沉。官东主动请缨加入海军工程大学抢险救援分队。6 月 2 日，抵达救援现场后，他第一个跳入水中，面对水流湍急、能见度极低的双重考验，官东首先在船舱内发现朱红美老人，他一边耐心安抚老人的情绪，一边帮她穿戴好装具，最终成功将其救出，这是第一位被成功救出的生还者。14 时 15 分，官东再次下水，在机舱部位找到了船员陈书涵。面对体力严重透支，陷入绝望的陈书涵，官东毫不犹豫地将自己的装备给了陈书涵，自己冒着生命危险仅靠轻潜装具支撑。撤退时，他身上的信号绳被缠住，危急之下，官东割断信号绳，与水面彻底失联。官东在黑漆漆的舱内摸索近 20 分钟，终于找到出舱口，不料，一个暗流瞬间将他卷入深水区，而此时，装具里的氧气即将耗尽，官东果断丢掉所有装具，憋着一口气猛地往上游。由于上升速度过快，刚出水的官东双眼通红、鼻孔流血。面对大家的赞许，这个帅气的 90 后小伙儿，没有多言。因为在他看来，这是军人应有的担当。①

2017 年感动中国人物秦玥飞，耶鲁大学毕业，现任湖南省衡山县福田铺乡白云村大学生村官、黑土麦田公益（Serve for China）联合发起人。大学毕业时，秦玥飞选择回到祖国农村服务，至今已是第六个年头。为吸引更多优秀人才服务乡村，秦玥飞与耶鲁中国同学发起了“黑土麦田公益”项目，招募支持优秀毕业生到国家级贫困县从事精准扶贫和创业创新。② 中学生朋友要学习这些先进人物担当精神与责任意识，争做有担当、能负责的当代中学

---

① “2016 年感动中国十大人物名单及颁奖词（附人物事迹）”，http：//gaokao. eol. cn/news/201602/t20160224_ 1368638_ 2. shtml，2017 年 5 月 23 日访问。

② “2017 年感动中国十大人物事迹及颁奖词”，http：//yjbys. com/xuexi/guanhougan/1222100. html，2017 年 5 月 23 日访问。

生。中学生朋友对待家长教师要做到尊重理解，担当责任，勇于攀登。尊敬师长是中学生与父母老师交往最起码的要求。尊重师长，认清自己的位置，明确自己的责任，才能接受教师和父母的教育，才能完成好自己的任务，从而为中学生与老师和父母和谐相处打下良好的基础。

二、认清推卸责任的危害

推卸责任是一种很不好的习惯，有时可以说是一种很不良的道德品质。有的同学对自己应该完成的学习任务与实践任务不去做，找出许多为自己行为辩解的理由。对有些没有做好或做错了的事情，不能主动担当责任，要么埋怨客观条件，要么埋怨他人合作不够，不能自我反思，改正错误，不能寻找内因，反而千方百计推脱责任，为自己的过失进行开脱。这些做法可能在短期内能缓解思想上的压力，但时间长了，会使自己陷入更大的困难，影响老师、同学对个人的评价，给人留下不好的个人印象；如果不能担当责任，会影响自己的学习生活，影响个人成长成才。首先，推卸责任往往使自己失去积极学习动力，厌倦学习，甚至对师长的管理教育采取敌视的方式，这样自然不能在学习、实践、生活上取得更大进步。敢于承担责任的人，把履行各种职责看作分内的事，就能够体验到尽职守候的幸福感、成就感和价值感，使自己的学习、生活变得有意义。反之，如果一味地推卸责任，就会把各项学习任务看成是负担，有时不得不勉强而为之；既毫无乐趣，又毫无积极性、主动性，任何事情都是难以办好的。其次，推卸责任往往造成人际关系的紧张。人们都喜欢有种归属感或叫作安全感，跟敢于承担责任的人交往、共事，最易于获得这种感觉，因为在出现问题、错误时，他敢于担当责任，这种人最易于获得他人好感，从而获得良好的人际关系。而推卸责任的人与之相反。当问题发生后，他首先把自己脱了个一干二净，并且说得振振有词，头头是道，其实越是这样讲，越会引起人们的反感，使人际关系越来越糟。实际上越是敢于承担责任的人，越是易于得到别人的拥护和信任，其他中学生不但不会把责任推给他，而且会为他分担责任。中学生在学习实践生活中应该向勇于负责与担当的人学习。不推卸责任还利于集体利益、公共利益的维护。

生活在一个班集体中，就肯定存在着集体利益，当集体利益受到损失时，中学生勇于承担责任往往能够及时解决问题，能使集体得到更大的利益，取得更大的成绩。反之，集体的利益一定受到损失，作为集体中的一员，个人利益也必然会受到损害。中学生要自觉维护集体荣誉，维护集体利益，承担集体发展的一分责任与担当。

三、言必信，行必果

当代中学生想取得好的学习、实践、生活成绩，争取积极学习、实践、生活的机会，有时不顾自身的条件，许诺一些自己根本无法完成的任务，这实际上也是一种对己、对他人不负责任的做法。自己根本无法完成或无法按时完成的事情就不要许诺，许诺这样的事情会带来不良的后果。有些事情完不成或完成不好，有时后果是会很严重的。做事要讲信誉，不可失信于他人，这是做人的基本准则和美德，有人讲可信度就像一艘船的船底，如果船底有漏洞，那个洞是大是小都是一样的，都会沉船致命。所以凡是自己说过要做的事，就必须全神贯注，付诸行动。做到不许诺自己办不到的事，首先要对自己、对问题有一个清楚的了解。自己有哪一方面的能力、能耐，自己应该清楚，切不可打肿脸充胖子，俗话说："手中没有金刚钻，就别揽瓷器活。"就是这个意思。否则的话，误人又误己。如果对那件事情自己有能力办好或借助他人的帮助能够办好，那就勇敢地承担下来。其次，承诺时要在时间上留有余地，以防突发事件的干扰。说话办事留有余地，这是一个基本常识和技巧。办事的过程中有时会有些难以预料的情况发生，不留有余地就会造成被动，有时甚至发生灾难性后果。中学生在学习、实践、生活中应学会应用这一原则和技巧。承诺的事一定要尽全力及时地办理。古人云："言必信，行必果。"说出的话就要兑现，做事情要坚决果断，不达目的不罢休，切不可拖延、推诿，因为有的事情当时办理可能有激情，条件也具备，便于成功，而错过了时机，事情就难以办理，甚至无法办理了。

综上，当代中学生要努力增强社会责任感。牢固树立社会公德、职业道德、家庭美德，努力培养高尚品格和担当精神。自觉以国家富强、人民

幸福为己任，树立自觉投身于中国特色社会主义伟大实践的宏伟志向。[①] 老子有云："水利万物而不争，处众人之所恶，故几于道。"当代中学生应当加强自己对国家的责任感，坚定自己报效社会的决心。因为对中学生来说，奉献就是最好的褒奖。一个人只有在奉献中才能真正体会生命的价值和意义所在。只要有更多的人把这种精神付诸到实际行动中，世界必将变得更加美好！

① 《国家教育事业发展"十三五"规则》。

第七章

严格自律　克己自制

自制就是克制自己，自己控制自己，自己做自己的主人。严格自律、能够自制是一个人一生中难得的美德，是一个人成功道路上的平衡器，是一个人成熟的表现，是取得事业成功的前提之一。个别中学生所以走上歧途，在很大程度上是缺乏自制所造成的。当代中学生养成自制的习惯是具有重要意义的。当代中学生应当做到自信、自律、自强。有些中学生朋友不具备自律的品质，缺乏自制力，不能控制自己的情绪和行为，表现为学习没有主动性，上课看小说、睡觉；业余时间上网吧等，严重影响了学习成绩。自律的人才能获得成功。自制力缺乏是人生前进道路上的拦路虎。自制力是能够控制自己、支配自己并自觉调节自己行为的能力。表现为既善于促使自己去完成应当完成的任务，又善于抑制自己的不良行为。中学生虽然自制力有了较大的发展，但是他们的心理尚未完全成熟，尚处在发育阶段。在自我意志方面，存在盲目成熟感，在情感方面，好冲动、易转移，自制力差，往往管不住自己。因此，中学生朋友一定要努力养成自制的良好习惯，严格自律，促进自身健康成长与成才。

一、做到思想自制

要养成自制的习惯，就要在思想上克制自己。加强道德、理论、伦理方面的学习。人的自制力在很大程度上取决于他们的思想素质。因为具有崇高理想抱负、高尚道德品质的人，绝不会为区区蝇头小利而感情用事，影响自己的行为。因此，要提高自制力最根本的方法是树立正确的人生观、世界观，

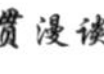

保持健康向上的情绪。要学习科学文化知识，提高文化素养。文化素质比较高的人往往能够比较全面认识和分析事物，认识自我和他人的关系，自觉地进行自我控制。要提高思想认识，提高自制能力。提高认识指的是学生要树立正确的理想和信念，树立正确的人生观和价值观。远大理想是学生自制力的力量源泉，只有具有远大理想的人才能百折不挠，奋斗到底。中学生朋友要明白理想与现实毕竟还有一定的差距，要想实现理想，必须要有很强的自制力，要有抵抗外界因素的干扰的能力，要有那种“咬定青山不放松”的韧劲。提高道德认识，是非观念，培养自制力，培养稳定坚强的意志品质。

二、做到行为自制

行为上的控制也可称作自律，就是自己约束自己。在学校里不能控制自己行为的现象很多。大凡刚进学校的当代中学生都有雄心壮志，考入理想大学，将来干事创业，成就抱负。这可以说是自己学习、实践、生活的一个目标，当遇到困难、问题、挫折或短时间内成效不明显时往往不能坚持自己的目标，采取退缩、回避甚至反抗的方式对待学习、实践、生活。结果造成情况向更糟的方向发展，这便是不能控制行为的恶果。在学习、实践、生活中养成思想上自制的习惯，首先应该确立一个正确的学习、实践、生活目标，这是加强自制的基础。有研究表明，成功人士与不成功的人的重大区别是成功人士有一个专一的目标，时时、事事以实现这一目标而努力。2014 年感动中国人物黄旭华的严格自律，克己奉公的事迹值得大家学习。黄旭华，男，87 岁，中国第一代核动力潜艇研制创始人之一，被誉为“中国核潜艇之父”。1958 年，我国批准核潜艇工程立项。那时中苏关系尚处于蜜月期，依靠苏联提供部分技术资料，是当初考虑的措施之一。1959 年，苏联提出中断对中国若干重要项目的援助，对中国施加压力。毛泽东听后发誓：“核潜艇一万年也要搞出来。”曾有过几年仿制苏式常规潜艇经历又毕业于上海交大造船系的黄旭华被选中参研。30 多年中，8 个兄弟姐妹都不知道黄旭华搞核潜艇，父亲临终时也不知他是干什么的，母亲从 63 岁盼到 93 岁才见到儿子一面。核潜艇是集核电站、导弹发射场和海底城市于一体的尖端工程。中国的核潜艇研制工作是从一个核潜艇玩具模型一步一步开始的。为研制核潜艇，新婚

不久的黄旭华告别妻子来到试验基地。后来他把家安在了小岛上。为了艇上千万台设备，上百公里长的电缆、管道，他要联络全国 24 个省市的 2000 多家科研单位，工程复杂。那时没有计算机，他和同事用算盘和计算尺演算出成千上万个数据。1964 年，黄旭华终于带领团队研制出我国第一艘核潜艇。使中国成为世界上第五个拥有核潜艇的国家。1988 年，核潜艇按设计极限在南海作深潜试验。黄旭华亲自下潜 300 米，是世界上核潜艇总设计师亲自下水做深潜试验的第一人。黄旭华曾先后多次获得国家科学技术进步特等奖，全国科学大会奖等，为国防事业、为我国核潜艇事业的发展作出了重要贡献。① 中学生在学习、实践、生活中要以先进典型为榜样，只有确立目标，才有方向。只有严格自律，才有所成。要为实现人生目标而努力奋斗。目标确定以后，就要从思想上、行为上以此为中心，坚定不移地坚持下去，“咬定青山不放松”。明确目标，埋头苦干，取得好的成绩，实现自己理想目标。

三、做到情绪自制

情绪容易激动是缺乏自制的一种表现。许多人往往在情绪激动时控制不住自己的行为，易于采取过激的措施，把事情搞糟。在许多情况下，如果能克制自己的情绪，冷静沉着的面对发生的矛盾和问题，就可以采取正确有效的方法加以解决。调动理智控制自己的情绪，使自己冷静下来。中学生在情绪激动时也可以想别人的好处，想对方给自己的支持、帮助，想对方的处境和出发点等，这样可以使自己从坏情绪中解脱出来。在遇到较强的情绪刺激时应强迫自己冷静下来，迅速分析一下事情的前因后果，避免使自己不陷入冲动鲁莽、简单轻率的被动局面。当你被别人无聊地讽刺、嘲笑时，如果你顿显暴怒，反唇相讥，则很可能引起双方争执不下，怒火越烧越旺，自然于事无补。但如果此时你能提醒自己冷静一下，采取理智的对策。当然，要控制情绪必须有正确的方法。一般可采取合理发泄、注意力转移、迁移环境的方法，避免感情冲动时失去理智，作出过激的行为来。可以采用暗示、转移

① “2014 年感动中国十大人物事迹及颁奖词”，http：//blog.sina.com.cn/s/blog_4c1dcefe0101j0nh.html，2017 年 4 月 5 日访问。

注意法。使自己生气的事，一般都是触动了自己的尊严或切身利益，很难一下子冷静下来，所以当同学们察觉到自己的情绪非常激动，眼看控制不住时，可以及时采取暗示、转移注意力等方法自我放松，鼓励自己克制冲动，思考有没有更好的解决方法。平时可进行一些有针对性的训练，培养自己的耐性。同学们可以结合自己的业余兴趣、爱好，选择几项需要静心、细心和耐心的事情做，如练字、绘画、制作精细的手工艺品等，不仅陶冶性情，还可丰富业余生活。中学生风华正茂、热情奔放、富有理想、朝气蓬勃。这是一个从幼稚走向成熟的时期；这是一个不轻易表露内心世界的时期；这是一个独立性与依赖性并存的时期；这也是一个思想单纯，少有保守观念，富有进取心的时期；同时也是应对方式情绪化，好走极端，易发生心理疾病的时期。学会管理和调控自己的情绪，是中学生走向成熟、迈向成功人生的重要基础。①

四、提升意志品质

中学生要加强学习，积累知识，开阔视野，提高自己分析问题和解决问题的水平，培养自己性格中意志独立性的良好品质。中学生要增加学习的紧迫感与乐趣，中学时代是同学们一生中学习知识的黄金时期，记忆力达到了顶峰，中学生理应努力克服外界的干扰，把自己的精力集中到学习上。可以制定切实可行的学习计划和目标，有计划、有目标地学习。在必要的情况下可以和老师、家长、同学签订监督协议，利用外力来加强自我的控制力。积极参加一些有意义的社会实践活动和体育锻炼。学生全面素质的提高不是靠关在课堂上、校园里所能实现的，还必须依靠实践。素质教育的重点就是提高学生的实践能力和创新精神。理论来自实践，实践是检验理论的试金石。学生多参加一些社会实践活动，包括参观、访问、考察、志愿者活动，可以锻炼组织能力、活动能力、人际交往能力，也可以把自己平时在学校学习时积压的一些不良情绪合理地释放出来，提高自身素质，提高自制力。

中学生应积极参加体育锻炼。生命在于运动，坚持体育活动，不仅可以

① 番禺："中学生该怎么样控制自己的情绪"，http：//blog. sina. com. cn/s/blog_ 8cf55ee40100y0g5. html，2017 年5 月3 日访问。

提高运动素质，还可以做到劳逸结合，使智力水平得到充分的发挥。中学生朋友通过体育锻炼达到生理和心理上的放松，提高自制力。①在学习上经常用榜样名言、格言检查、督促自己；经常与周围人比较、找出差距、奋力追赶，以建立学习方面的自制力。

总之，中学生朋友在遇到情绪波动时，可采用科学方法控制自己的行为。就是在受到不好的刺激时，可以先想点或干点别的。“小不忍则乱大谋”，在遇到不良刺激时，要保持良好的心态。当遇到可能使自己失去自制力刺激时，应竭力回避。如别人在说自己的坏话，自己不去听。积极补偿法，即利用愤怒激情产生的强大动力，找一件你喜欢的事情埋头猛干，或拼命读书，或伏案疾书，使消极情绪得到积极地运用。②

---

① 王勇、刘登强：“中学生自制力存在的问题及提高措施”，载《中国电子商务》2010年第2期。

② 佚名：“浅谈中学生自制力的培养”，http://blog.sina.com.cn/s/blog_5d59d1ef0100fhe0.html，2017年6月18日访问。

第八章

杜绝非议　光明磊落

现实中有的中学生喜欢背后议论他人是非，造成一些矛盾与冲突，影响了正常的学习环境。有的同学不懂得相互尊重，把背后议论他人的是非养成了习惯，结果招惹了是非，引起了人际关系的紧张，有的引发了矛盾，严重的导致了行凶报复。背后议论他人是非，造成误会，导致矛盾激化的事件时有发生。有的中学生在学习生活期间，喜欢议论是非，无端非议，当面不说，背后乱说，结果引起了矛盾，破坏了和谐的学习、实践、生活环境，个人成长与学习受到不良影响。因此，当代中学生要做到光明磊落，开诚布公，杜绝背后议论他人是非，对自己的学习、实践、生活有很大好处。

一、杜绝背后议论他人是非

首先要认识不在背后议论是非的好处。中学生生活在一个集体中，这就必然产生相互之间的交流和沟通。交流沟通的主要形式就是说话。同学们要多发现他人的优点，讲他人的好话，尤其是在背后要讲他人的好话。说别人的好话时，当面和背后说是不同的，效果也不会一样。当面说，哪怕是出于真心，也容易被人认为不过是奉承他、讨好他；当好话在背后说时，人家认为是真诚的，是真心说他的好话，才会领情并感激。在背后说别人的好话，能极大地表示“胸怀”和“诚实”，有利于树立自己的形象。一个人在他人的心目中总是要有一个形象的，个人形象的树立与坚持不在背后议论别人是非有很大的关系，从形式上讲不在背后议论他人的是非密切了两者的关系，从实质上讲，这是一种虚怀若谷的心态，因为真诚的赞扬别人，不怕因赞扬

了别人而贬低了自己，这是一种可贵的品质，有可贵品质的人是会受到欢迎的。在背后说别人的好话还有利于矛盾的解决。生活在一个集体中相互之间难免会发生一些摩擦和冲突，当自己与他人发生冲突时，如果能有雅量在背后说对方的好话是非常有好处的，传到对方耳中的时候，会消除敌意，如果是对方错误的话，对方会懊悔，甚至会给你道歉，如果是你错误的话，对方会谅解你的错误。一个人与另一个人发生了矛盾，两人成了对头，非但不责难对方，而且对其进行赞扬，这样就使第三者看到了你宽大的胸怀，在人们眼中你就会成为一个值得信赖的朋友。

二、认识在背后议论别人是非的危害

“祸从口出”这是中国的一句俗语，从中道出了讲话不注意场合和分寸，特别是讲别人坏话导致祸难发生的一个重要原因。很多的矛盾都是从背后讲别人坏话而引起的。在学习、实践、生活期间，部分同学认识不到背后讲别人坏话、议论别人是非的害处，不懂得世上没有不透风的墙，认为话说了出去，心里痛快了，但说出去的话如泼出去的水，是收不回来的，由此伤害了别人，有可能激化矛盾，甚至导致他人的报复，一些打架斗殴问题都是由此而发生的。由此看来，背后讲别人的坏话是有很大的坏处的。背后讲别人的坏话还容易使自己失去信誉。由此推理，你在我面前讲他人的坏话，我会很自然地想到，你在他人面前也会讲我的坏话，这样你的信用就失去了，一个没有信用的人是没有市场的，到后来只能威信扫地，成为孤家寡人，久而久之，你在人们心中便会成为一个卑鄙的小人，他人有话不敢给你说。因此，中学生朋友要堂堂正正做人，就必须明明白白做事，有话当面说，即使发生了争吵，但理越辩越明，这对自己、对他人都有好处。

三、加强个人道德修养

道德修养高的人，遇事能全面分析，学会用辩证的观点看事对人。在发生矛盾时总能先从自身上找原因，不是一味地把责任推给别人，这样无论是和自己关系好的人，还是与自己有矛盾的人，总是能看到别人的长处，从内心说他人的好话。第一，遇到问题、矛盾，受到他人的批评、责难时，多从

自己身上找原因。如果自己错了，给人赔礼道歉；如果别人错了，要相信时间能证明一切，事情总会水落石出的，没有必要在背后议论他人的短处，相反这时想到他人的好处，在与别人谈话时多言对方的好处，肯定有助于矛盾的解决和冲突的缓解。人人身上都有闪光的东西，发现了并赞美别人闪光的东西会赢得信任和友谊。第二，要站在对方的立场上看问题。每次冲突发生以后，人们都会发一些议论，而这些议论往往都是根据自己以往的生活经验揣测别人，如果站在别人的角度看问题也许认识到人家那样做、那样说是有道理的，这样就会避免很多的误会，也就不会发生背后议论他人的问题。第三，学会坦坦荡荡做人。生活在集体中，发生矛盾、误会在所难免。发生了问题以后，能当面说清的就当面说，切不可当面不说，背后乱说。有话说在当面，能当场化解许多矛盾。即便你是对的，还要考虑别人的承受程度，注意说话的方式并适可而止，不能得理不饶人。同学们要把这种做法养成习惯，自己就会逐渐成为一个胸怀坦荡的人。

四、对待同学朋友要以诚相待

开诚布公的交流非常重要。谎言和欺骗只会使问题越来越糟。解决任何问题的第一步，都是坦率地公开问题。有些人会认为，我不在背后议论他人的是非，那么我就在背后多说他人的好话。实际上，多讲别人的好话也是没有好处的。应该实事求是，别人有什么好就说什么好，好到什么程度就说到什么程度，一定不能夸大其词。在背后说别人的好话是对他人优点、成绩的一种肯定和赞赏，是一种真实情感的流露。对待同学朋友要以诚相待，团结合作。真诚待人，是中华民族几千年的优良传统。真诚是良好人际关系的开端，在真诚的基础上才有合作。在学校，同学间的交往都应是以平等互助为基础的学习合作的过程。在与同学的交往中，学生才能知道他人的志向、脾气和生活环境。在共同的活动中，中学生最能彼此知道对方的长处与不足，并且在其间，为了目标的接近，中学生会学会商量、等待和忍耐，学会退让和妥协，学会忠诚和守信，学会宽容和信任，学会说明和劝告，学会倾听和接纳，学会坚持和拒绝。

五、学会尊重他人

要使别人重视你，首先要重视并尊重别人。中学生朋友要懂得，当来自社会、他人的真诚赞美使其自尊心、荣誉感得到满足时，人们便会情不自禁地感到愉悦和鼓舞，并对说话者产生亲切感，这时彼此之间的心理距离就会因赞美而缩短，自然就为交际的成功创造了必要的条件。每个人身上都有一些脆弱敏感的地方，很在意别人对这些东西的看法，甚至不愿意别人提起，因为这些同学看来，那是一种伤害。中学生要学会尊重别人，重视他人的感受，杜绝背后议论别人是非。一个不尊重他人的人，也绝不会得到别人的尊重。就如一个人对着空旷的大山大声呼喊，你对它友好，它友好回应。在同学之间的交往中，自己待人、处事的态度往往决定了别人对你的态度。只有学会尊重别人，才会赢得别人的尊重。尊重别人要从小事做起。对同学不取笑、不打闹、不揭短，以诚相待，是对同学最起码的尊重，是纯真友谊的基础；回到家时与父母长辈打声招呼是一种对长辈亲人的尊重，是对亲人辛勤养育最珍贵的抚慰；上课专心听讲是对老师辛勤劳动的尊重；在食堂就餐后，把椅子、餐具放好是对食堂师傅的尊重。[①]

六、敢于同在背后挑拨是非的人做斗争

当他人在你的面前讲别人坏话时，中学生朋友第一不要参与其中，不管他讲的是否合理、正确，自己装作听不见，或者一笑了之，绝不能认为别人信得过你才对你说，因而随声附和，这样只能加深他们之间的矛盾。能做工作的要指出背后讲别人坏话的危害，教育其有问题应该直接找对方去解决问题，不要在背后讲别人的坏话。只有中学生都行动起来，才能形成良好的学习、实践、生活氛围，创造和谐的学习生活环境，促进中学生健康成长成才。

---

① 蔡彩云：“学会尊重别人，不议论是非”，http：//www. kidblog. cn/space. php？ do = thread&id =680386&uid =2615555，2017 年 5 月 30 日访问。

第九章

立说立行　讲求效率

“心动不如行动”，只有执行才有成效。临渊羡鱼，不如退而结网。不能做语言的巨人，行动的矮子。这些格言都强调了立说立行与讲求效率的重要性。当代社会特别强调执行力建设，实际上就是要求立说立行，讲求效率。如果你对一件事情有了很好的想法，或者很向往去做某件事情，不能光是想，要用实际行动来实现美好理想与目标。18 世纪 70 年代中期，斯坦厄普写给儿子的一系列家书，迄今仍是教育的经典之作，其中有句名言是：“不要将今天能做的事拖到明天。”但是，做事拖沓，该做的事能拖就拖是很多青少年身上都存在的问题。成功者一遇到问题就马上动手去解决。不花费时间去发愁，因为发愁不能解决问题，只会不断地增加忧虑。当成功者开始集中力量行动时，立刻就兴致勃勃、干劲十足地去寻找解决问题的办法。[①] 否则，即使你有一万个非常好的想法，不能付诸行动，那这些想法就只能是空想，是没有任何意义的。[②] 拖拉习惯是指做事迟缓、不爽快、不干脆、效率低下，今天的事情拖到明天去做，甚至明天的明天还不能完成。拖拉是一种不良的工作和生活习惯，危害很大，有时有些事及时做是一件好事，“拖”久了会变成坏事；有时本来只是个小问题但“拖”长了就会成大毛病或者酿成大事故；本来是能办成的事，“拖”过了时间就再没有机会办成了。中学生都知道“机不可失，时不再来”这句古训和谚语，拖拉实则是一个有百害而无一

① 王舒平编著：《青少年要培养的 60 个习惯》，海潮出版社 2005 年版，第 68 页。

② 殷海霞、程妙编著：《习惯影响孩子的一生》，中国长安出版社 2008 年版，第 58 页。

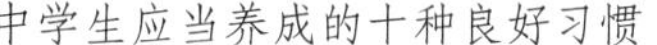

利的坏习惯，无论是在学习、实践、生活中都必须克服这个坏习惯。否则，你将一事无成。

一、了解中学生做事拖拉习惯的主要表现

很多同学下定决心一定好好学习、实践、生活，但平时拖拖拉拉，凡事不主动，结果使自己学习、实践、生活计划落空，目标无法实现。一是生活中的拖拉。该起床时不起床，该整理的内务不整理，该就餐时不就餐等，该午休时不午休，生活节奏总是比别人慢半拍。二是学习中的拖拉。有的同学制订了学习计划，但总认为学期还长，时间还多，拖一两天没关系，结果今天拖明天，明天拖后天，迟迟不见行动，学习任务越积越多，越学越吃力。当他人考试成绩优秀时，既羡慕又后悔。三是劳动中的拖拉。师长安排的劳动与志愿服务任务不能及时去做，按时完成。四是对亲人承诺的拖拉。中学生向亲人表示了好好学习决心，大部分中学生能做到对自己严格要求，并取得了好的学习成绩，但也有一些同学把对亲人的承诺置之脑后，学习拖拉，自然不能取得好的成绩。

二、分析中学生做事拖拉的原因

拖拉主要特征是可以完成的事而不及时完成，今天推明天，明天推后天，正如一首顺口溜所刻画的那样："春天不是读书天，夏日炎炎正好眠，秋多蚊虫冬又冷，一心收拾待明年。"拖拉性格在中学生里并不少见，是不少中学生的通病，他们不能把握时间，争取主动，因此，往往失去机遇、失去成功的机会。导致拖拉的主要原因有：一是试图逃避困难的事。不是根据事情的轻重缓急，而是行动盲目，拈轻怕重，害怕困难，以躲避费时费力的任务；二是目标不明确，学习任务多，不会合理规划时间，不会统筹安排，似乎很忙，到头来一些重要的学习任务未完成；三是惰性作用，思想被动。面对繁重的学习任务，计划不周，执行不力，被动应付，效果不会。[1]

---

① 陈洪、吴运友主编：《中学生心理保健》，复旦大学出版社1999年版，第125页。

三、采取科学的方法克服做事拖拉的习惯

（一）认识做事拖拉的危害

拖拉是对生命的挥霍，如果你将一天做的事情记录下来，就会惊讶地发现，拖拉正在不知不觉地消耗着自己的生命。拖拉与不珍惜时间在本质上有许多相同之处，都是对生命和年华的一种虚度和乱掷。拖拉是对懒惰的纵容，一旦形成习惯，就会消磨人的意志，使自己越来越失去信心，怀疑自己的能力，怀疑自己的目标，甚至会使自己的性格变得犹豫不决。拖拉习惯会失去师长与同学的信任，没有哪一个人喜欢自己安排的事拖到很久再办成。对师长安排的事情不办，很容易引起师长的反感和不满，严重的还会受到批评处罚。同学将来工作后在社会上就业也是如此，没有老板会聘用一个办事不认真、不及时，具有拖拉习惯的人。拖拉习惯还可能失去亲情，会造成对亲人的伤害。中学生对家庭的承诺因拖拉不能兑现时，亲人失望了。一个人的生命和前途是拖拉不起的，会经常误大事。如果办事拖拉的习惯不改，毁掉的将是自己的一生。

（二）善于把大块的任务分割成小块

有的同学学习生活中养成拖拉习惯，可能是因为有些事情难度较大，花费时间较长，因而信心不足，迟迟不去行动。但如果同学们善于化大为小，难题就好解决了，常出成绩的人，大都懂得这种方法的价值和效果。学期较长的当代中学生在制订学习规划时，不要贪图或奢求一口吃个胖子，要把自己的学习、实践、生活分成一年的目标，一月一日的目标，使自己知道一个月、一天应该学习什么，学习到什么程度，能取得多少成绩。这些短期的目标有许多时候是不难实现的。这样就会每天都有动力，就会逐步积累起较大成绩，就不会因为拖拉而影响学习目标的实现。对待学习任务要善于化整为零，善于把复杂的东西简单化。中学生不妨给自己定一些时间限制。连续长时间的学习很容易使自己产生厌烦情绪，这时可以把所有的功课分成若干个部分，把每一部分限定时间，这样不仅有助于提高效率，还不会产生疲劳感。如果可能的话，逐步缩短所用的时间，不久你就会发现，以前 1 小时都完不

成的作业，40 分钟就可以完成了。不要在学习的同时干其他事或想其他事。一心不能二用的道理谁都明白，可还是有许多同学在边学习边听音乐。或许你会说听音乐是放松神经的好办法，那么你尽可以专心地学习 1 小时后全身放松地听一刻钟音乐，这样比戴着耳机做功课的效果好多了。不要整个晚上都复习同一门功课。这样做非但容易疲劳，而且效果也很差。每晚安排复习两三门功课，情况要好多了。

（三）克服懒惰的恶习

懒惰是有些人的一大恶习。有许多事情并不是难以做到，而是只要勤快一点就可以做到。当然，勤快一点就要付出劳动，有时还要付出汗水。如果你不愿意付出劳动，许多事情便只有拖着。事情越拖越难办，学习任务越拖拉越多，而往往受损害的还是自己。如果同学智商低了一点，但“勤能补拙”，只要勤快不拖拉，事情肯定也是可以办好的。总之，只要懒惰的毛病解决了，拖拉的习惯也就基本上迎刃而解了。有的中学生当家长、老师教育时，信誓旦旦地表示一定会好好的学习，实实在在地讲，中学生最初的决心也是发自内心的，但是学习中总是吃不了那么大的苦，或者说没有那么大的毅力完成学习任务，成绩自然也就难如人愿，这都是自己的惰性在作怪。

（四）善于运用克服拖拉习惯的动力

“相对轻松”的生活是经过奋斗换来的，要付出很大的努力和艰辛。立即行动是最好的选择。虽然困难一些，但自己最后会享受到胜利的欢乐。中学生在学习生活中不妨经常做些分析、权衡，肯定是有好处的。积极行动起来，克服拖拉的习惯，全身心地投入学习、实践、生活。改掉拖拉性格与习惯，首先要充分认识到拖拉的危害性，找到自己拖拉的原因，下决心不再拖拉。科学安排时间，比如，把主要时间和精力用于完成重要的、主要的、紧迫的任务；并且要集中精力，一件一件地完成；不要把可以短时间内完成的任务分成若干次，在若干时间内慢吞吞地完成，因为这会使学习缺乏连贯性，所付出的时间和精力比短时间内完成付出得更多。古语道，一鼓作气，再而衰，三而竭。要敢于做不合心意或需要花大力气的工作。如果是必须要完成的事，与其拖着、欠着，还不如及早动手干，争取时间上的主动。因为拖欠

消耗的能量并不比完成该工作所消耗的能量少。完成后会有一种如释重负的感觉，也会有一种欣喜感、满足感、成就感，而拖拉只会带来疲沓、松垮以及害怕、焦虑。用反面的假设法和用正面的激励法督促自己。如果这个事情没有完成，所造成最大的损失将是什么？如果我能够完成，能得到哪些好处？问问自己这两个问题有助你立即行动。学会积极暗示，让自己习惯说“我必须马上做”，而不是“我改天再做”。为第二天做好规划。每一天晚上睡前对第二天要做的事做一个规划，那样你就永远不会为今天要做什么事而费神。确定你要做的每件事，并强迫自己按计划实行。①

（五）做到“今日事今日毕”

“今日事今日毕”是一句人们常常挂在嘴边的老话了，想必中学生也是从小就能背得滚瓜烂熟。可是实际上要真正地做到却非常难。遇事后马上动手，行动起来，不要让大脑产生不置可否的念头，不给自己留一秒钟的思考余地。许多事情一旦拖下来，以后就很难再找到合适的时间弥补。不要以为反正时间还充裕，可以搁一搁，很可能一搁就搁下去了。另外，一天下来，要小结一下，有哪些该做的事还没有做完，打算怎样补救，何时补救。这样，就会使你拖拉的性格慢慢被改掉。②要鼓起勇气、拿出力量、采取行动。常常对自己说：“我要完成。”以这种态度做事，同学们才能不断地实现目标。③有些同学在上课时对老师所讲不太理解，本来想在下课的时候去问问老师，但真正到了下课的时候，或者是看到有很多同学在问老师问题，自己懒得上去和他们挤；或者是自己觉得特别困，想一想下一节课还要继续奋斗，还不如好好休息一下养精蓄锐，所以就把那个问题耽搁了下来。等到若干日之后，翻书的时候再看到那个做记号的地方，却早已记不清楚自己到底是对什么问题产生疑问了，那个问题也就这样不了了之。中学生朋友千万不能犯类似错误，有问题就马上去问老师，争取在最短的时间内把自己不懂的问题解决掉。否则，一旦你把它放过了，它将会跟着你一起进入高考的考场，到时候甚至

---

① 殷海霞、程妙编著：《习惯影响孩子的一生》，中国长安出版社2008年版，第51页。

② 陈洪、吴运友主编：《中学生心理保健》，复旦大学出版社1999年版，第125页。

③ 赵渊著：《成就一生的99个习惯》，哈尔滨出版社2006年版，第208页。

有可能给你的考试带来致命打击。①

总之，中学生遇到问题要马上着手解决。不要花费时间去发愁，因为发愁不能解决问题，只会不断地增加忧虑。遇到问题时最好能集中力量行动，在干劲最足的时候寻找解决问题的办法。给自己一个期限。培养自己的时间意识，任何事情都必须在规定好的时间内完成；因为很多任务都具有时效性，超过了规定时间，即使完成了，也不符合任务要求，完成的效率也无法保证。每件事情都一定要有一个期限，如果坚持这么做，你就会努力赶上期限，而不是永无休止地拖延下去。

① 金堂编著：《优秀中学生的16个学习习惯》，石油工业出版社2006年版，第19页。

第十章

注重细节　精益求精

“天下难事，必作于易；天下大事，必作于细。”海尔企业文化倡导细节决定一切精神。什么是不简单？把每一件简单的事做好就是不简单。什么是不平凡？能把每一件平凡的事做好就是不平凡。细节是指细小的环节或情节，包括小而不起眼的事情，小而不起眼的行为，小而不起眼的地方。当代中学生培养注重细节的习惯，是指在学习、实践、生活中要重视小事，关注细节，把小事做细、做透，细中见精，小中见大。有的朋友大事做不来，小事又不愿意做，作业马马虎虎，学习得过且过，不求甚解，自然难以取得好的成绩，无法实现与家长期望与个人目标。一些同学虽然学校纪律基本能够遵守，学习任务基本能够完成，但却不注重小节问题、说话粗俗、卫生习惯不好、文明礼貌不够、学习态度不端正、学习方法不正确、学习效果不理想。由此可见，注重细节的精神对中学生的健康成长成才至关重要。中学生应当矫正马马虎虎、粗枝大叶的不良习惯，重视培养注重细节、精益求精的良好习惯，促进个人健康成长成才。

一、认识到注意细节的重要意义

中学生朋友一定要认识到细节的重要性，自觉养成认真细致的好习惯，重视细节，精益求精，才能更好完成好各项学习实践任务，才能更好地促进个人健康成长成才。如果没有良好习惯为基础，任何远大理想与宏伟目标都无法实现。习惯恰恰是在日常学习生活中一点一细微的行为模式养成的，是日积月累的结果。古人说得好：勿以善小而不为，勿以恶小而为之。讲的就是要自觉养

成好习惯，自觉杜绝坏习惯。从更深刻的意义上讲，习惯是人生之基，而基础水平决定人的发展水平，决定人生的发展高度。大量事实证明，习惯可以决定一个人的成败。俄罗斯教育家乌申斯基说：“良好的习惯是人在其思维习惯中所存放的道德资本，这个资本会不断增长，一个人毕生可以享受它的‘利息’。”“坏习惯在同样的程度上就是一笔道德上未还清的债务，这种债务能以其不断增长的利息折磨人，使他最好的创举失败，并把他引到道德破产的地步”。[①] 同学们还记得2016年感动中国人物徐立平，中国航天科技集团公司第四研究院7416厂高级技师。自1987年入厂以来，一直为导弹固体燃料发动机的火药进行微整形。在火药上动刀，稍有不慎蹭出火花，就可能引起燃烧爆炸。目前，火药整形在全世界都是一个难题，无法完全用机器代替。下刀的力道，完全要靠工人自己判断，药面精度是否合格，直接决定导弹的精准射程。0.5毫米是固体发动机药面精度允许的最大误差，而经徐立平之手雕刻出的火药药面误差不超过0.2毫米，堪称完美。为了杜绝安全隐患，徐立平还自己设计发明了20多种药面整形刀具，有两种获得国家专利，一种还被单位命名为“立平刀”。由于长年一个姿势雕刻火药，以及火药中毒后遗症，徐立平的身体变得向一边倾斜，头发也掉了大半。28年来，他冒着巨大的危险雕刻火药，被人们誉为“大国工匠”。每一次落刀，都能听到自己的心跳。你在火药上微雕，不能有毫发之差。这是千钧所系的一发，战略导弹，载人航天，每一件大国利器，都离不开你。就像手中的刀，26年锻造。你是一介工匠，你是大国工匠。[②] 徐立平的先进事迹为中学生朋友生动阐释了细节决定成败的深刻道理。

习近平总书记要求，道不可坐论，德不能空谈。于实处用力，从知行合一上下功夫，核心价值观才能内化为人们的精神追求，外化为人们的自觉行动。《礼记》中说：“博学之，审问之，慎思之，明辨之，笃行之。”有人说：“圣人是肯做工夫的庸人，庸人是不肯做工夫的圣人。”中学生朋友有着大好机遇，关键是要迈稳步子、夯实根基、久久为功。心浮气躁，朝三暮四，学一门丢一门，干一行弃一行，无论为学还是创业，都是最忌讳的。成功的背

---

① 赵渊著：《成就一生的99个习惯》，哈尔滨出版社2006年版，第221页。

② “2016年感动中国十大人物名单及颁奖词（附人物事迹）”，http：//gaokao. eol. cn/news/201602/t20160224_ 1368638_ 2. shtml，2017年4月23日访问。

后，永远是艰辛努力。例如，我国神舟飞船的研制与发射成功，就凝聚着无数科技人员与操作人员对细节的不断追求，对技术的精益求精，对训练的一丝不苟精神。中学生朋友要把艰苦环境作为磨炼自己、提高自己的机遇，把小事当作大事干，一步一个脚印往前走。滴水可以穿石。只要坚忍不拔，百折不挠，成功就一定在前方等着中学生朋友们。

二、注意生活中的细节

习近平总书记对青少年朋友指出，从小做起，就是要从自己做起、从身边做起、从小事做起，一点一滴积累，养成好思想、好品德。[①] 评价一个人既要看总体表现、大局意识等方面，也要观察其日常生活中细节的表现。一个人对细节的态度可以折射出一个人的内在品质与良好修养。一个人道德品质高低能够从其日常生活工作的具体细节反映出来。道德品质高尚的人，严以律己，注重细节，凡事精益求精，追求完美；注意细节的人，往往能够严格自律，不放任自流，随随便便，特别注意日常生活细节，努力做到生活表现合理合法，因而能够得到社会、公众、亲朋的较高评价。道德品质低的人，各方面生活细节都比较随意，自由散漫，不讲礼貌，不讲卫生，不注意公共秩序，不顾及社会影响，忽视公共与集体利益，甚至可能见利忘义，损人利己，只顾一己之私利，不考虑负面影响与不良后果；人们就会给你贴上品质、素质低下的标签。对细节的注重程度，反映出一个人的能力和智慧。要做到能够注重细节，除必须有周密的思考能力、观察能力，还必须有协调能力。一个人生活在社会上，需要注重的细节是多方面的，也可以说是全方位的。当代中学生要从生活、学习、实践各方面做到注重细节，精益求精。生活方面要讲究文明礼貌，尊重师长，团结同学，遇事相互谦让，与人为善，说话和气，不出风头，不挑拨是非，禁止背后议论他人，不斤斤计较，积极做好事，不做坏事。勿以善小而不为，勿以恶小而为之。中学生重视细节，精益求精，就会在师长心中留下好印象，在同学中留下好口碑。同学们还要讲究

① 习近平：《从小积极培育和践行社会主义核心价值观——在北京市海淀区民族小学主持召开座谈会时的讲话》，2014 年 5 月 30 日，http：//www. dizigui. cn/xzx140531. asp，2017 年 5 月 19 日访问。

个人卫生与公共卫生；讲卫生不但是学习生活的基本要求，实际上也是做人的基本要求。禁止随地吐痰，不乱扔杂物，按时清扫室内外卫生，保持个人卫生，衣被等个人物品摆放整齐。注重节约，爱护公物。

三、注意学习中的细节

人的一生实际上也是一个学习的大过程，每个人天天都在学习。学习来不得半点马虎。中学生朋友之所以学习的效果悬殊，就看大家学习的自觉程度、勤奋程度和细致程度。现在不少中学生迫于任务要求也参加学习，但成绩很差，这在很大程度上是不注重学习细节造成的。如果在学习中大而化之，应付差事，不求甚解，不少东西似乎是明白了，但并没有真正弄懂，真正综合应用起来还是不熟练，不能融会贯通，举一反三。同学们要养成学习中注重细节的习惯。要自觉学。增强学习主动性，时时注意，处处留心，目标明确，方法正确。要勤奋学。要舍得下力气，下功夫，刻苦钻研，务求甚解，不能遇到困难就打退堂鼓。要细致学。学习是一项综合全面系统的工程，必须深入细致学习，掌握好每一个知识点，形成完整的知识体系与框架。对所学的知识要做到全面透彻地了解，使其变成自己的东西，注重时代的变化和知识的更新，注重学习新知识，勇于和善于探索新领域。还要注重学习方法。掌握良好学习与复习方法，能够取得事半功倍的学习效果，必须注重方法中的细节，运用记忆的规律，安排好复习计划。如果方法粗放，不注重联系实际，不注重作学习笔记，不注意查缺补漏，不注重向别人请教，只是闷头去学，不能活学活用，很难达到理想的学习效果。

四、注重劳动中的细节

中学生朋友在参加家务劳动、义务劳动、志愿劳动、实践活动中，要养成注重细节，精益求精的好习惯。中学生参加家务劳动或志愿服务中能否注重细节，可以说是能否完成好任务的关键方面。这当然和中学生的学习实践任务完成得好坏有直接的关系。有些同学在家务劳动与志愿实践服务中也不惜力气，但劳动任务完成不一定好，主要问题就是对劳动细节的关注不够，未能做到精益求精，追求完美。大家记得2016年感动中国人物屠呦呦的先进事迹，她在科

研的道路上持之以恒，精益求精，从中草药中分离出青蒿素应用于疟疾治疗而获得2015年的诺贝尔医学奖。这是在中国本土进行的科学研究首次获得诺贝尔奖。1968年，中药研究所开始抗疟中药研究，39岁的屠呦呦担任该项目的组长。经过两年的研究对象筛选，并受到中国古代药典《肘后备急方》的启发，项目组将重点放在了对青蒿的研究上。1971年，在失败了190次之后，项目组终于通过低温提取、乙醚冷浸等方法，成功提取出青蒿素，并在接下来的反复试验中得出了青蒿素对疟疾抑制率达到100%的结果。在没有先进实验设备、科研条件艰苦的情况下，屠呦呦带领着团队攻坚克难，面对失败不退缩，终于胜利完成科研任务。青蒿素问世44年来，共使超过600万人逃离疟疾的魔掌。未来，屠呦呦希望通过研究，让青蒿素应用于更多地方，为更多人带来福音。青蒿一握，水二升，浸渍了千多年，直到你出现。为了一个使命，执着于千百次实验。萃取出古老文化的精华，深深植入当代世界，帮人类渡过一劫。呦呦鹿鸣，食野之蒿。今有嘉宾，德音孔昭。① 中学生朋友要培养在劳动中注重细节的习惯，对老师一时没安排但又必须完成的任务，同学们应该想到并主动完成，提前完成。劳动实践中，同学们要懂得，能够把简单的事情天天做好，就是不简单；能够把容易的事情认真完成，就是不容易。不尽精微，无以致广大。只要把非常简单的事持之以恒地做下去，就一定能做到极致，做到完美，圆满完成实践任务。

综上，“天下难事，必作于易；天下大事，必作于细”。中学生朋友要记得：小事成就大事，细节决定成败；抓细节贵在一丝一毫，抓学习贵在一心一意；天下难事，必作于易；天下大事，必作于细；成也细节，败也细节；把小事做细，细事做透。注重细节和做事不分轻重缓急、事无巨细有着本质的不同。前者是个工作作风，做人的品质问题，后者一般是工作方法问题，不可等同视之。不能为防止后者而不注重生活、学习、劳动中的细节问题，否则，必将会对你的人生之路带来严重的后果。

---

① “2016年感动中国十大人物名单及颁奖词（附人物事迹）”，http：//gaokao.eol.cn/news/201602/t20160224_ 1368638_ 2.shtml，2017年2月2日访问。

附　录

答案在风中飘荡*

成长之路怎么走？道路总是漫长的，亦如飞鸟回归远方，又像小溪汇入海洋。人生如走一条长路。读万卷书，行万里路，方得始终。成长路上面临无数艰辛，面临无数险阻，面临无数崎岖。见过了繁花，才能拾得青草；走到尽头，才能感悟。人的成长，不在于年轮增长，而在于阅历丰富，历经苦难，饱经风霜，体验甘苦，勇于担当。正如英雄，舍生取义，拯救众生；正如领袖，造福万民；正如百姓，扶老携幼；正如师者，传道授业；正如军人，保家卫国；正如工匠，精益求精。人生正如长征，历经万水千山，磨砺风霜雪雨，品尝苦辣酸甜，仍不忘初衷，砥砺前行。正如海燕越过大海，千里迢迢，飞回故园；正如信徒跋涉泥泞，不畏艰险，奔赴圣地。人生如远航，停靠港湾，短暂补给，又将远航，为了梦中的理想国向前航行。民族的振兴与国家的兴盛，需要成千上万的国人贡献智力与汗水，同甘共苦，齐心协力，共筑伟大中国梦。

世界永恒的主题是什么？和平与发展是世界永恒的主题，是当今与未来社会的主旋律。人类历史的发展史却包含着残酷的战争史。仅仅近代以来，鸦片战争、中日战争、第一次世界大战、第二次世界大战、朝鲜战争、越南战争、阿富汗战争、中东战争、叙利亚战争等，炮火纷飞，生灵涂炭，家园破坏，难民流离失所。和平无比宝贵，发展保障和平。国与国，家与家，人

* 本文系作者吴苑所撰，2017 年第 12 届全国中学生创新作文大赛参赛作品。

与人，和平共处，互利共赢，共同发展。中国一带一路建设，旨在携手打造和平发展之路，共享世界发展成果。

自由与义务为何相辅相成？历史自有其发展规律，社会自有其治理规则。人生来自由平等，人类发展史就是争取自由史。漫长的奴隶制终被废除，自由平等的现代社会制度逐步建立。然而，公民个人的自由不仅是人身的自由，还包括思想的自由。法律是自由的基石与保障，法律保障公民的自由权利；当然人生而自由，却无往不在枷锁之中。所谓枷锁是指法律与道德要求的义务、责任、职责、担当。阳光是最好的防腐剂，公开是最好的权利保障器。现代社会每位公民均应发挥监督作用，做法律与道德的执行者与捍卫者；新闻媒体是社会的良心，媒体监督是社会进步的重要标志。

社会冷漠如何消除？社会需要温情与阳光。无论是本身冷漠还是被冷漠，都是可怕的，是对人性的煎熬，是对社会的伤害。大千世界，互帮互助，拒绝冷漠，传递温暖。人性的沉沦、道德的沦丧、良知的泯灭、人性的虚伪冷漠，是现代社会的痼疾，必须加以矫正。每个人都应当学会感恩，感恩是一种生活态度，是一种美德。如果人与人之间缺乏感恩之心，必然导致人际关系的冷漠。每个人都应该学会感恩，感谢父母养育之恩、感谢老师教诲之恩、感激同学帮助之恩、感激社会关爱之恩。人人献出一点爱，世界会变成美好未来。慈善是一缕阳光，给人温暖和希望；慈善是春天的雨露，给人清新的气息；慈善是暗夜的星光，给人前进的勇气。慈善是温柔的眼神，抚慰孤弱的灵魂；慈善是无语的呵护，给人温馨和安详。人人为我，我为人人。每个人都要热心公益，参加公益活动，帮助别人，服务社会，助人自助，陶冶心灵。

仰望星空与脚踏实如何结合？黑格尔曾经讲过一个这样的观点“一个民族有一些关注天空的人，他们才有希望；一个民族只关心脚下的事，注定没有未来”。既要仰望星空，又要脚踏实地。仰望星空，寻找奋斗目标，确定人生理想；脚踏实地，真抓实干，方能稳健前行。仰望星空必不可少，脚踏实地不可或缺。志存高远，砥砺前行，理想必会实现。

生命的价值在哪里？生命宝贵，生命无价。珍惜生命就要珍惜今天。每个人均须尊重生命，珍惜生命。把每一个黎明看作生命的开始，把每一个黄

昏看作生命的小结。真正的圣者的信条是善用生命，充分地利用生命。每天都愉快地过着生活，不要等到日子过去了才找出它们的可爱之点，也不要把所有特别合意的希望都放在未来。要过有理想、充满社会利益的，具有明确目的的生活。生命唯因其短，故应把它化入人类最壮丽的文明史中以获得永恒；生命也唯因其短，更要加倍珍惜每刻青春，使它在有限的生命线段内尽可能发出最大的光和热。

网[*]

一、生活之网

著名诗人北岛的现代诗
《生活》
内容只有一个字
网
人生如网
网如人生
网络交织于人生
生活在网中穿行
婚姻网
家庭网
经济网
社会网
有形的网
无形的网
经纬交错
互联互通
网将人们缠绕

* 本文系作者吴苑所撰，2017 年第四届“北大培文杯”全国青少年创意写作大赛参赛作品。

这边拽着你
那边拉着我
在快乐中疼痛
又在疼痛中快乐
为理想
生命不能承受之重
为使命
生命不能承受之轻
生活是编织艺术
生活是创造历程
人们在巨大的网上游走
在细密的钢索上舞蹈
相互争胜
合作共赢
追求着人生理想
享受着人生成果
创造着人类文明
推进着社会进程

二、学习之网

网是百科全书
包罗万象
网是万花筒
变化多端
传递知识
共享信息
分享成功
陪伴成长

光阴给人经验
读书给人知识
劳动教养人身体
学习教养人心灵
人生最宝贵的是生命
人生最需要的是学习
人生是没有毕业的学校
人生是知识海洋里的远航
只有
坚定理想
终身学习
汲取知识
培养技能
才能
把握未来
创造希望
结出硕果
实现梦想

三、道德之网

人们置身道德网内
和谐生活
道德之网是束缚
更多的是为了保护
唯有在网内
人们才能诗意地生活
和美共处
道德孕育着和谐

道德维护着秩序
修身洁行
言必由绳墨
心体光明
暗室中有青天
内不欺己
外不欺人
君子慎独
自律自警
奏一曲道德的高歌
在道德之网中和美生活

四、法律之网

道德是基础
法律是底线
法网恢恢
疏而不漏
真正的自由
绝不是肆意违法
真正的自由
存在于律令的网内
网的每一条线与结点
是社会生活法则与边界
触到法律底线之网
犹如触碰高压电网
以身试法
必然走上人生歧途
喝下自酿苦酒

法律代表公平与正义
在律令的网内
严守规则
才能创造更美的和谐
才能创造更好的明天

五、自然之网

人类生活于大自然之中
人与自然
和谐相处
爱护环境
人人有责
保护环境
功在当代
利在千秋
环境资源
可持续发展
实现代际公平
破坏自然
就是
毁坏人类自己的栖息之地
就是
破坏人们赖以生存的美好家园
曾记否
亚马孙流域热带雨林
受到疯狂砍伐
沙漠的面积

几十年内扩大一倍
石油泄漏
核电辐射
警示就在眼前
人类过度开发
环境污染
资源破坏
脆弱的生态环境
无以承继
大自然就像一张网
人类只有爱护环境
才能得到大自然的庇护
避免受到“天网”严厉制裁
保护环境
刻不容缓
人类与大自然的关系
是最亲密的伙伴关系
人类利用自然并改善环境
大自然为人类发展
提供生存环境
人与自然和谐统一

六、友情之网

朋友如歌
友情如网
友情像一条跳动的血脉
连接着人们的心灵
友情像一把金色的钥匙

打开人们的心扉
友情像温暖的太阳
照亮人生的方向
人人为我
我为人人
伸出援助之手
恰如雪中送炭
友情的力量是伟大的
真挚的友谊
不会因时间的阻隔而冲淡
昔日的承诺
不会因漫长的岁月而改变
有了理解
友谊才能长驻
有了友谊
生命才有价值
人生离不开友谊
真正的友谊
需要
用真诚去播种
用热情去灌溉
用原则去培养
用谅解去护理
真正的朋友
在你获得成功的时候
为你高兴
在你遇到不幸的时候
会给你支持和鼓励

在你犯错误的时候
会给你批评和指正
友情不是短暂的烟火
而是
长久相识
相互支撑

七、亲情之网

人们无时不在沐浴于
亲情之网
父母情、兄弟情、姐妹情……
万家灯火
暖意洋洋
亲情是如此的温煦
带来无数欢声笑语
纺织美丽亲情网
共享温暖亲情圈
学会珍惜
珍重亲情
亲人和睦
相亲相爱
亲情就像一块路标
指引着方向
亲情就像一盏灯光
照亮着愿望
亲情就像一杯热茶
温暖着心灵
亲情就像一颗蜜糖

甜蜜着梦乡
亲情就像一把火炬
点燃着理想
亲情就像一艘轮船
满载着希望

共享单车治理漫谈*

随着共享单车热度的不断升温，摩拜（小桔车）、ofo（小黄车）等不同品牌的单车，几乎遍布各大城市街头巷尾。共享单车不仅解决了公共交通体系长期以来“最后一公里”接驳的难题，更起到了缓解道路拥堵、减少机动车污染物排放、绿色出行的重要作用。但是，因为相关法律法规尚需健全、部分公民对公共事务缺乏基本自律，加之共享单车的兴起侵犯了某些行业从业者的既得利益，共享单车的乱停、乱放、私占、损毁等问题频发。共享单车领域出现的这些社会问题，不单关乎道德规范，更触及了法律界限。

首先，谈谈共享单车破坏严重及运营乱象的主要原因。一是共享单车抢走了一些行业从业的生意，比如个别黑摩司机、三轮车司机、出租车司机等；这些行业的少数从业者基于自身利益考虑，故意破坏共享单车。二是共享单车乱停放影响了部分从业者生意或者出行，比如个别临街店铺老板对影响自己生意的乱停乱放共享单车，故意损坏或推倒。三是少数公民法律道德素质不高。少数公民为长时间独自占用共享单车，实施刮二维码、破坏 GPS、加私锁等违法违规行为。四是其他共享单车经营者即竞争对手破坏。五是共享单车经营者管理不到位，制度不健全，造成乱停乱放，可能与其他交通工具碰撞导致损坏现象发生。对违法行为，政府职能部门监管与法律责任追究不力。

其次，谈谈破坏与私自占有共享单车的法律责任。一是共享单车违规占道、乱停放可处以行政罚款。缺乏自律、为图省事乱停车的使用者，对共享

---

* 作者吴苑，原文发表于《中国商报法治周刊》2017 年 6 月 29 日。

单车乱停放的行为，公安机关可适用相关行政法规对随意停放单车的个人进行处罚。《中华人民共和国道路交通安全法》第 59 条规定，非机动车应当在规定地点停放。未设停放地点的，非机动车停放不得妨碍其他车辆和行人通行。该法第 89 条规定，行人、乘车人、非机动车驾驶人违反道路交通安全法律、法规关于道路通行规定的，处警告或者 5 元以上 50 元以下罚款；非机动车驾驶人拒绝接受罚款处罚的，可以扣留其非机动车。二是故意把共享单车放置在交通要道、铁轨等地方，情节严重的，可能构成以其他危险方法危害公共安全罪。三是私占共享单车可以处以行政罚款，情节严重的可构成盗窃犯罪。《中华人民共和国治安管理处罚法》第 26 条第 3 款规定，有下列行为之一的，处 5 日以上 10 日以下拘留，可以并处 500 元以下罚款；情节较重的，处 10 日以上 15 日以下拘留，可以并处 1000 元以下罚款：……（3）强拿硬要或者任意损毁、占用公私财物的。该法第 49 条规定，盗窃、诈骗、哄抢、抢夺、敲诈勒索或者故意损毁公私财物的，处 5 日以上 10 日以下拘留，可以并处 500 元以下罚款；情节较重的，处 10 日以上 15 日以下拘留，可以并处 1000 元以下罚款。私占，即私自占有，主要表现是为了方便使用，以上锁、藏匿等方式将单车据为己有。从文义解释来看，共享单车所共享的并非单车的所有权，所有权理应归于单车的运营商，共享的仅仅是使用权，且这种使用是一种临时的租用，使用者只是短时间内租赁单车的人，因此更加无权去随意处分单车。例如，2017 年 2 月中旬，北京西城公安分局福绥境派出所的民警对私占共享单车的行为人，处以 5 天的行政拘留。四是损毁共享单车可行政处罚，情节严重的追究刑事责任。对于上述单纯对单车进行恶意破坏的行为，法律对此有明确的规定。《中华人民共和国治安管理处罚法》第 49 条对这种行为的定性是“故意损毁公私财产”，而对此种行为的处罚则是：处 5 日以上 10 日以下拘留，可以并处 500 元以下罚款；情节较重的，处 10 日以上 15 日以下拘留，可以并处 1000 元以下罚款。而情节更为严重者，则可以适用《中华人民共和国刑法》第 275 条的规定，故意毁坏公私财物，数额较大或者有其他严重情节的，处 3 年以下有期徒刑、拘役或者罚金，数额巨大或者有其他特别严重情节的，处 3 年以上 7 年以下有期徒刑。

最后，谈谈法律政策与管理建议。共享单车作为新兴事物，就如此前的

网约车一样，在企业经营模式、有关部门监管、使用者素质方面都存在一定的空白或缺位，因此更需要以供给侧结构性改革为指导，多管齐下为共享单车的持续发展提供良性环境。一是建立共享单车行业的准入机制，严格审查企业资质，加大对违规行为的惩处力度，将不合格、不负责任的企业从行业中剔除出去。二是鼓励共享单车企业将用户的使用数据、信用数据等提交给有关部门，以完善社会个人信用体系。将共享单车乱停放、占有、损毁等行为记入个人信用记录。三是政府层面出台共享单车的法规性管理办法，尽快启动立法调研程序，尽早形成成文的行政法规乃至法律文件，对违规停车、损坏单车、私占单车等不当行为都制定出更加细化和具体的操作规则。四是建立共享单车行业联盟，形成良性的竞争环境，设立服务维权热线，为举报损毁单车等不当行为提供投诉平台。五是政府部门引领、各部门协作，对社会道德层面问题加强宣传引导，让使用者和非使用者都树立起“与人方便、与己方便”的自律理念。

通州区公共自行车使用情况及改进方法*

现在，我们生活中出现了许多公共自行车，就是北京市通州区的公共自行车。目前，随着城市的发展，机动车保有量的增加，交通拥堵、尾气污染等“城市病”日益困扰着我们。公共自行车的出现体现了低碳环保与绿色出行的理念与政策。我们调查研究的目的是要弄清通州区公共自行车的使用情况和问题，提出可行性改善建议。

一、公共自行车的界定与重要性

（一）公共自行车的界定

公共自行车就是放置政府交通管理部门在租赁点供市民免费或低费使用的自行车。在某个区域内，隔一定距离规划出一些停放自行车的点，如地铁出口、社区大门口。每辆自行车都有一个锁自行车的装置和租车、还车的读卡器。公共自行车管理服务中心可以通过公共自行车管理系统来管理这些租赁点的自行车的使用。

（二）公共自行车的重要性

（1）宣传“绿色出行，低碳生活”理念。

（2）引导市民多使用无污染交通工具。

（3）保障市民出行更便捷。

（4）节能减排和保护环境。

---

* 本文荣获2014年北京市通州区金鹏科技论坛实践论文组三等奖，负责人：吴苑，合作者：臧淇、刘湲清。

二、通州区公共自行车的情况

（一）数量

根据北京市交通委员会运输管理局北京公共自行车官方网站①公布的信息，目前通州区公共自行车已有 143 个站点 3772 辆自行车。

（二）收费模式

目前，公共自行车采取“免费 + 低费”的模式收取租赁费，即租赁 1 小时内免费，超过 1 小时，每小时按 1 元收费，租赁一日最高收费为 10 元。

（三）布局与调度方法

通州区公共自行车站点主要分布在居民区、商业区、政府、学校、地铁站等附近。公共自行车实行动态管理模式，站点的情况都在管理系统电脑屏幕上显示：存车数量在 20% ~80% 的正常站点标记为绿色，低于 20% 或高于 80% 的异常站点标记为红色。通过管理平台，每个租赁点的存车数量、剩余数量都会及时反映到指挥中心，以便其及时调拨车辆。

三、调查方式和工具

（一）调查方法

本调查采取问卷调查与现场访谈的方法。自主设计了《通州部分地区公共自行车的使用情况及改进意见调查问卷》。主要以北京市通州区永顺镇、梨园镇的居民为调查对象。分别在潞河名苑小区、梨园地铁、北京物资学院、西上园小区发放并回收调查问卷；并在潞河医院、梨园城铁、通州北苑城铁、潞河名苑小区对市民进行现场访谈，调查了解市民对通州区公共自行车的使用情况、看法、意见和需求。

（二）统计方法

统计分析上，我们采用 EXCEL 软件对收集的数据进行了统计分析，并对

---

① “北京公共自行车网站列表——通州”，http：//www. bjysj. gov. cn/bjggzxc/wdlb. html，2014 年 9 月 30 日访问。

访谈收集的意见和建议进行汇总。

四、调查过程

（一）准备阶段

（1）确定选题，组建团队。

（2）制订研究计划。

（3）文献资料、官方数据检索。

（4）调查对象与调查方法的设计。

（二）问卷与访谈提纲设计阶段

（1）资料分析和讨论。我们共设计了 15 个调查问卷题目。

（2）设计问卷，制定访谈提纲。

（3）调查问卷打印。

（三）调查实施阶段

（1）发放调查问卷。我们选择四个典型区域，共发放调查问卷 220 份。其中梨园城铁发放 70 份，西上园小区发放 45 份，潞河名苑小区发放 62 份，北京物资学院发放 43 份。

（2）采访租车者。我们一共采访了 30 位租车者，内容以手写形式记录。

（3）问卷回收及数据录入。最终纸质问卷共回收 200 份，采访稿为 30 份，进行了数据录入。

（四）统计分析阶段

1. 描述性统计与分析

使用 EXCEL 工具，对调查问卷选项的分布率进行统计。

（1）您使用公共自行车最主要的交通目的是什么？［单选题］

选项	比例
上下班转乘	53%
去医院	5%
外出购物、吃饭等	8%

续表

选项	比例
观光、游玩	13%
锻炼身体	6%
其他	15%

调查统计表明，通州区市民使用公共自行车出行目的具有多样化，但用于上下班转乘的高达 53%，其次是用于观光、游玩、外出购物、吃饭等目的。

（2）您使用通州区公共自行车的理由是什么？［排序题］

选项	平均综合得分（分）
离租车点近，使用方便	0. 56
不用购买和修理自行车	0. 49
不用担心等车、堵车等，从而避免迟到	0. 48
费用便宜	0. 36
对环境和健康有益	0. 31
不用担心自己的自行车丢失	0. 31
不用担心没地方停车	0. 28
换乘公共交通方便	0. 18
和以前比路上所用的时间缩短	0. 18
就想骑一下试试	0. 13

调查统计表明，通州区市民使用公共自行车的理由，得分前三名的是“离租车点近，使用方便”“不用购买和修理自行车”“不用担心等车、堵车，从而避免迟到”，而“对环境和健康有益”得分为 0. 31，占第 5 名，可见通州区市民的环保与绿色出行观念尚需提高。

（3）您认为公共自行车收费标准是否合理？［单选题］

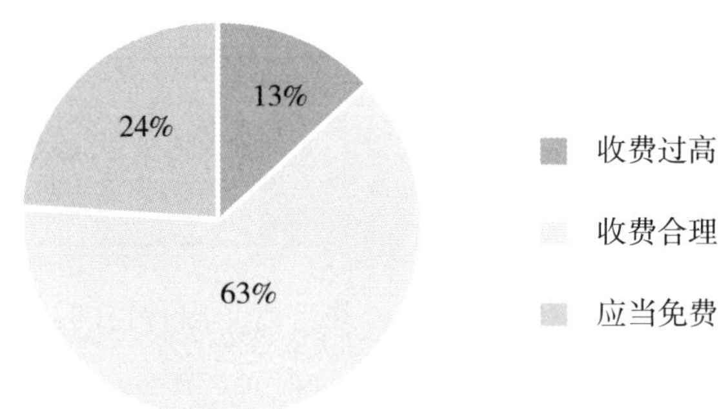

公共自行车收费标准是否合理

调查统计表明，关于公共自行车的收费问题，63%的被调查市民认为收费适中，比较合理；13%的市民认为收费过高，还有24%的市民认为，公共自行车就是国家为市民提供公共服务，理应免费。

（4）您觉得通州区公共自行车系统最应该改进的方面是什么？［排序题］

选项	平均综合得分（分）
保证安全、快速、舒适的骑车环境	0.72
扩大区内租车点的范围	0.57
保证租车点内车辆的充足	0.39
保证租车点还车位的充足	0.36
增加租车点	0.36
在网络上增加手续申请、预约、车辆确定等服务的增加	0.31
降低保证金	0.2
提高对车辆的维护	0.2
提高工作人员的服务态度	0.18
增加车辆数、提高车辆的质量	0.16
制作关于租车点位置的手机软件	0.15

调查统计表明，得分前五名的分别是“保证安全、快速、舒适的骑车环境”“扩大区内租车点的范围”“保证租车点内车辆的充足”“保证租车点还车位的充足”“增加租车点”，另外，“在网络上增加手续申请、预约、车辆

确定等服务的增加”得分也相对较高。

2. 对访谈记录做总结与分析

（1）加大公共自行车使用的宣传力度。我们在调查过程中发现40～55岁的中年人较少租用公共自行车，当我们询问原因时，大多数的回答都是家里有机动车，觉得使用机动车代步比起自行车来说更加的方便、快捷，不愿意选择较为耗费体力的骑车方式。对此，我们认为有关部门应该加大对公共自行车的宣传力度，让更多的人认识到公共自行车对于保护环境所起到的作用和骑行对于身体健康的增进作用。

（2）增加地铁站门口公共自行车数量。通过调查，我们发现租用公共自行车的人，60%以上年龄在25～35岁，80%为职员，他们在“您希望在哪里增加公共自行车租用点”这一栏里，77%都填写了地铁站门口。这说明了公共自行车确实为上班族们解决了早上上班赶时间的燃眉之急。我们在官方网站上查询了通州区公共自行车借还车的时间统计图，发现通州区的自行车使用存在明显的“潮汐”现象，大家的骑行时间分为早晚两个高峰。我们认为在各个地铁站门口增加公共自行车的租赁点非常有必要。

（3）增设高校公共自行车租赁点。调查时我们询问的初中生和高中生大多都没有骑过公共自行车，原因普遍都是自己有专门骑车上学的自行车或上下学父母接送，没有必要去租公共自行车；然而大学生使用公共自行车的却很多，而且都呼吁在北京市通州区物资学院校门口增加公共自行车数目。经过询问，我们发现原因是物资学院50%以上的学生不是本地人，到了北京之后就没有在当地买自行车，所以导致学校门口的公共自行车需求量巨大。我们认为，应该适当减少初高中门口附近的公共自行车的数量，同时增加通州高校门口的公共自行车租赁点。

（4）增加景点公共自行车租赁点。在调查的过程中我们发现，租用公共自行车的老年人其实并不少，特别是55～65岁的老年人，特别喜欢骑着公共自行车休闲出行，走到哪骑到哪，不想骑了，停在景区门口就行了。所以，建议在运河文化广场口和大运河森林公园以及西海子公园等景点处增加公共自行车租赁点。

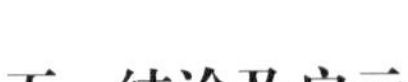

五、结论及启示

（一）结论

1. 合理设计公共自行车站点布局

公共自行车站点在城市中的布局具有一定的模式，可进一步提高公共自行车使用效率，需构建网络型自行车系统，以满足多样性的使用需求。公共自行车系统的建设不应只沿主干道布设，还应继续深入居住区、商业区、校园等区域内部。

2. 大力宣传“绿色出行，低碳生活”理念

现在公共自行车的便利程度和普及程度都还不够，公民绿色出行的观念还需要强化。节能减排应当成为我们现代市民的生活方式。要让公共自行车重新走进人们的生活，成为短途出行的代步工具。

3. 共同建设绿色文明和谐北京副中心

从我做起，从现在做起，人人重视环保。我们要共同行动起来，让北京的天更蓝、地更绿、路更畅、气更爽，让社会更和谐，生活更幸福。

（二）启示与收获

1. 增强团队合作意识

我们根据各自所长来进行了合理分工，精诚团结，在时间上相互协调，在决定前相互商量。共同对调查问卷进行设计，对调查结果进行分析、总结，得出合理的调查结论。

2. 强化绿色出行观念

绿色出行是每个市民的一份使命，我们中学生也应当积极践行环保理念。我们会向有关部门进行倡议，加强对公共自行车的宣传，让更多的人知道公共自行车，使用公共自行车，并努力使公共自行车变得更加方便、快捷。我们也要积极使用并自觉爱护公共自行车，使之成为北京城市副中心的闪亮名片，成为通州创建全国文明城区的亮点工程。

3. 提高实践调研能力

参与这个活动锻炼了我们的社会调查活动能力。初步懂得了调查问卷如何设计、如何发放、如何开展街头访谈等调查方式与技巧，出色地完成了任务，提高了实践调研能力。

感谢尊敬的辅导老师张一惊、赵晶二位老师以及父母，从最初的选题、资料准备、问卷设计、调查及后期数据的处理、分析，到结论推导和报告撰写、修订的全过程中，他们都给了很大的支持和帮助！

总相宜*

近年来，任意施工破坏环境的闹剧总不在少数。某个山清水秀之地忽地升起一架高耸的电梯；抑或是追求政绩的官员大手一挥，闹市中突兀地闪出一座劣质公园。每每看到这些，就越发体会到和谐、适应即所谓的“总相宜”之于个人、社会的重要性。

何为“总相宜”？与“相宜”不同，“总相宜”并非是短暂的、停留在形式上的和谐，也不是急功近利的、迫于形势的种种作为。它是一种长久且亘古的和谐，是人与社会和自然相互磨合、妥协的漫漫之路。也正是因为此种本质上的不同，使得“总相宜”的实现更为复杂，势必要经历艰苦、耗时长久才能实现。在试图将其付诸实践的路途上，稍有不慎便会误入歧途，“总相宜”也终不复得。几乎所有在历史中或闪烁或停留的王朝，治国之初都鼓吹着一种和谐建国之风。然而，随着权力的膨胀、社会的发展，单纯的平衡已经不能满足上位者的贪欲和妄念。于是，天平开始向其中一方倾斜，一瞬的“相宜”止步于此，“总相宜”再也无法实现。

往深处想，你或许会问：“总相宜”如此难于成真，为何又要上下求索？答案便与社会环境有关。社会进步、发展都是渐进式的，一阶一阶、一级一级，总有颠簸、起伏的时候。当矛盾碰撞、利益冲击之时，只有实现“总相宜”才能让人站稳脚跟，并把社会从强烈的波浪中抽离。正如春秋战国之际，礼崩乐坏之时，孔子手握着明显与僭越礼制、忙于征战的统治者们意愿不符的周礼，竭力呼喊，游走在战火的间隙，宣讲“仁”“礼”之学。世人都言孔丘固执，他却也知道适当“损益”，通过一些形式上的、不影响“礼”

---

* 作者吴苑，本文作为2017年中国人民大学附属中学朝阳学校优秀作文展示。

的本质的变通来使“礼”更合事宜。回看当今世界，新中国自百年屈辱中成立的历程，也正是马克思主义中国化的逐渐发展。当思想终于与实际“相宜”并相互贯穿、相互支持、相互影响，两者协力而行，共同进步、成长，中华复兴便得以实现。

实现“总相宜”，其根本目的不在功利，不在王权，而是通过一种由个人渗透整体，从个体和局部的“相宜”的和谐到组成社会的统一。“致中和，天地位焉，万物育焉”。这种以中庸思想为依托的理念，深刻地阐释了过犹不及的危害，同时也成了中华文化千年不朽、宽容并包、兼收并蓄的基石。个体精神文明的交融逐步推进为社会政治体系的统一，这种“相宜”的过程，便会助力和谐，以达天下大同之境。

后　记

值此本书出版之即，最想要表达的是感激之情。

感谢爸爸妈妈17年来无微不至的抚养与培育之情。身心的成长、学习的进步、思想的成熟、艺术的感悟、人生的思索……无不凝聚着父母双亲无私的关怀与爱护。

感谢一路陪伴我成长的各位亲爱的老师。老师是辛苦的园丁，是人生的导航者，是知识的传递者，是人才的培养者。传道、授业、解惑，关心学生的学习与生活，关爱学生的成长与进步。

感谢学界与教育界的前辈、长者、师长，本书参考学习了许多前辈老师的研究成果，结合个人与同学成长经验，提出一些学习感悟心得。感谢各位前辈提供了知识的宝库，指引青少年朋友健康成长，扬帆远航。

感谢各位同学、朋友给予的帮助。忘不了一块学习、一块运动、一块唱歌、一块看电影、一块谈理想……同学友谊、朋友之情，是人生宝贵的财富，是人生前进的动力。愿同学们天天快乐，心想事成！

感谢知识产权出版社雷春丽责任编辑等编辑老师，是各位编辑老师精心审阅，悉心指导，高效组织，本书才能得以顺利出版面世，呈现在各位中学生朋友、各位家长、各位老师等读者诸君面前。

希望本书能够给中学生朋友一些启发，给家长一些视角，给老师一些心声。不当之处，诚请不吝批评指正。

吴　苑

2017年8月